# 滋賀県のお城・館一覧

編著者：横山明弘

サンライズ出版

# ① 長浜市（旧西浅井町・旧余呉町・旧木之本町・旧高月町一部）米原市（旧伊吹町一部）　高島市（旧マキノ町一部）

南越前町
揖斐川町
岐阜県
1197
上谷山
三国岳 1209
安蔵山
900
土蔵岳
1008
横山岳
1132
余呉町
余呉町菅並
七々頭ヶ岳
693
墓谷山 738
長浜市
木之本町杉野
木之本町金居原
八草トンネル
03-07
木之本町
杉野川
木之本町音羽
303
金糞岳
1317
1271
新穂峠
鳥越峠
己高山
923
浅井町
甲津原
10-16
米原市
伊吹町
918
北陸自動車道
余呉町摺墨
余呉町上丹生
余呉町下丹生
余呉町中之郷
余呉町下余呉
木之本町大見
02-20
02-02
02-24
02-21
02-13
02-39
02-06
02-17
02-40
02-14
02-29
02-03
02-11
02-04
余呉駅
余呉湖
余呉川
賤ヶ岳SA
532
03-11
03-04
木之本町川合
木之本町古橋
03-18
03-20
03-16
03-19
03-05
03-08
木之本町黒田
木之本町木之本
木ノ本駅
D05
03-03
03-10
木之本町田部
03-13
04-05
03-06
木之本IC
03-14
03-12
高月町保延寺
03-15
03-09
04-23
04-18
北陸本線
04-01
高月町高野
03-02
04-08
04-22
04-02
03-01
04-09
04-20
04-10
04-12
8
04-03
04-06
04-15
04-25
04-24
高月町
04-14
04-17
04-11
高月駅
05-11
04-21
04-19
08-15
08-46
08-07
08-18
高山町
寺師町
谷口町
北野町
小谷上山田町
曲谷
1000

## ② 大津市（旧大津市一部・旧志賀町一部）
## 高島市（旧朽木村・旧高島町・旧安曇川町・旧新旭町・旧今津町・旧マキノ町一部）

長浜市
高月町
西浅井町
湖北町
びわ町
マキノ町
津町
新旭町
安曇川町
島町
琵琶湖
竹生島
葛籠尾崎
沖の白石
船木崎
マキノ駅
近江中庄駅
近江今津駅
新旭駅
安曇川駅
近江高島駅
北小松駅
湖西線
淡海湖
箱館山
△547
東山
△595
岳山
△565
△517
△234
△87
120
161
303
知内川
石田川
安曇川
鴨川
マキノ町牧野
マキノ町浦
マキノ町小荒路
マキノ町石庭
マキノ町森西
マキノ町西浜
マキノ町新保
マキノ町知内
マキノ町中庄
マキノ町海津
西浅井町大浦
西浅井町菅浦
今津町酒波
今津町岸脇
今津町浜分
今津町弘川
今津町上弘部
今津町梅原
今津町南新保
今津町日置前
新旭町饗庭
新旭町針江
新旭町深溝
新旭町安井川
新旭町新庄
新旭町藻園
新旭町太田
安曇川町南古賀
安曇川町中野
安曇川町五番領
安曇川町田中
安曇川町西万木
安曇川町三尾里
安曇川町北船木
安曇川町上小川
安曇川町四津川
武曽横山
宮野
鴨
永田
勝野
拝戸
鵜川
小松
50-09
50-21
50-25
50-12
50-11
50-17
50-15
50-06
50-19
50-08
50-23
50-03
50-14
50-26
50-04
50-27
50-13
50-20
50-07
50-01
50-05
50-10
50-22
49-01
49-02
49-04
49-08
49-09
49-10
49-06
49-03
48-13
48-07
48-08
48-02
48-05
48-16
48-11
48-14
48-04
48-01
48-15
48-03
48-09
48-10
48-17
48-12
48-06
47-09
47-08
47-11
47-05
47-03
47-04
47-10
47-01
47-12
47-06
A07
47-02
47-07
46-08
46-07
46-01
46-06
46-05
46-03
46-02
46-11
46-04
46-09
44-06

キノ町小竜路
50-25
峰山
東山
595
キノ町海津
50-01
西浅井町山田
西浅井町大浦
高月町
西浅井町菅浦
湖北町
葛籠尾崎
竹生島
びわ町
琵琶湖
多景島
沖の白石
03-02
03-01
04-08
04-22
04-01
04-02
04-09
04-12
04-06
04-03
04-20
04-10
04-15
04-24
04-25
04-14
04-17
04-11
05-11
04-21
04-19
04-16
高月町
高月駅
高月町高野
小谷上山田町
長浜
北陸本線
05-20
05-07
小谷山
08-36
05-27
04-26
04-04
05-26
05-07
08-42
04-07
05-10
08-10
山本山
324
04-13
05-25
05-16
小谷城SIC
05-08
05-17
05-24
08-01
05-01
河毛駅
05-23
05-34
05-05
08-39
05-18
05-19
余呉川
湖北町
05-14
05-30
05-09
05-02
05-03
05-29
05-35
05-12
07-11
08-12
湖北町延勝寺
05-13
05-33
05-06
08-41
05-31
05-32
05-21
07-07
08-13
05-22
07-06
05-04
06-01
富田町
07-05
08-30
06-10
06-05
虎姫駅
07-03
07-09
北陸自動車道
06-14
07-02
07-04
07-10
びわ町
虎姫町
06-08
06-06
07-01
宮部町
早崎町
06-13
07-08
06-02
下八木町
06-07
曽根町
09-22
09-06
八木浜町
09-16
09-37
06-12
06-04
09-13
09-21
06-03
09-19
大浜町
川道町
09-18
06-09
09-09
09-17
09-12
09-14
06-11
相撲町
09-10
09-02
09-15
姉川
09-11
09-05
09-20
09-41
09-04
09-44
長浜駅
09-47
09-26
09-28
09-01
09-29
09-27
09-49
09-23
09-32
09-24
田村駅
09-36
12-11
近江町
12-04
12-16
坂田駅
12-14
天野川
12-15
12-18
13-01
米原駅
13-02
13-03
13-13
近江鉄道本線
14-11
14-07
14-42
14-15
14-28
14-36
佐和山
233
14-06
芹川
14-17
14-19
彦根駅
14-37
14-02
14-21
14-13
14-27
14-09
彦根IC
名神高速道路
彦根市
14-40
14-22
14-29
14-34
宇曽川
14-31
14-16
14-26
14-35
14-24
南彦根駅
14-20
14-18
14-39
14-41

## ③ 長浜市（旧高月町一部・旧湖北町・旧びわ町・旧虎姫町・旧浅井町・旧長浜市）
## 米原市（旧伊吹町一部・旧山東町・旧近江町・旧米原町）
## 彦根市一部　多賀町一部

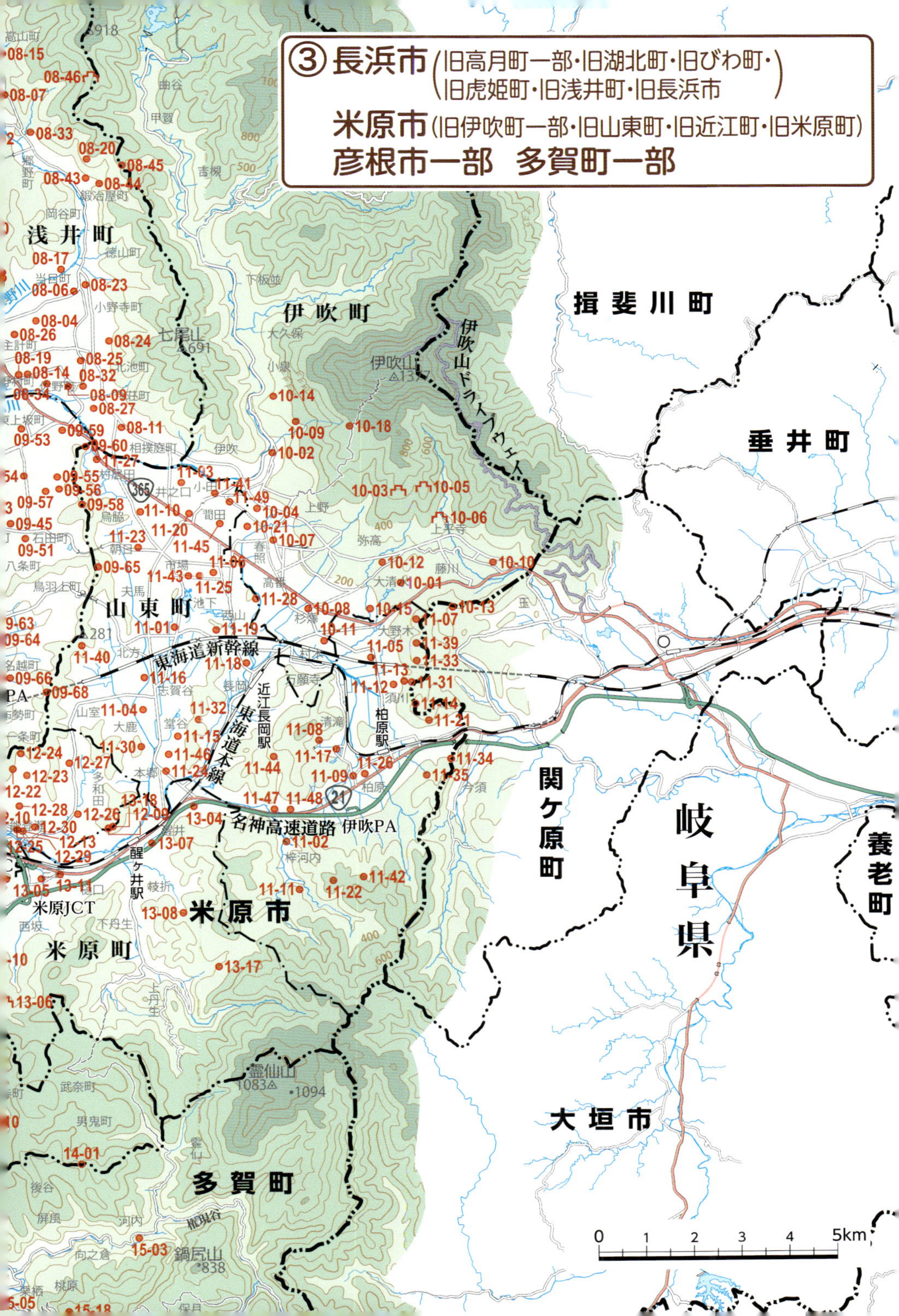

④竜王町　近江八幡市
野洲市　守山市
草津市一部　栗東市一部
湖南市一部
大津市(旧大津市一部・旧志賀町一部)
京都府
右京区
京都市
左京区
北区
上京区
中京区
大津市
志賀町
草津市
打見山 1108
蓬莱山 1174
皆子山 971
権現山 996
霊仙山 750
水井山 794
三石岳 676
比叡山
大比叡 848
如意ヶ岳 472
奥比叡ドライブウェイ
比叡山ドライブウェイ
ケーブル坂本駅
ケーブル延暦寺駅
坂本比叡山口駅
比叡山坂本駅
京阪石山坂本線
唐崎駅
大津京駅
びわ湖浜大津駅
おごと温泉駅
堅田駅
小野駅
和邇駅
蓬莱駅
志賀駅
湖西線
琵琶湖大橋
真野川
安曇川
44-16
44-12
44-09
44-14
44-13
44-10
44-08
44-15
44-04
44-05
44-11
43-30
43-13
43-65
43-40
43-26
43-06
43-33
43-20
43-18
43-15
43-31
43-45
43-09
43-12
43-32
43-19
43-58
43-59
43-08
43-60
43-50
43-51
43-01
43-02
43-68
43-22
43-56
43-67
43-28
43-52
43-49
43-53
43-57
43-54
43-66
43-55
43-43
43-07
A05
43-14
43-41
43-10
43-42
43-63
43-61
34-09
34-11
34-16
34-10
34-18
34-24
34-23
0 1 2 3 4 5km

琵琶湖
沖島
彦根市
能登川町
五個荘町
近江八幡市
安土町
東近江市
八日市市
中主町
野洲市
野洲町
守山市
竜王町
蒲生町
栗東町
湖南市
甲賀市
水口町
北小松駅
舞子駅
能登川駅
安土駅
近江八幡駅
篠原駅
野洲駅
守山駅
栗東駅
手原駅
石部駅
武佐駅
市辺駅
西の湖
安土山
繖山（観音寺山）
鶴翼山（八幡山）
雪野山（龍王山）
鏡山
三上山（近江富士）
愛知川
日野川
東海道新幹線
東海道本線
八日市線
草津線
名神高速道路
中山道
八重谷越
竜王IC
栗東IC
栗東湖南IC
栗東第二IC
蒲生SIC
菩提寺PA
44-06
14-54
14-52
14-56
14-64
14-57
23-02
23-15
23-20
23-17
23-21
23-05
23-03
23-06
23-04
23-12
23-16
24-09
26-01
26-07
26-06
26-02
26-03
26-04
30-07
30-09
30-08
30-10
30-13
30-31
30-14
30-25
30-01
30-06
30-30
30-11
30-24
30-05
30-19
30-28
30-20
30-12
30-18
30-16
30-21
30-23
30-03
30-29
30-22
30-17
C06
25-14
25-11
25-18
25-07
25-12
25-13
32-10
32-07
32-01
32-12
32-08
32-11
32-04
32-02
32-03
32-09
32-05
32-06
33-11
33-12
33-14
33-23
33-32
33-26
33-09
33-24
A01
33-05
33-35
33-08
33-31
33-30
33-27
33-03
33-07
33-20
33-28
33-22
33-01
31-13
31-04
31-06
31-15
31-24
31-03
31-01
31-11
31-10
31-19
31-17
31-09
31-25
31-18
31-22
31-20
31-08
31-21
31-23
29-02
29-11
29-05
29-08
29-16
29-07
29-10
29-13
29-01
29-17
29-09
29-04
29-14
29-03
28-05
28-10
28-15
28-07
A11
A04
35-16
35-10
35-18
35-23
35-19
35-12
35-13
35-26
35-14
35-05
35-01
35-25
35-22
35-21
35-09
35-24
35-04
35-20
35-11
A10
37-01
37-08
37-12
37-20
37-19
37-06
37-03
36-01

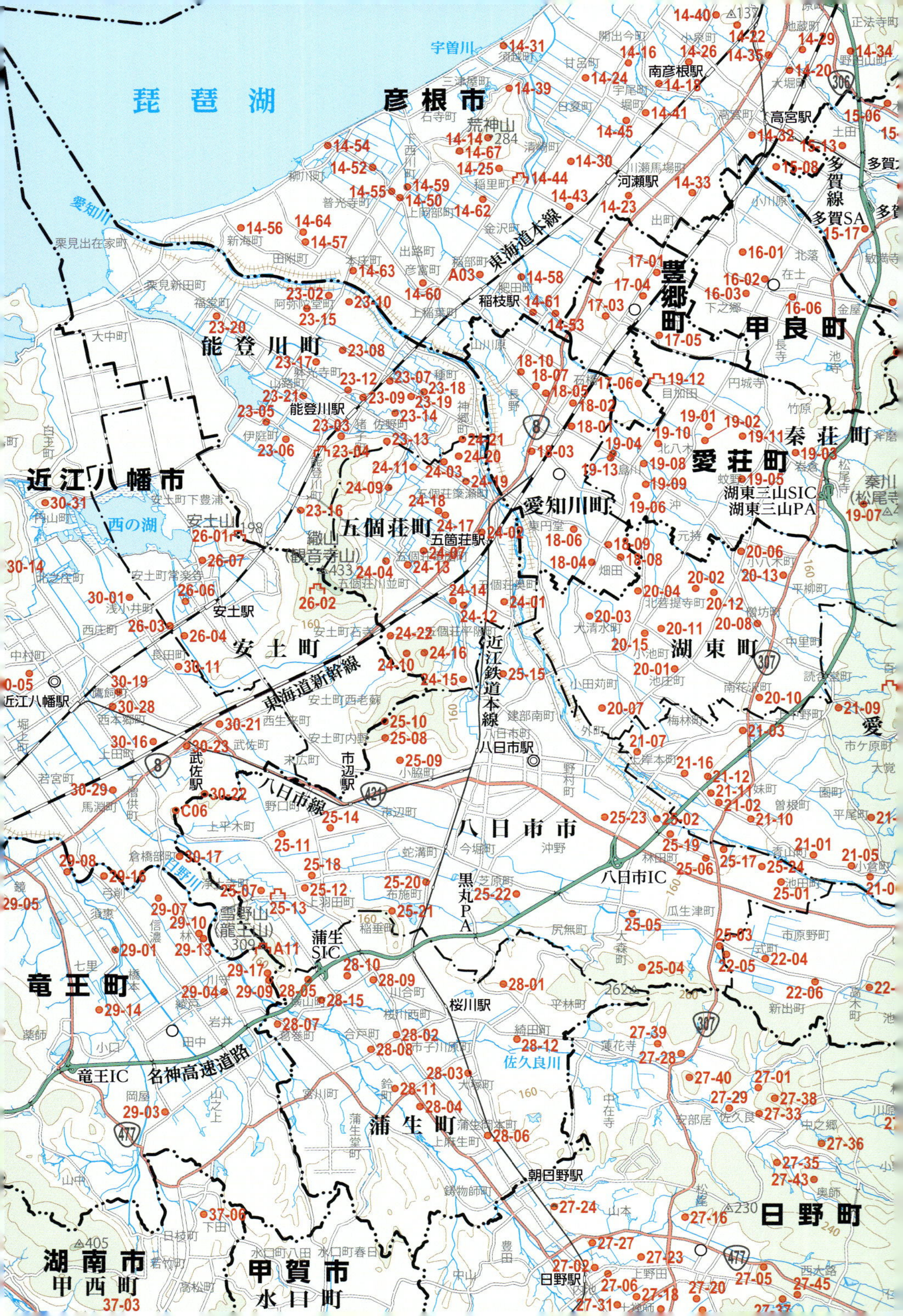
琵琶湖
彦根市
宇曽川
愛知川
能登川町
近江八幡市
西の湖
安土山
織山（観音寺山）
五個荘町
愛知川町
豊郷町
甲良町
秦荘町
愛荘町
湖東町
安土町
八日市市
竜王町
蒲生町
日野町
湖南市
甲西町
甲賀市
水口町
南彦根駅
河瀬駅
稲枝駅
能登川駅
安土駅
近江八幡駅
五箇荘駅
八日市駅
市辺駅
武佐駅
桜川駅
朝日野駅
日野駅
高宮駅
東海道本線
東海道新幹線
近江鉄道本線
八日市線
多賀線
名神高速道路
多賀SA
湖東三山SIC
湖東三山PA
八日市IC
黒丸PA
蒲生SIC
竜王IC
雪野山（龍王山）
荒神山
佐久良川
日野川
14-40
14-22
14-29
14-34
14-31
14-16
14-26
14-35
14-20
14-24
14-18
14-39
14-41
15-06
14-45
14-32
15-13
15-08
14-54
14-14
14-67
14-52
14-25
14-44
14-30
14-33
14-59
14-55
14-50
14-62
14-43
14-23
15-17
14-56
14-64
14-57
16-01
14-63
A03
14-58
17-01
17-04
16-02
16-03
16-06
23-02
23-10
14-60
14-61
17-03
14-53
23-15
23-20
17-05
23-08
18-10
18-07
23-17
23-12
23-07
19-12
17-06
18-05
23-21
23-18
23-09
23-19
18-02
23-05
23-14
19-01
19-02
19-11
23-03
18-01
19-10
23-13
24-21
19-04
19-03
23-06
23-04
24-20
18-03
19-08
24-11
24-03
19-13
19-05
30-31
24-09
24-19
19-09
24-18
23-16
19-06
19-07
24-17
24-02
26-01
18-06
18-09
24-07
20-06
30-14
26-07
24-04
24-13
18-04
18-08
20-13
26-06
24-14
20-02
30-01
26-02
24-01
20-04
20-12
24-12
20-03
20-11
20-08
26-03
26-04
24-22
24-16
30-11
24-10
20-15
20-01
30-19
25-15
24-15
20-10
0-05
30-28
21-09
20-07
25-10
30-21
21-03
30-16
30-23
25-08
21-07
21-16
25-09
21-12
30-29
30-22
21-11
21-02
C06
25-14
25-23
25-02
21-10
25-11
25-19
21-01
21-05
29-08
30-17
25-18
25-06
25-17
25-24
29-16
25-07
25-12
25-20
25-22
25-01
29-05
29-07
25-13
25-21
29-10
25-05
29-13
A11
25-03
22-05
22-04
29-01
28-10
28-09
25-04
28-01
29-17
22-06
29-04
29-09
28-05
28-15
29-14
28-07
27-39
28-02
28-12
28-08
27-28
28-03
27-40
27-01
28-11
27-29
27-38
28-04
27-33
29-03
28-06
27-36
27-35
27-43
27-24
37-06
27-16
27-27
27-23
27-02
27-06
27-18
27-20
27-05
27-45
37-03
27-31

⑤彦根市一部　多賀町一部
甲良町　豊郷町　愛荘町
東近江市　日野町一部
多賀町
いなべ市
三重県
菰野町
近江市
永源寺町
鍋尻山
838
15-03
15-18
15-12
15-07
15-02
5-19
21-04
22-07
22-08
22-02
22-01
22-09
22-20
高室山
818
三国岳
894
鈴ヶ岳
1130
御池岳
1247
1143
藤原岳
△958
治田峠
竜ヶ岳
1099
石榑峠
石榑トンネル
八風峠
釈迦ヶ岳
1092
日本コバ
934
△990
竜王山
826
雨乞岳
1238
御在所山
1212
綿向山
1110
武平峠
屏風
河内
権現谷
向之倉
桃原
保月
杉
△687
南後谷
大君ヶ畑
佐目
霜ヶ原
小原
樋田
萱原
君ヶ畑町
蛭谷町
箕川町
政所町
黄和田町
杠葉尾町
萱尾町
佐目町
永源寺相谷町
甲津畑町
西明寺
茶屋川
神崎川
愛知川
御池川
421
477
0
1
2
3
4
5km

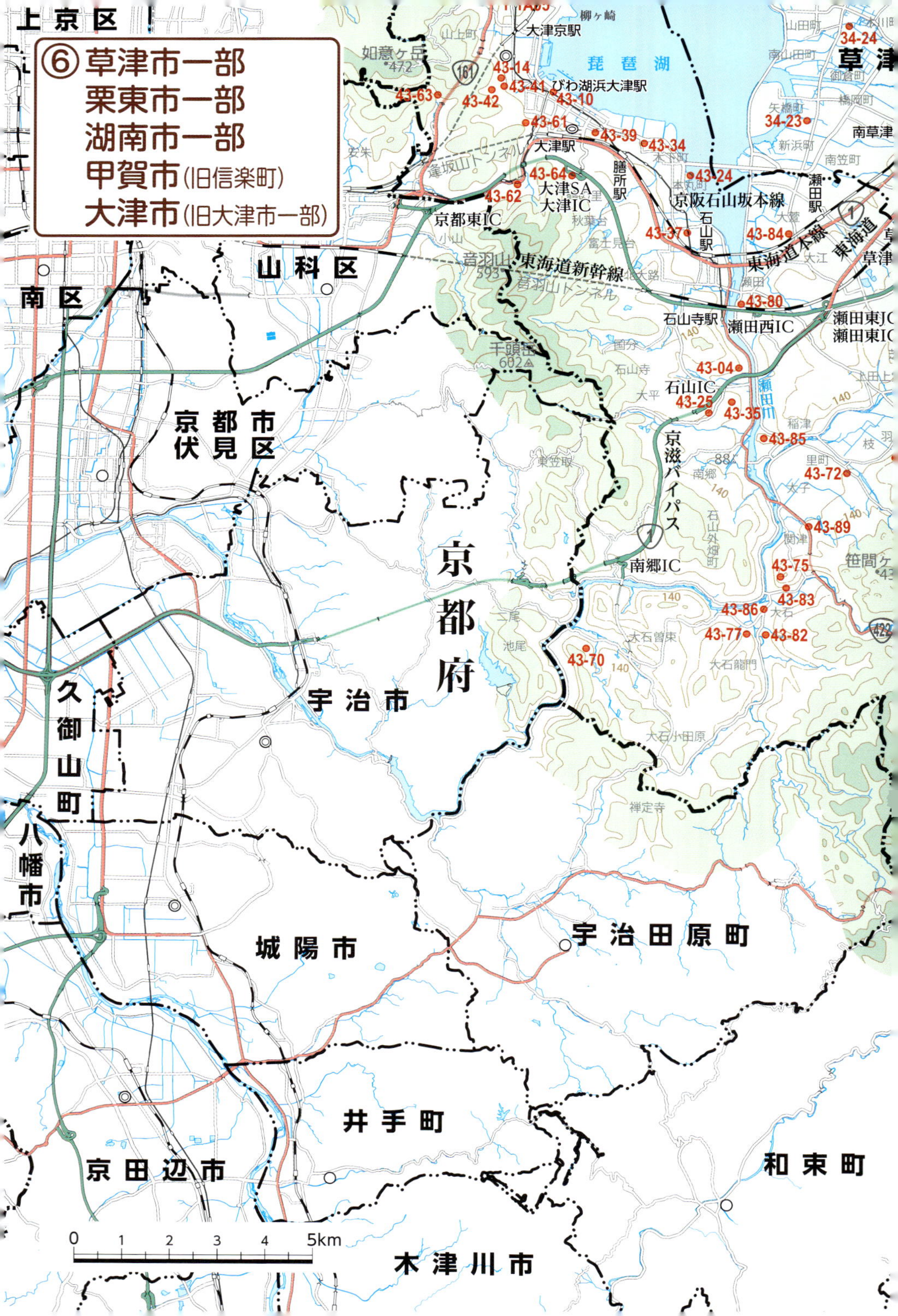

⑥草津市一部
栗東市一部
湖南市一部
甲賀市(旧信楽町)
大津市(旧大津市一部)
上京区
山科区
南区
京都市伏見区
久御山町
八幡市
宇治市
城陽市
宇治田原町
井手町
京田辺市
和束町
木津川市
京都府
琵琶湖
如意ヶ岳 472
柳ヶ崎
大津京駅
びわ湖浜大津駅
大津駅
膳所駅
石山駅
瀬田駅
石山寺駅
逢坂山トンネル
京阪石山坂本線
東海道本線
東海道新幹線
東海道
音羽山 593
音羽山トンネル
千頭岳 602
大津SA
大津IC
京都東IC
瀬田西IC
瀬田東JC
瀬田東IC
石山IC
南郷IC
京滋バイパス
瀬田川
161
422
安朱
小山
秋葉台
富士見台
国分
石山寺
大平
東笠取
南郷
石山外畑町
二尾
池尾
大石曽束
大石
大石龍門
大石小田原
禅定寺
稲津
里町
太子
関津
笹間ヶ
枝
羽
大萱
大江
瀬田
上田上
本丸町
木下町
山田町
南山田町
御倉町
矢橋町
橋岡町
新浜町
南笠町
南草津
草津
43-14
43-41
43-63
43-42
43-10
43-61
43-39
43-34
43-64
43-62
43-24
43-37
43-84
43-80
43-04
43-25
43-35
43-85
43-72
43-89
43-75
43-83
43-86
43-77
43-82
43-70
34-24
34-23
140
0 1 2 3 4 5km

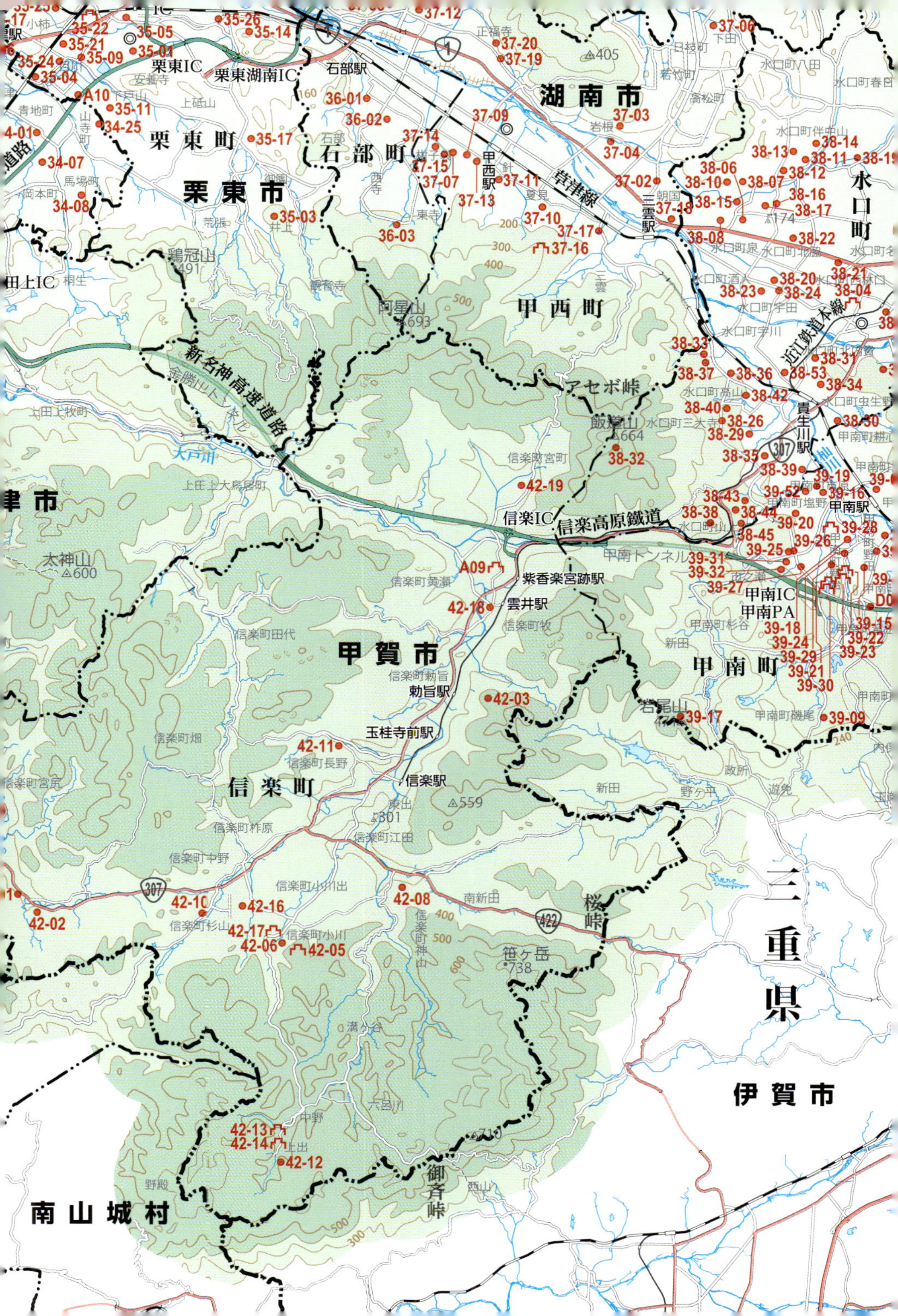

湖南市
栗東町
石部町
栗東市
甲西町
甲賀市
信楽町
甲南町
水口町
三重県
伊賀市
南山城村
津市
栗東IC
栗東湖南IC
石部駅
甲西駅
三雲駅
草津線
新名神高速道路
信楽高原鐵道
近江鉄道本線
貴生川駅
甲南駅
甲南IC
甲南PA
信楽IC
紫香楽宮跡駅
雲井駅
勅旨駅
玉桂寺前駅
信楽駅
鶏冠山
491
阿星山
693
アセボ峠
飯道山
664
太神山
600
岩尾山
笹ヶ岳
738
桜峠
御斉峠
大戸川
甲南トンネル
559
301
405
174
710
35-22
35-05
35-26
35-14
35-21
35-09
35-01
35-24
35-04
A10
35-11
34-25
34-01
34-07
34-08
35-17
35-03
36-01
36-02
36-03
37-12
37-20
37-19
37-06
37-09
37-03
37-04
37-14
37-15
37-07
37-13
37-11
37-02
37-18
37-10
37-17
37-16
38-13
38-14
38-11
38-06
38-10
38-07
38-12
38-15
38-16
38-17
38-08
38-22
38-20
38-21
38-23
38-24
38-04
38-33
38-37
38-36
38-31
38-53
38-34
38-42
38-40
38-26
38-29
38-30
38-32
38-35
38-39
39-19
39-52
39-16
38-43
38-38
38-44
39-20
39-28
38-45
39-25
39-26
39-31
39-32
39-27
39-18
39-24
39-29
39-21
39-30
39-15
39-22
39-23
39-17
39-09
A09
42-19
42-18
42-03
42-11
42-10
42-16
42-02
42-08
42-17
42-06
42-05
42-13
42-14
42-12

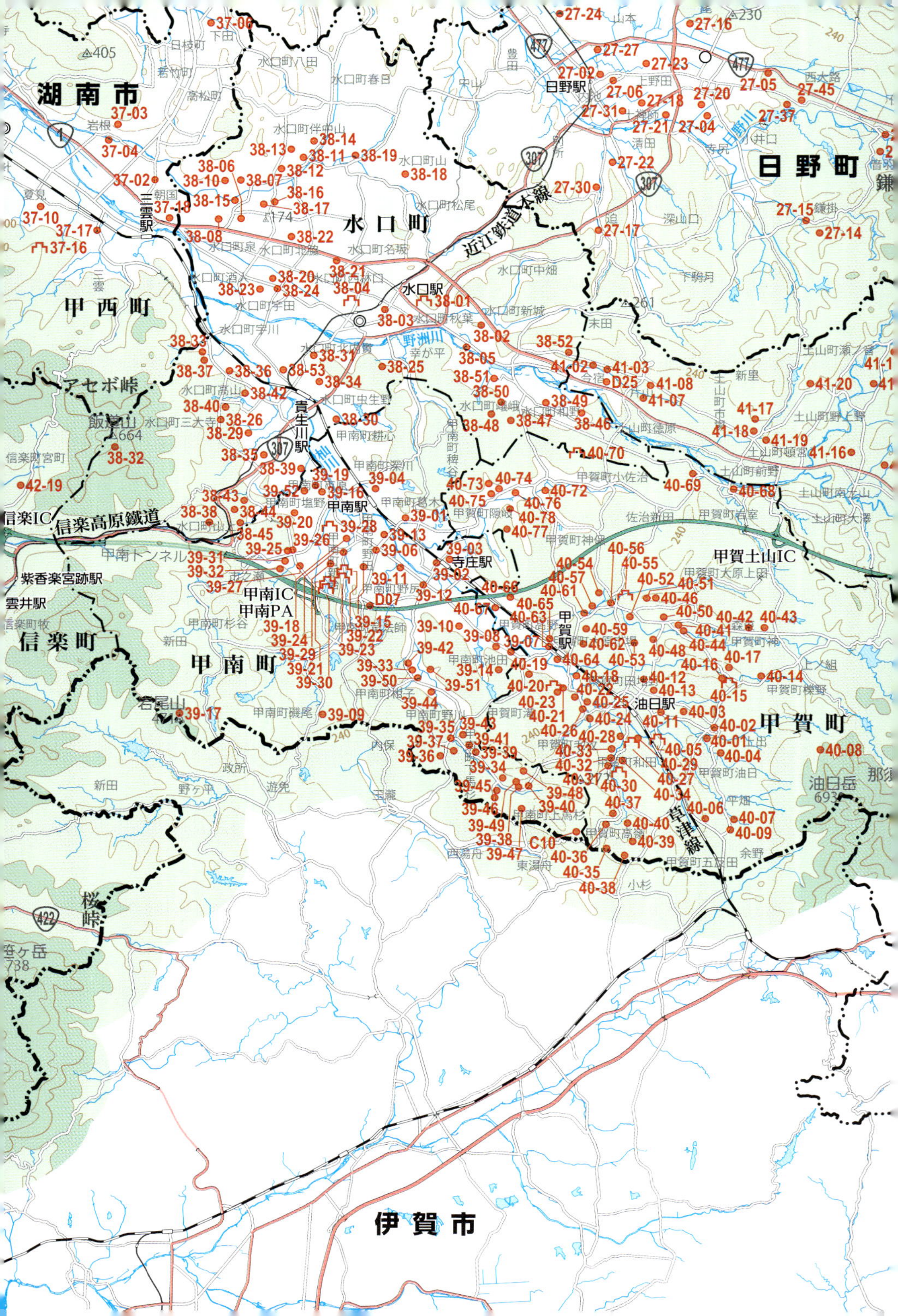
湖南市
日野町
水口町
甲西町
甲南町
甲賀町
信楽町
伊賀市
三雲駅
水口駅
日野駅
貴生川駅
甲南駅
寺庄駅
甲賀駅
油日駅
近江鉄道本線
信楽高原鐵道
草津線
野洲川
杣川
日野川
アセボ峠
飯道山
△664
桜峠
油日岳
693
甲賀土山IC
甲南IC
甲南PA
甲南トンネル
信楽IC
紫香楽宮跡駅
雲井駅
岩尾山
477
307
422
1
△405
△230
△261
△174
37-03
37-04
37-02
37-06
37-10
37-17
37-16
37-18
38-01
38-02
38-03
38-04
38-05
38-06
38-07
38-08
38-10
38-11
38-12
38-13
38-14
38-15
38-16
38-17
38-18
38-19
38-20
38-21
38-22
38-23
38-24
38-25
38-26
38-29
38-30
38-31
38-32
38-33
38-34
38-35
38-36
38-37
38-38
38-39
38-40
38-42
38-43
38-44
38-45
38-46
38-47
38-48
38-49
38-50
38-51
38-52
38-53
39-01
39-02
39-03
39-04
39-06
39-07
39-08
39-09
39-10
39-11
39-12
39-13
39-14
39-15
39-16
39-17
39-18
39-19
39-20
39-21
39-22
39-23
39-24
39-25
39-26
39-27
39-28
39-29
39-30
39-31
39-32
39-33
39-34
39-35
39-36
39-37
39-38
39-39
39-40
39-41
39-42
39-43
39-44
39-45
39-46
39-47
39-48
39-49
39-50
39-51
39-52
D07
C10
D25
40-01
40-02
40-03
40-04
40-05
40-06
40-07
40-08
40-09
40-11
40-12
40-13
40-14
40-15
40-16
40-17
40-18
40-19
40-20
40-21
40-22
40-23
40-24
40-25
40-26
40-27
40-28
40-29
40-30
40-31
40-32
40-33
40-34
40-35
40-36
40-37
40-38
40-39
40-40
40-41
40-42
40-43
40-44
40-46
40-48
40-50
40-51
40-52
40-53
40-54
40-55
40-56
40-57
40-59
40-61
40-62
40-63
40-64
40-65
40-66
40-67
40-68
40-69
40-70
40-72
40-73
40-74
40-75
40-76
40-77
40-78
41-02
41-03
41-07
41-08
41-16
41-17
41-18
41-19
41-20
42-19
27-02
27-04
27-05
27-06
27-14
27-15
27-16
27-17
27-18
27-20
27-21
27-22
27-23
27-24
27-27
27-30
27-31
27-37
27-45

## ⑦ 日野町一部
## 甲賀市（旧水口町・旧甲南町・旧甲賀町・旧土山町）

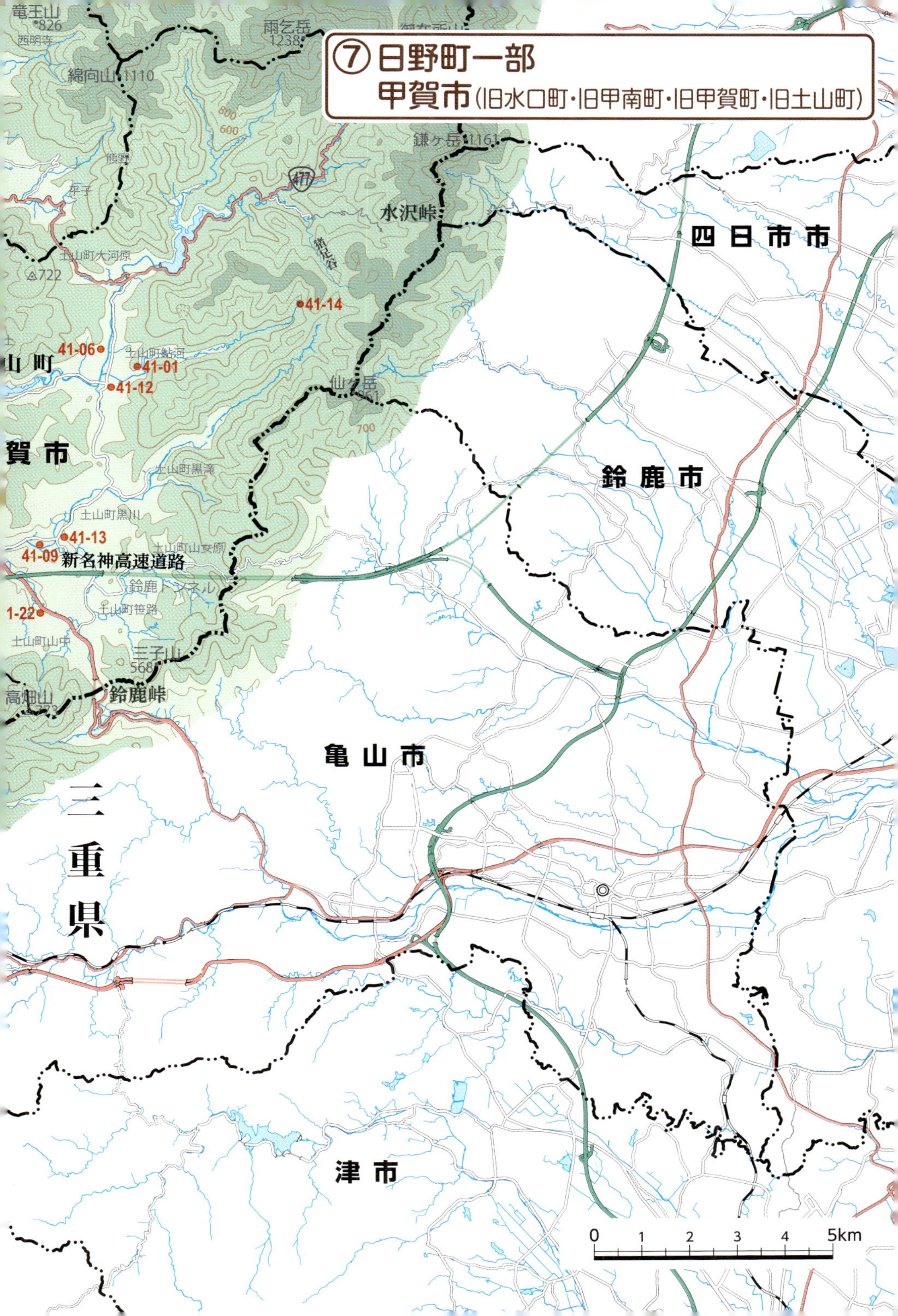

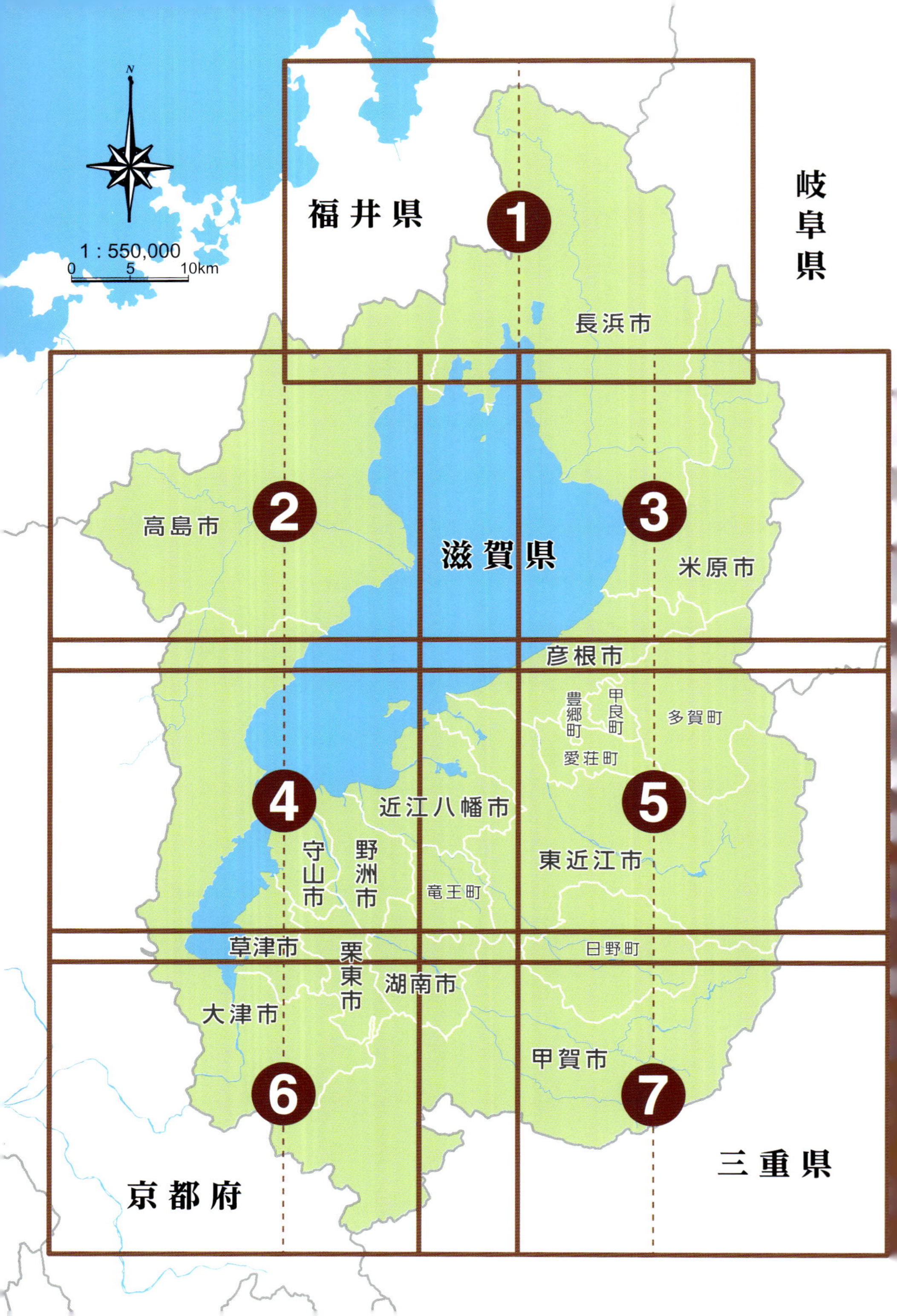

N
1 : 550,000
0 5 10km
福井県
岐阜県
滋賀県
京都府
三重県
1
2
3
4
5
6
7
長浜市
高島市
米原市
彦根市
豊郷町
甲良町
多賀町
愛荘町
近江八幡市
東近江市
守山市
野洲市
竜王町
草津市
栗東市
湖南市
日野町
大津市
甲賀市

# はじめに

本書は2024年４月に発行した『愛知県のお城・館一覧』（文芸社発行）の続編です。今回はサンライズ出版発売として『滋賀県のお城・館一覧』を纏めました。

本表・巻頭地図は「近江の城―滋賀県中近世城郭分布地図」を参考に新たに作成、一覧表も読みやすいようにレイアウトを変更致しました。なお、収録したお城・館は、筆者が独自に文献等で調べた城も加え、約1400城となりました。

さらに広島市立図書館浅野文庫、滋賀県立図書館所蔵の古城図、筆者が城巡りをした際に撮影した写真も掲載しました。また前回に引き続き「シリーズ山内一豊銅像物語」やエッセーも収録しています。

この本が全国のお城ファンにご活用いただければ幸いです。

# 滋賀県のお城・館一覧　目次


はじめに —— 1

凡例 —— 4

## 長浜市

1 旧西浅井町〈01〉　旧余呉町〈02〉 —— 5

2 旧木之本町〈03〉　旧高月町〈04〉 —— 13

3 旧湖北町〈05〉　びわ町〈06〉
虎姫町〈07〉　浅井町〈08〉 —— 17

4 旧長浜市〈09〉 —— 27

## 米原市

1 旧伊吹町〈10〉　旧山東町〈11〉 —— 34

2 旧近江町〈12〉　旧米原町〈13〉 —— 40

## 彦根市〈14〉 —— 47

## 多賀町〈15〉 —— 54

## 甲良町〈16〉・豊郷町〈17〉・愛荘町

旧愛知川町〈18〉　旧秦荘町〈19〉 —— 57

## 東近江市

1 旧湖東町〈20〉　旧愛東町〈21〉　旧永源寺町〈22〉 —— 61

2 旧能登川町〈23〉　旧五個荘町〈24〉 —— 67

3 旧八日市市〈25〉　旧蒲生町〈28〉 —— 72

## 日野町〈27〉 —— 75

## 竜王町〈29〉 —— 79

## 近江八幡市

旧安土町〈26〉　旧近江八幡市〈30〉 —— 82

## 野洲市

旧野洲町〈31〉　旧中主町〈32〉 —— 88

守山市〈33〉 —— 92

草津市〈34〉 —— 96

栗東市〈35〉 —— 99

湖南市

旧石部町〈36〉　旧甲西町〈37〉 —— 102

甲賀市

1 旧水口町〈38〉 —— 107
2 旧甲南町〈39〉 —— 113
3 旧甲賀町〈40〉 —— 118
4 旧土山町〈41〉 —— 124
5 旧信楽町〈42〉 —— 129

大津市

旧大津市〈43〉　旧志賀町〈44〉 —— 132

高島市

1 旧朽木村〈45〉　旧高島町〈46〉 —— 144
2 旧安曇川町〈47〉　旧新旭町〈48〉　旧今津町〈49〉 —— 147
3 旧マキノ町〈50〉 —— 151

城・館解説 —— 154

エッセー

何故か相性が合わない玄蕃尾城 —— 8
小谷城 —— 22
鎌刃城 —— 46
彦根城 —— 52
信長最期の陰謀 —— 64
観音寺城 —— 70
安土城 —— 84
八幡山城 —— 86
琵琶湖一周のろし駅伝 —— 104
水口城と水口岡山城 —— 112
東海道御宿場印（滋賀県編） —— 126
膳所城 —— 136
壬申の乱―滋賀編― —— 140
シリーズ山内一豊銅像物語④　長浜城 —— 32
シリーズ山内一豊銅像物語⑤　宇賀野氏館 —— 42

索引 —— 155
参考文献 —— 174

# 凡　例

1　本表は滋賀県文化スポーツ部文化財保護課文化財活用推進・新文化館開設準備室2022年「近江の城～滋賀県中近世城郭分布地図」(以下『近江の城地図』)を参考に作成した。

2　『近江の城地図』の管理番号は２桁の旧市町村番号と城郭番号からなるため、巻頭地図には旧市町村名を明朝体で、境界を一点鎖線で付した。

3　市町村合併により、同一市町に複数の管理番号を持つ城は主となる地域の管理番号に纏めた。また複数の市町に管理番号を持つ城は主となる市町に詳細を記し、他の市町の管理番号欄には城名と主となる管理番号を記した。

4　「＊＊城跡」や「＊＊館跡」は跡を外し、末尾の「城」、「館」「陣所」「遺跡」等のルビは不記載とした。

5　城名が複雑なものは通称名や略名に変更したもの、各市町教育委員会の遺跡一覧での表記などを参考にして変更した場合は、別名欄に『近江の城地図』の城名を記載した。なお名称変更となった多喜北城、多喜支城については、別名欄に旧〇〇城と記した。

6　別名欄は４以外に筆者が文献等で調べ、異なる城名がある場合は併せて記した。

7　城名が某城・位置不明のものは一覧から外した。

8　『近江の城地図』収録以外に著者が文献等で調べた城館はＡ～Ｅの分類記号（Ａ古代、Ｂ平安・鎌倉時代、Ｃ南北朝・室町時代、Ｄ戦国時代・織豊期、Ｅ江戸時代）を付した。

9　築城年、主な城主、廃城年など著者が参考文献等に記載があるものは優先して収録した。

10　指定欄には、国指定特別史跡＝国特、国指定史跡＝国指、県指定史跡＝県指、市指定史跡＝市指、町指定史跡＝町指と表記した。

11　古城図を掲載した城は一覧表の城名を太字とした。

12　巻頭地図には位置不明等、地図にプロットしていない城もある。

13　遺構は現在地下に埋め戻されたり、破壊されたりして確認できないところもある。

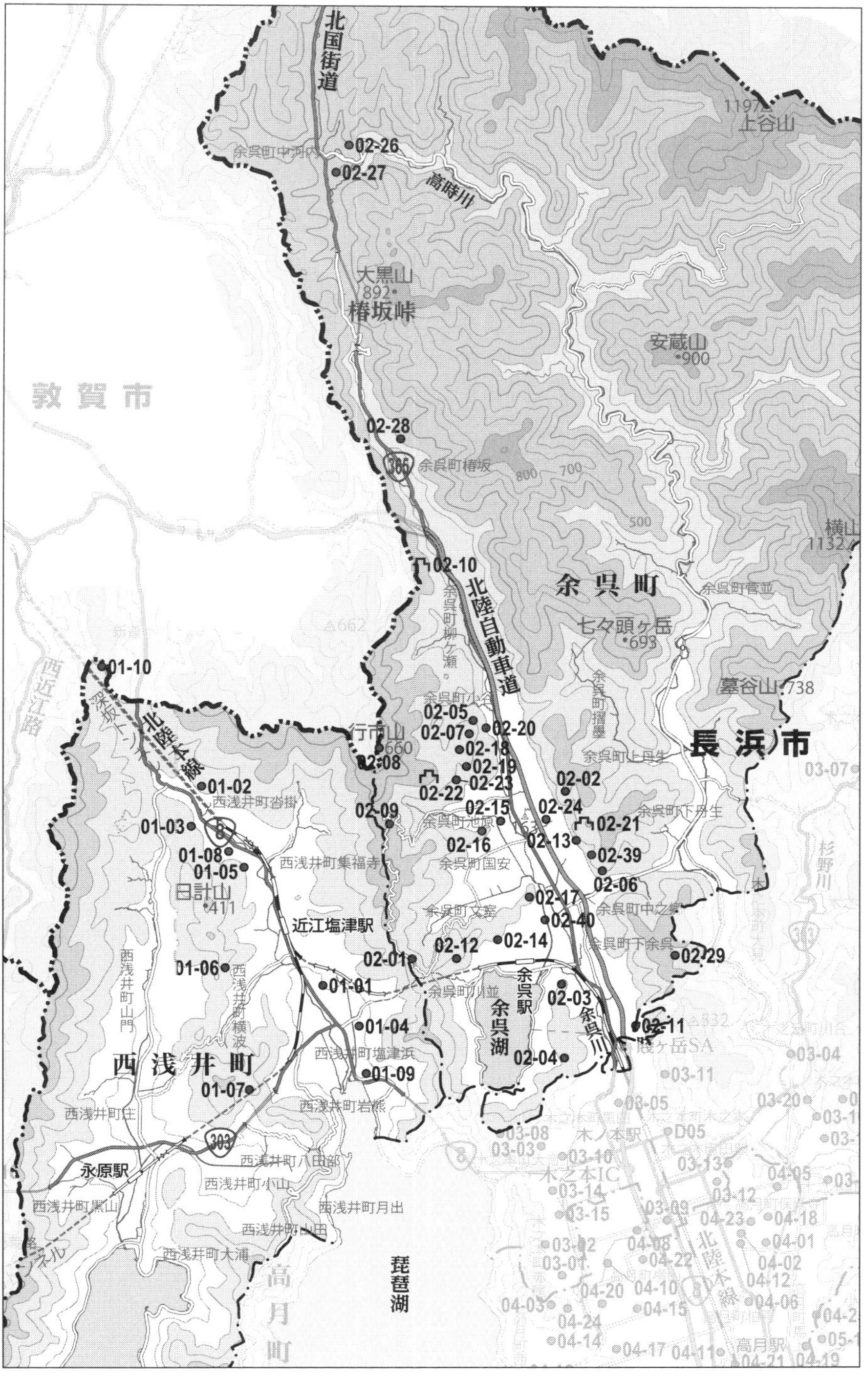
北国街道
上谷山
1197
余呉町中河内
02-26
02-27
高時川
大黒山
892
椿坂峠
安蔵山
900
敦賀市
02-28
365
余呉町椿坂
800
700
500
横山
1132
02-10
北陸自動車道
余呉町柳ヶ瀬
余呉町
余呉町菅並
七々頭ヶ岳
693
662
墓谷山
738
01-10
深坂トンネル
北陸本線
西近江路
余呉町小谷
02-05
02-07
02-20
02-18
02-19
02-23
02-22
行市山
660
02-08
余呉町摺墨
余呉町上丹生
長浜市
03-07
01-02
西浅井町沓掛
02-02
02-24
02-21
余呉町下丹生
02-15
02-09
01-03
8
余呉町池原
02-16
02-13
02-39
01-08
01-05
西浅井町集福寺
余呉町国安
02-06
杉野川
日計山
411
02-17
余呉町中之郷
余呉町文室
近江塩津駅
02-40
02-12
02-14
余呉町下余呉
02-29
303
02-01
01-06
西浅井町山門
西浅井町横波
01-01
余呉町川並
余呉駅
余呉湖
02-03
余呉川
02-11
532
賤ヶ岳SA
01-04
西浅井町塩津浜
02-04
西浅井町
01-09
03-04
01-07
03-11
西浅井町岩熊
03-05
03-20
西浅井町庄
03-08
03-03
木ノ本駅
D05
303
03-10
永原駅
西浅井町八田部
03-13
木之本IC
04-05
西浅井町小山
03-14
03-12
西浅井町黒山
西浅井町月出
03-15
03-09
04-23
04-18
西浅井町山田
04-08
04-01
03-02
西浅井町大浦
琵琶湖
03-01
04-22
04-02
高月町
04-20
04-10
北陸本線
04-12
04-03
04-15
04-06
04-24
04-14
04-17
04-11
高月駅
04-21
04-19

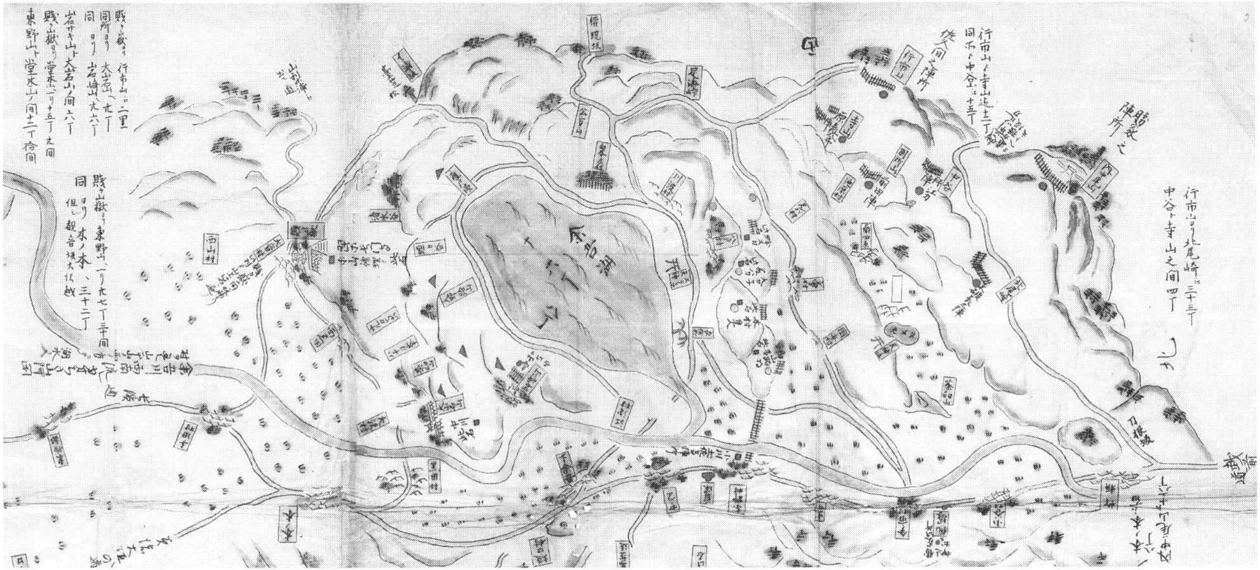


天正11年４月の「賤ケ岳の合戦」布陣図部分〈03-08〉。『志津ヶ嶽絵図／合戦戦陣配置図』（滋賀県立図書館所蔵）

余呉湖

賤ヶ岳古戦場の兵士像

賤ヶ岳古戦場

| 管理番号 | 城名 | 別名 | 所在地 | 築城年 | 主な城主 | 廃城年 | 指定 | 主な遺構 |
|---|---|---|---|---|---|---|---|---|
| 01-01 | 応昌寺城《おうしょうじ》 | | 西浅井町塩津中・野坂 | 中世 | | | | |
| 01-02 | 沓掛北砦《くつかけきた》 | | 西浅井町沓掛 | 中世 | | | | 箱堀状遺構 |
| 01-03 | 沓掛西砦《くつかけにし》 | | 西浅井町沓掛 | 中世 | | | | 堀切で城砦を分断 |
| 01-04 | 塩津城山城《しおつしろやま》 | 塩津城 | 西浅井町塩津浜 | 鎌倉 | 熊谷氏 | | | 箱堀状空堀、曲輪、土塁 |
| 01-05 | 集福寺若山城《しゅうふくじわかやま》 | 集福寺城 | 西浅井町集福寺 | 室町 | 熊谷氏 | | | 壺笠山城類似、曲輪、土塁、堀切、石積み |
| 01-06 | 西岡城《にしおか》 | | 西浅井町余・西岡 | 天正11年 | 丹羽長秀、熊谷氏 | 天正11年 | | 土塁、曲輪、堀 |
| 01-07 | 岩熊城《やのくま》 | | 西浅井町岩熊 | | | | | 堀囲、平面五角形か |
| 01-08 | 沓掛南砦《くつかけみなみ》 | 集福寺北城 | 西浅井町沓掛 | | | | | 櫓台、堀切 |
| 01-09 | 塩津浜城《しおつはま》 | | 西浅井町塩津浜 | 中世 | 熊谷氏 | | | 雛壇状曲輪、堀切 |
| 01-10 | 深坂越《ふかさかごえ》え西側の遺構 | | 西浅井町沓掛 | 戦国 | | | | 堀豪状通路 |
| 02-01 | 秋葉越遺構群《あきばごえ》 | | 余呉町文室 | | | | | |
| 02-02 | 今市上砦《いまいちかみ》 | 西陣砦 | 余呉町今市 | 天正11年 | 柴田勝家 | 天正11年 | | 土塁囲みの曲輪２か所 |
| 02-03 | 岩崎山砦《いわさきやま》 | | 余呉町下余呉 | 天正11年 | 高山右近 | 天正11年 | | 土塁、曲輪、櫓台、平虎口 |
| 02-04 | 大岩山砦《おおいわやま》 | 下余呉砦 | 余呉町坂 口 | 天正11年 | 中川清秀 | 天正11年 | | 土塁、細長い曲輪、中川清秀墓 |
| 02-05 | 大谷山砦《おおたにやま》 | 小谷西方遺構群 | 余呉町小谷 | 天正11年 | 不破勝光 | 天正11年 | | 曲輪 |
| 02-06 | 笠上城《かさかみ》 | | 余呉町中之郷 | 天正11年 | 羽柴方 | 天正11年 | | |
| 02-07 | 柏谷山砦《かしたにやま》 | | 余呉町小谷 | 天正11年 | 柴田方 | 天正11年 | | |
| 02-08 | 行市山城《ぎょういちやま》 | 行市砦、<br>行市山砦 | 余呉町小谷 | 天正11年 | 佐久間盛政、東野氏 | 天正11年 | | 曲輪、土塁、堀切、虎口 |
| 02-09 | 池原山砦《いけはらやま》 | 行市山秋葉越間<br>峯行き遺構群 | 余呉町池原・文室 | 天正11年 | 浅見対馬守 | 天正11年 | | |

# 何故か相性が合わない玄蕃尾城

〈02-10〉

私（横山）がお城巡りをしていると、毎回雨が降ったり通行止めになったりと何故か相性が合わないお城もあります。特に長浜市賤ヶ岳の戦いで柴田勝家本陣になった玄蕃尾城は４回行きましたが、毎回何かが起こります。

**１回目**　自家用車で行ったものの城への入口が分からず周囲を３周回ったがあきらめて帰りました。

**２回目**　前回の失敗からトンネルすぐ横の道から入るのを調べ、中腹に車を止め、いざ攻城と行ったのだが、峠を上がった所で体長１m以上の蛇が目の前を横切り、そこから回れ右して逃げ出しました。

**３回目**　旅行会社団体ツアーで今度は攻城成功して、いざ記念撮影と思ったらスマホが無い！　バスの中に忘れて来た事に気付いた。こんな事もあるかと思い、カバンの中からデジカメを取り出したら、今度は電池切れで使えず。結局１枚も写真が撮れませんでした。

玄蕃尾城天守台（櫓台）

玄蕃尾城峠

この上で蛇を見た

**４回目**　城に詳しいＫ先生とのツアーで行き、今度は１ｍの蛇は出ず、写真も撮れ、城管理整備費を寄附して御城印もゲット。今度は大丈夫だったとジャンボタクシーで下山となりました。

すると林道で前方から来た乗用車がこちらの車を避けようとしたところ、側溝に脱輪してしまいました。その時、城に詳しいＫ先生の号令でタクシーに乗っていた男性全員で乗用車を側溝から上げ、救い出しました。

一番びっくりしたのは脱輪した車の方でしょう。脱輪してどうしようと思ったら前の車から男性５～６人が降りてきて車を側溝から上げてくれたのですから。

本当に玄蕃尾城では、必ず何かが起こります。

玄蕃尾城土塁

玄蕃尾城説明板

玄蕃尾城東虎口

| 管理番号 | 城名 | 別名 | 所在地 | 築城年 | 主な城主 | 廃城年 | 指定 | 主な遺構 |
|---|---|---|---|---|---|---|---|---|
| 02-10 | 玄蕃尾《げんばお》城 | 内中尾山城、柳瀬城 | 余呉町柳ヶ瀬 | 天正10年 | 柴田勝家 | 天正11年 | 国指 | 曲輪、土塁、櫓台（天守）、堀切、横堀、角虎口、馬出、丸馬出、土橋 |
| 02-11 | 坂口《さかぐち》砦 | | 余呉町坂口 | 室町 | | | | |
| 02-12 | 茂山《しげやま》砦 | | 余呉町八戸 | 天正11年 | 前田利家 | 天正11年 | | |
| 02-13 | 菖蒲谷《しょうぶたに》砦 | | 余呉町東野 | 天正11年 | 羽柴方 | 天正11年 | | |
| 02-14 | 神明山《しんめいやま》砦 | 大杉山砦、神明山城 | 余呉町八戸 | 天正11年 | 蜂須賀正勝、堀尾吉晴、木村隼人正 | 天正11年 | | 土塁、曲輪、堀 |
| 02-15 | 茶臼山《ちゃうすやま》砦 | | 余呉町池原 | 天正11年 | 柴田方 | 天正11年 | | 曲輪、空堀 |
| 02-16 | 天神山《てんじんやま》砦 | 片岡砦 | 余呉町国安・天神前 | 天正11年 | 木下一元、山路正国 | 天正11年 | | 四方を土塁で囲まれた方形２つの曲輪、堀切、食違い虎口 |
| 02-17 | 堂木山《どうぎやま》砦 | | 余呉町中之郷・東野 | 天正11年 | 東野氏、木村隼人 | 天正11年 | | 曲輪、土塁、堀切、竪堀、虎口 |
| 02-18 | 橡谷山《とちだにやま》砦 | 橡山砦 | 余呉町小谷・池原 | 天正11年 | 金森長近 | 天正11年 | | 土塁、曲輪、堀 |
| 02-19 | 中谷山《なかたにやま》砦 | | 余呉町池原 | 天正11年 | 前田利家、徳山則秀 | 天正11年 | | ２か所に土塁をともなう正方形曲輪 |
| 02-20 | 林谷山《はやしたにやま》砦 | | 余呉町池原（新堂） | 天正11年 | 毛受勝助 | 天正11年 | | 土塁、曲輪、堀 |
| 02-21 | 東野山《ひがしのやま》城 | 左祢山砦、東野山砦、東野城 | 余呉町東野 | 天正11年 | 堀秀政 | 天正11年 | 市指 | 曲輪、土塁、堀切、竪堀、横堀、虎口 |
| 02-22 | 別所山《べっしょやま》砦 | | 余呉町池原 | 天正11年 | 拝郷五左衛門、前田利家・利長 | 天正11年 | 市指 | 土塁、曲輪、堀 |
| 02-23 | 山寺山《やまでらやま》砦 | | 余呉町小谷 | 天正11年 | 原長頼 | 天正11年 | | 平坦地、石段、建物礎石 |
| 02-24 | 東野《ひがしの》館 | 余呉東野館 | 余呉町東野 | 16世紀中頃 | 浅井氏配下東野氏 | | | 土塁、堀 |
| 02-26 | 角鹿山《つのがやま》の遺構 | | 余呉町中河内 | | | | | |
| 02-27 | 大将宮山《たいしょうみややま》の遺構 | | 余呉町中河内 | | | | | |
| 02-28 | 椿坂《つばきざか》の遺構 | | 余呉町椿坂 | 室町 | 朝倉氏 | | | |

| 管理番号 | 城名 | 別名 | 所在地 | 築城年 | 主な城主 | 廃城年 | 指定 | 主な遺構 |
|---|---|---|---|---|---|---|---|---|
| 02-29 | 菅山寺《かんざんじ》の遺構 | 菅山寺城 | 余呉町坂口 | 室町 | 京極高清、佐々木佐渡判官入道阿弥 | | | |
| 02-30 | 秋葉神社《あきばじんじゃ》の砦 | | 余呉町中河内（位置不明） | 天正11年 | | 天正11年 | | |
| 02-31 | 高尾山《たかおやま》砦 | | 余呉町文室 | 天正11年 | | 天正11年 | | |
| 02-32 | イ地点の遺構 | | 余呉町文室 | 天正11年 | | 天正11年 | | |
| 02-33 | ロ地点の遺構 | | 余呉町文室（位置不明） | 天正11年 | | 天正11年 | | |
| 02-34 | 峯通《みねどお》りＰ地点の遺構 | | 余呉町文室 | 天正11年 | | 天正11年 | | |
| 02-35 | 峯通《みねどお》りＱ地点の遺構 | | 余呉町文室 | 天正11年 | | 天正11年 | | |
| 02-36 | 峯通《みねどお》りRS地点の遺構 | | 余呉町文室 | 天正11年 | | 天正11年 | | |
| 02-37 | A-A´の砦 | | 余呉町池原・小谷（位置不明） | | | | | |
| 02-38 | ヒヨロウ谷砦 | J砦 | 余呉町小谷（位置不明） | | | | | |
| 02-39 | 溝谷《みぞたに》砦 | | 余呉町中之郷 | 中世 | | | | |
| 02-40 | 余呉《よご》館 | | 余呉町中之郷 | | 余呉氏 | | | |
| 02-41 | 植谷山《うえたにやま》城 | | 余呉町坂口（位置不明） | | | | | |
| 02-42 | 大野路山《おおのじやま》城 | | （位置不明） | | | | | |
| 02-43 | 河置山《かわおきやま》城 | | （位置不明） | | | | | |
| 02-44 | 谷山《たにやま》城 | | （位置不明） | | | | | |
| 02-45 | 丸山《まるやま》城 | | （位置不明） | | | | | |

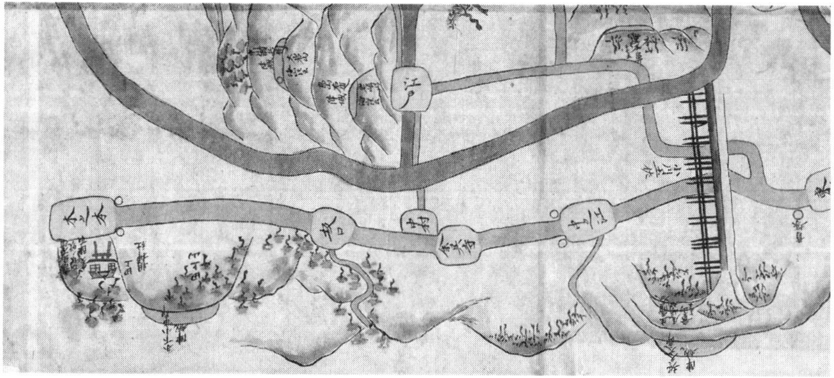

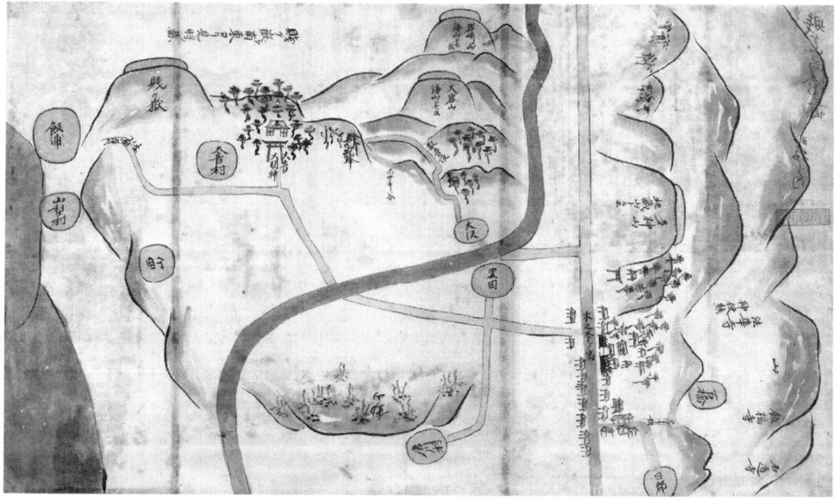

上図の右には防御の柵が設けられている。下図は賤ヶ岳〈03-08〉を南東より見た図。
『賤ヶ嵩絵図［賤ヶ嶽絵図］二枚』（滋賀県立図書館所蔵）

田上山砦〈03-11〉弟・羽柴秀長が守る

木之本浄信寺〈D05〉兄・羽柴秀吉本陣

木之本町
長浜市
高月町
琵琶湖
北陸本線
浅井町
西浅井町
杉野川
己高山
923
賤ヶ岳SA
木ノ本駅
木之本IC
高月駅
山本山
324
03-01
03-02
03-03
03-04
03-05
03-06
03-07
03-08
03-09
03-10
03-11
03-12
03-13
03-14
03-15
03-16
03-18
03-19
03-20
D05
04-01
04-02
04-03
04-04
04-05
04-06
04-07
04-08
04-09
04-10
04-11
04-12
04-13
04-14
04-15
04-16
04-17
04-18
04-19
04-20
04-21
04-22
04-23
04-24
04-25
04-26

| 管理番号 | 城名 | 別名 | 所在地 | 築城年 | 主な城主 | 廃城年 | 指定 | 主な遺構 |
|---|---|---|---|---|---|---|---|---|
| 03-01 | 赤尾氏《あかおし》館 | | 木之本町赤尾 | | 浅井氏配下赤尾氏 | | | |
| 03-02 | 赤尾《あかお》城 | | 木之本町赤尾 | | | | | 蛇ヶ池 |
| 03-03 | 大音《おおと》館 | | 木之本町大音 | 中世 | 浅井氏配下大音氏 | | | 竪堀、土塁 |
| 03-04 | 川合《かわい》城 | | 木之本町川合 | 中世 | 浅井氏配下雨森俊藤次 | | | |
| 03-05 | 黒田《くろだ》城 | | 木之本町黒田 | 中世 | 雨森十太夫、佐々木氏一族黒田氏 | | | |
| 03-06 | 小山《こやま》館 | 伊吹氏館 | 木之本町小山 | 戦国 | 小山氏（伊吹氏） | | | 土塁、堀 |
| 03-07 | 杉野《すぎの》城 | | 木之本町杉野 | 中世 | | | | |
| 03-08 | 賤ヶ岳《しずがたけ》砦 | 賤ヶ岳城 | 余呉町川並・木之本町大音 | 元亀年間 | 桑山修理等、羽田正親 | 天正11年 | | 曲輪、土塁、堀切、竪堀、虎口 |
| 03-09 | 千田《せんだ》城 | | 木之本町千田 | 中世 | 浅井氏 | | | |
| 03-10 | 田居前《たいまえ》館 | | 木之本町田居 | 中世 | | | | |
| 03-11 | 田上山《たがみやま》砦 | 木之本城、田上山城 | 木之本町黒田（穴師） | 天正11年 | 羽柴秀長 | 天正11年 | | 曲輪、土塁、弗土塁、堀切、横堀、虎口 |
| 03-12 | 田部《たべ》城 | | 木之本町田部 | 中世 | 田部民部少輔信頼 | | | |
| 03-13 | 田部山《たべやま》城 | | 木之本町田部 | 元亀年間 | 田部氏、朝倉氏 | | | 土塁、曲輪、堀 |
| 03-14 | 西山《にしやま》城 | 田部山砦 | 木之本町西山 | 中世 | 西山下総守且右衛門 | | | |
| 03-15 | 布施《ふせ》城 | | 木之本町北布施 | 中世 | 浅井氏配下布施吉里 | | | |
| 03-16 | 古橋《ふるはし》城 | | 木之本町古橋・鶴伏山 | 中世 | | | | |
| 03-17 | 飯浦山《はんのうらやま》城 | | 木之本町飯浦（位置不明） | | | | | |
| 03-18 | 法華寺《ほっけじ》跡の遺構 | | 木之本町古橋 | | | | | |
| 03-19 | 飯福寺《はんぷくじ》跡の遺構 | | 木之本町古橋 | 中世 | | | | |

| 管理番号 | 城名 | 別名 | 所在地 | 築城年 | 主な城主 | 廃城年 | 指定 | 主な遺構 |
|---|---|---|---|---|---|---|---|---|
| 03-20 | 古橋裏山《ふるはしうらやま》の遺構 | | 木之本町古橋 | 中世 | | | | |
| D05 | 浄信寺《じょうしんじ》 | 木之本地蔵院 | 木之本町木之本 | 天正11年 | 羽柴秀吉 | | | |
| 04-01 | 雨森《あめのもり》城 | 雨森氏館 | 高月町雨森 | 中世 | 浅井氏配下雨森清貞 | | | 土塁 |
| 04-02 | 井口《いぐち》城 | | 高月町井口 | 16世紀 | 井口弾正忠義 | | | |
| 04-03 | 磯野山《いそのやま》城 | 磯野城 | 高月町磯野 | 16世紀 | 磯野氏 | 天文年間 | | 曲輪、土塁、堀切、竪堀 |
| 04-04 | 宇根《うね》館 | | 高月町宇根 | | | | | |
| 04-05 | 尾山《おやま》城 | | 高月町尾山 | | 浅井氏配下尾山彦右衛門 | | | |
| 04-06 | 柏原《かしはら》城 | | 高月町柏原 | | 柏原美作守実貞 | | | |
| 04-07 | 片山《かたやま》館 | | 高月町片山 | | | | | |
| 04-08 | 唐川《からかわ》城 | | 高月町唐川 | | 磯野右衛門大夫 | | | 土塁 |
| 04-09 | 陣屋《じんや》の馬場《ばば》城 | | 高月町高野 | 中世 | | | | |
| 04-10 | 高田《たかた》城 | | 高月町東高田 | | 高田安房守実方 | | | |
| 04-11 | 高月《たかつき》城 | | 高月町高月 | 中世 | 片桐市正 | | | |
| 04-12 | 富永《とみなが》城 | | 高月町井口 | | | | | |
| 04-13 | 西阿閉《にしあつじ》城 | | 高月町西阿閉 | | 阿閉新兵衛 | | | |
| 04-14 | 西野《にしの》城 | | 高月町西野 | | 浅井氏配下西野丹波守 | | | |
| 04-15 | 西物部《にしものべ》城 | 西物部遺構 | 高月町西物部 | 中世 | | | | 二重土塁 |
| 04-16 | 西柳野《にしやないの》館 | | 高月町西柳野 | | 浅井氏配下大音氏 | | | |
| 04-17 | 東柳野《ひがしやないの》城 | 東柳野中城 | 高月町東柳野 | | 大村新左衛門 | | | |
| 04-18 | 保延寺《ほうえんじ》館 | | 高月町保延寺 | | | | | |

| 管理番号 | 城名 | 別名 | 所在地 | 築城年 | 主な城主 | 廃城年 | 指定 | 主な遺構 |
|---|---|---|---|---|---|---|---|---|
| 04-19 | 馬上《まけ》城 | 山田山城 | 高月町馬上 | | | | | |
| 04-20 | 磯野《いその》館 | 宮沢城 | 高月町磯野 | 桃山 | | 江戸 | | |
| 04-21 | 森本《もりもと》館 | | 高月町森本 | | | | | |
| 04-22 | 横山《よこやま》城 | 高月横山城 | 高月町横山 | 16世紀 | 横山和泉守家政 | | | 土塁、井戸、曲輪 |
| 04-23 | 持寺《もちでら》館 | | 高月町持寺 | 中世 | | | | |
| 04-24 | 松尾山《まつおやま》の砦 | | 高月町松尾 | | | | | |
| 04-25 | 馬上山《まけやま》城 | | 高月町馬上 | | | | | |
| 04-26 | 熊野《くまの》城 | | 高月町熊野 | | | | | |
| 04-27 | 高月《たかつき》陣所 | | (位置不明) | | | | | |

雨森芳洲庵庭園〈04-01〉

雨森町の水路に設置された水車

高月にある渡岸寺観音堂

# 長浜市 3　旧湖北町〈05〉　旧びわ町〈06〉　旧虎姫町〈07〉　旧浅井町〈08〉

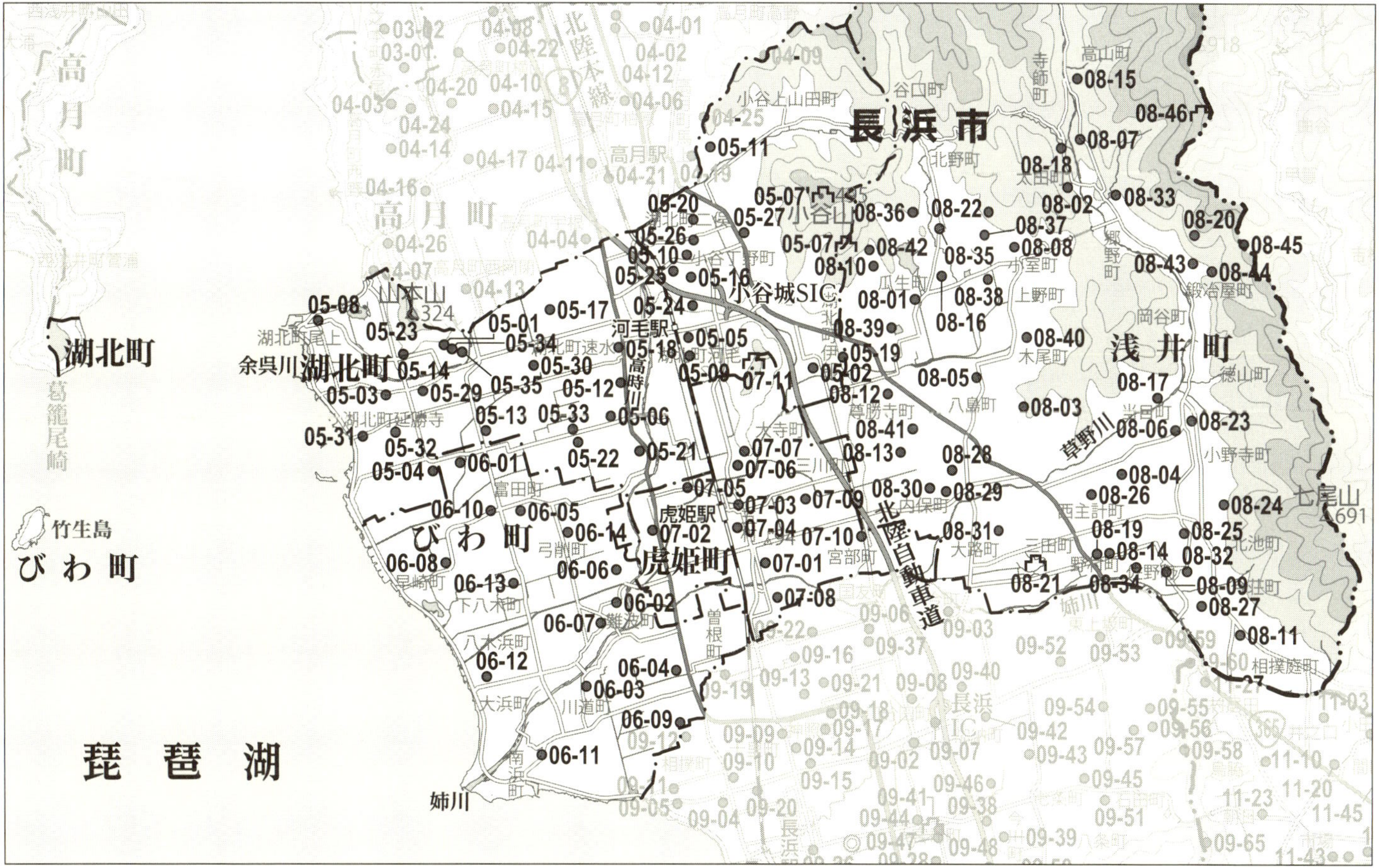

| 管理番号 | 城名 | 別名 | 所在地 | 築城年 | 主な城主 | 廃城年 | 指定 | 主な遺構 |
|---|---|---|---|---|---|---|---|---|
| 05-01 | 浅見氏居館《あさみし》 | 朝日山藩陣屋 | 湖北町山本 | 明治３年 | 浅見氏、水野忠弘 | 明治４年 | | |
| 05-02 | 伊部《いべ》館 | 殿屋敷 | 湖北町伊部 | | 浅井氏配下伊部清兵衛 | | | |
| 05-03 | 今西《いまにし》城 | 今西館 | 湖北町今西 | | 塩津熊谷氏一族、今西氏 | | | 堀 |
| 05-04 | 海老江《えびえ》館 | | 湖北町海老江 | | | | | |
| 05-05 | 大野木氏《おおのぎし》館 | 土佐堂馬場 | 湖北町河毛 | | 浅井氏配下大野木土佐守 | | | |
| 05-06 | 小倉《おぐら》館 | | 湖北町小倉 | | 浅井氏配下渡辺周防守甚兵衛 | | | |
| 05-07 | 小谷《おだに》城 | | 湖北町伊部 | 永正13年 | 浅井氏 | 天正３年 | 国指 | 石垣、土塁、郭、堀 |
| 05-07' | 大嶽《おおづく》城 | | 湖北町伊部 | | 朝倉義景 | 天正３年 | 国指 | 石垣、土塁、郭、堀 |
| 05-08 | 尾上《おのえ》城 | 浅見城 | 湖北町尾上 | 文治年間 | 浅見貞則 | 16世紀 | | |
| 05-09 | 河毛《かわけ》城 | | 湖北町河毛 | | 浅井氏配下河毛三河守清充 | | | |
| 05-10 | 芝山《しばやま》城 | 芝山古城 | 小谷丁野 | | | | | |
| 05-11 | 下山田《しもやまだ》城 | | 下山田 | | | | | |
| 05-12 | 高田《たかだ》館 | 渡辺氏館 | 湖北高田 | | 小倉館渡辺氏一族・甚助 | | | 土塁、堀 |
| 05-13 | 田中《たなか》館 | | 湖北町田中 | | | | | |
| 05-14 | 種路《しゅうろ》城 | | 湖北町山本 | 中世 | 山本判官 | | | |
| 05-16 | 中島《なかじま》城 | | 小谷丁野 | 元亀年間 | 浅井氏配下中島宗左衛門 | | | 土塁、食違い虎口、土橋 |
| 05-17 | 猫今《ねこいま》城 | 今村館 | 湖北今 | | 今村掃部守 | | | |
| 05-18 | 速水《はやみ》館 | 西の宮館 | 湖北町速水 | | 六角氏、浅井氏配下速水氏 | | | |
| 05-19 | 雲雀山砦《ひばりやま》 | | 湖北町伊部 | 16世紀 | 浅井大学之介、八木与一 | | | |

| 管理番号 | 城名 | 別名 | 所在地 | 築城年 | 主な城主 | 廃城年 | 指定 | 主な遺構 |
|---|---|---|---|---|---|---|---|---|
| 05-20 | 二俣《ふたまた》館 | | 湖北町二俣 | | | | | |
| 05-21 | 馬渡《もうたり》城 | | 湖北町馬渡 | | 馬渡佐助 | | | |
| 05-22 | 薮田《やぶた》館 | | 湖北町大安寺 | | 薮田権右衛門 | | | |
| 05-23 | 山本山《やまもとやま》城 | 阿閉山城、山下城、阿閉城 | 湖北町山本 | 平安末期 | 山本義経、阿閉貞征 | 天正10年 | | 曲輪、土塁、堀切、竪堀、横堀、虎口、土橋 |
| 05-24 | 山脇《やまわき》屋敷 | 山脇城、佐野館 | 湖北町山脇 | 中世 | 山脇弾正、佐野氏 | | | 土塁 |
| 05-25 | 丁野山《ようのやま》城 | 芝山城、丁野城、岡山城、柴山城、岡山砦 | 小谷丁野・湖北町山脇 | 永正15年 | 中島惣左衛門、朝倉軍 | 天正元年 | | 堀切、帯曲輪、土塁 |
| 05-26 | 丁野《ようの》城 | 丁野館浅井屋敷 | 小谷丁野 | 嘉吉年間 | 浅井重政、中島宗左衛門 | | | 産湯の池 |
| 05-27 | 脇坂《わきざか》城 | 脇坂館 | 小谷丁野・脇坂 | | 脇坂甚内安治 | | | |
| 05-29 | 比伎多理《ひさたり》神社境内の遺構 | | 湖北町今西 | | | | | 堀、土塁 |
| 05-30 | 大興《だいこう》(光《こう》)寺《じ》 | | 大光寺 | | | | | |
| 05-31 | 八大夫《はちだゆう》屋敷 | | 湖北町延勝寺 | | | | | |
| 05-32 | 飯開神社《いびらきじんじゃ》境内の遺構 | 延勝寺館 | 湖北町延勝寺 | | | | | 堀、土塁 |
| 05-33 | 南速水《みなみはやみ》城 | 伯母屋敷 | 湖北町南速水 | | | | | |
| 05-34 | 山本氏《やまもとし》館 | | 湖北町山本 | 中世 | 義光流山本源氏 | | | |
| 05-35 | 浅見氏《あさみし》館 | | 湖北町山本 | | 浅見氏 | | | 土塁 |
| 06-01 | 安養寺《あんようじ》城 | | 安養寺 | 中世 | 安養寺河内守 | | | |
| 06-02 | 落合《おちあい》城 | | 落合 | | 落合主税介 | | | |
| 06-03 | 川道《かわみち》城 | | 川道 | | | | | |

| 管理番号 | 城名 | 別名 | 所在地 | 築城年 | 主な城主 | 廃城年 | 指定 | 主な遺構 |
|---|---|---|---|---|---|---|---|---|
| 06-04 | 曽根《そね》城 | | 曽根 | | 曽根民部 | | | かつて堀あり |
| 06-05 | 富田《とんだ》館 | | 富田 | | | | | |
| 06-06 | 錦織《にしこおり》城 | | 錦織 | | | | | かつて堀あり |
| 06-07 | 新居《にのい》館 | | 新居 | | | | | |
| 06-08 | 早崎《はやさき》館 | | 早崎 | 中世 | 早崎氏、吉川平蔵 | | | |
| 06-09 | 細江《ほそえ》城 | 細江館 | 細江 | 中世 | 細江河内守 | | | |
| 06-10 | 益田《ますだ》城 | 益田館 | 益田 | 中世 | | | | |
| 06-11 | 南浜《みなみはま》城 | | 南浜 | | 南浜蓮大坊新次郎信直志摩守 | | | |
| 06-12 | 八木浜《やぎはま》城 | 中村氏屋敷、八木浜館 | 八木浜 | 中世 | 中村氏 | | | 堀、石塁 |
| 06-13 | 下八木《しもやぎ》城 | 八木館 | 下八木 | 中世 | 京極氏被官八木氏、浅井氏配下 大橋安芸守、弓削兵庫 | | | |
| 06-14 | 弓削《ゆげ》館 | | 弓削 | | 弓削氏 | | | |
| B01 | 竹生島《ちくぶしま》 | | 早崎町 | | | | 国指 | |
| 07-01 | 大井《おおい》城 | 大井館 | 大井町 | 中世 | 鈴木三右衛門、高橋源左衛門 | | | |
| 07-02 | 唐国《からくに》城 | | 唐国町 | | | | | |
| 07-03 | 大寺《だいじ》城 | | 大寺町字南大寺 | | | | | 土塁 |
| 07-04 | 田村《たむら》城 | | 田町 | | | | | |
| 07-05 | 月ヶ瀬《つきせ》城 | | 月ヶ瀬町 | 戦国 | 月ヶ瀬播磨守、同若狭守 | | | |
| 07-06 | 中野《なかの》城 | | 中野町 | | | | | |

山本山城〈05-23〉

JR 河毛駅構内休憩所。本も販売している

丁野山城〈05-25〉

河毛駅前の浅井長政とお市の像

脇坂城看板〈05-27〉

# 小谷城

〈05-07〉

小谷城の築城は大永５年（1525）ごろ、長浜市の小谷山（495.1m）にあり、浅井《あざい》家が３代にわたって居城としていました。

最後の当主浅井長政と織田信長の妹お市の方、その間に生まれた３人の娘・浅井三姉妹（茶々、初、江）ゆかりの城です。城跡からは琵琶湖や湖北の地を一望することができ、お市の方と３人の娘たちの生涯に思いをはせることができます。

自然の地形を利用して、東西の尾根伝いに各郭が配置され、本丸、大広間跡などから建物の礎石が出土しました。最頂部の大獄《おおづく》にも土塁が残っています。清水谷《きよみずだに》には、平時における浅井氏と家臣たちの館跡があります。昭和12年（1937）に国指定史跡となりました。

小谷山から琵琶湖を臨む

小谷城赤尾屋敷跡

小谷城全景

小谷城本丸石垣

小谷城戦国歴史資料館

| 管理番号 | 城名 | 別名 | 所在地 | 築城年 | 主な城主 | 廃城年 | 指定 | 主な遺構 |
|---|---|---|---|---|---|---|---|---|
| 07-07 | 八相山城《はっそうやま》 | 成道寺城 | 中野町 | 南北朝 | 高倉入道左衛門督、八相氏、東野行成 | 室町 | | |
| 07-08 | 彦部《ひこべ》氏館 | | 大井町字南大井 | 中世 | | | | |
| 07-09 | 三川《みかわ》城 | | 三川町 | 中世 | | | | |
| 07-10 | 宮部《みやべ》城 | | 宮部町・三川町 | 元亀３年 | 宮部継潤 | | | 堀跡、築地の地割 |
| 07-11 | 虎御前山《とらごぜやま》城 | 虎御前山砦 | 中野町、湖北町河毛・別所 | 元亀３年 | 織田信長 | 天正元年 | 市指 | 曲輪、土塁、堀切、竪堀、横堀、虎口 |
| 08-01 | 瓜生《うりゅう》館 | 海北氏館、瓜生城 | 瓜生町 | | 海北善右衛門尉綱親 | | | |
| 08-02 | 太田《おおた》館 | | 太田町 | 中世 | | | | |
| 08-03 | 大依山《おおよりやま》城 | 大依山砦 | 大依町 | 中世 | 浅井氏配下遠藤喜左衛門尉、塩津和泉守 | | | |
| 08 04 | 東主計《ひがしかずえ》館 | 主計館、殿屋敷 | 東主計町 | 室町 | 主計縫之頭 | 応仁文明頃 | | |
| 08-05 | 木尾《きお》城 | | 木尾町 | | | | | 空堀、郭、土塁 |
| 08-06 | 北之郷《きたのごう》城 | | 北ノ郷町 | 中世 | | | | |
| 08-07 | 草野《くさの》館 | | 鍛冶屋町 | | 伊藤太兵衛、小兵衛 | | | |
| 08-08 | 小室《こむろ》陣屋 | 小室城 | 小室町 | 元和５年 | 小堀政一 | 天明８年 | | |
| 08-09 | 佐野《さの》城 | 佐野館、弾正屋敷 | 佐野町 | 中世 | 京極氏、浅井氏配下の佐野氏 | | | |
| 08-10 | 須賀谷《すがたに》館 | 巣ヶ谷城 | 須賀谷町 | 中世 | 片桐且元の父・直貞、浅井下野守 | | | |
| 08-11 | 相撲庭《すまいにわ》館 | 相撲庭城 | 相撲庭町 | 中世 | | | | |
| 08-12 | 尊勝寺《そんしょうじ》城 | 尊勝寺館 | 尊勝寺町 | | | | | 土塁、堀、曲輪 |
| 08-13 | 尊野《その》城 | | 尊野町 | 中世 | 伊藤斎六、太兵衛、小兵衛 | | | |

| 管理番号 | 城名 | 別名 | 所在地 | 築城年 | 主な城主 | 廃城年 | 指定 | 主な遺構 |
|---|---|---|---|---|---|---|---|---|
| 08-14 | 多賀左近館《たがさこん》 | | 野村町 | 中世 | | | | 土塁 |
| 08-15 | 高山館《たかやま》 | | 高山町 | 中世 | | | | |
| 08-16 | 田根城《たね》 | 田根館 | 高畑町 | | | | | |
| 08-17 | 当目城《とうめ》 | 当目館 | 当目町 | 中世 | | | | 土塁、堀 |
| 08-18 | 西村館《にしむら》 | | 西村町 | 中世 | | | | 土塁、堀 |
| 08-19 | 野村城《のむら》 | | 野村町 | 中世 | 野村肥前守・伯耆守 | | | |
| 08-20 | 円山城《まるやま》 | 円山館、丸山城 | 鍛治屋町 | | | | | |
| 08-21 | 三田村氏館《みたむらし》 | 三田村城 | 三田町 | 14世紀 | 三田村氏、朝倉景健 | 元亀元年 | 国指 | 土塁、堀、曲輪 |
| 08-22 | 竜安寺城《りゅうあんじ》 | | 竜安寺町 | 中世 | 浅井氏配下関谷八郎左衛門 | | | |

虎御前山城

小谷城から虎御前山を見る

| 管理番号 | 城名 | 別名 | 所在地 | 築城年 | 主な城主 | 廃城年 | 指定 | 主な遺構 |
|---|---|---|---|---|---|---|---|---|
| 08-23 | 東野《ひがしの》館 | 浅井東野館 | 東野町 | | | | | 土塁、堀 |
| 08-24 | 法楽寺《ほうらくじ》城 | | 法楽寺町 | 中世 | | | | |
| 08-25 | 北池《きたいけ》館 | | 北池町 | | | | | |
| 08-26 | 西主計《にしかずえ》館 | | 西主計町 | 中世 | | | | |
| 00-27 | 今荘《いまじょう》館 | | 今荘町 | 中世 | | | | 土塁 |
| 08-28 | 長泉寺《ちょうせんじ》館 | | 内保町 | 中世 | | | | |
| 08-29 | 東出《ひがしで》館 | | 内保町 | 中世 | | | | |
| 08-30 | 内保《うちほ》城 | 誓願寺 | 内保町 | 中世 | | | | |
| 08-31 | 大路《おち》館 | | 大路町 | 中世 | 勤王家三上藤川 | | | 土塁、堀 |
| 08-32 | 南池《みなみいけ》館 | | 南池町 | 中世 | 伊庭氏の一族池氏 | | | |
| 08-33 | 野瀬《のせ》館 | | 野瀬町 | 中世 | 小室藩主が謀殺した藤五郎 | | | |
| 08-34 | 井上《いのうえ》館 | | 佐野町 | 中世 | | | | 堀 |
| 08-35 | 北野《きたの》館 | | 北野町 | 中世 | | | | |
| 08-36 | 北野《きたの》砦 | | 北野町 | 中世 | | | | 郭、竪堀 |
| 08-37 | 黒部《くろべ》館 | | 黒部町 | 中世 | | | | 土塁、堀切、竪堀、土橋 |
| 08-38 | 野田《のだ》館 | 野田城 | 野田町 | 中世 | 野村肥後 | | | |
| 08-39 | 田川《たがわ》の砦 | | 田川町 | | | | | |
| 08-40 | 木尾《きお》館 | | 木尾町 | 中世 | | | | 土塁 |
| 08-41 | 平塚《ひらつか》館 | | 平塚町 | 中世 | 実宰院・平野家 | | | 土塁、堀 |

| 管理番号 | 城名 | 別名 | 所在地 | 築城年 | 主な城主 | 廃城年 | 指定 | 主な遺構 |
|---|---|---|---|---|---|---|---|---|
| 08-42 | 須賀谷《すがたに》砦 | | 須賀谷町 | 中世 | | | | |
| 08-43 | 草野《くさの》城（AA'） | | 鍛冶屋町 | 中世 | | | | 郭、空堀 |
| 08-44 | 出雲《いずも》砦（B） | | 鍛冶屋町 | 中世 | | | | |
| 08-45 | 七廻峠《ななまわりとうげ》砦 | 七回り峠の遺構 | 鍛冶屋町、米原町吉槻 | 中世 | | | | 郭、空堀 |
| 08-46 | 大吉寺《だいきちじ》跡 | 大吉寺の遺構 | 野瀬町 | 貞観７年 | 安然上人 | 元亀３年 | 県指 | 坊跡 |

大依山城〈08-03〉

野村町に建つ姉川古戦場看板

小堀遠州の菩提寺近江孤篷庵

看板の奥が大依山

大依山浅井軍先陣跡

小室城看板〈08-08〉

三田村氏館〈08-21〉

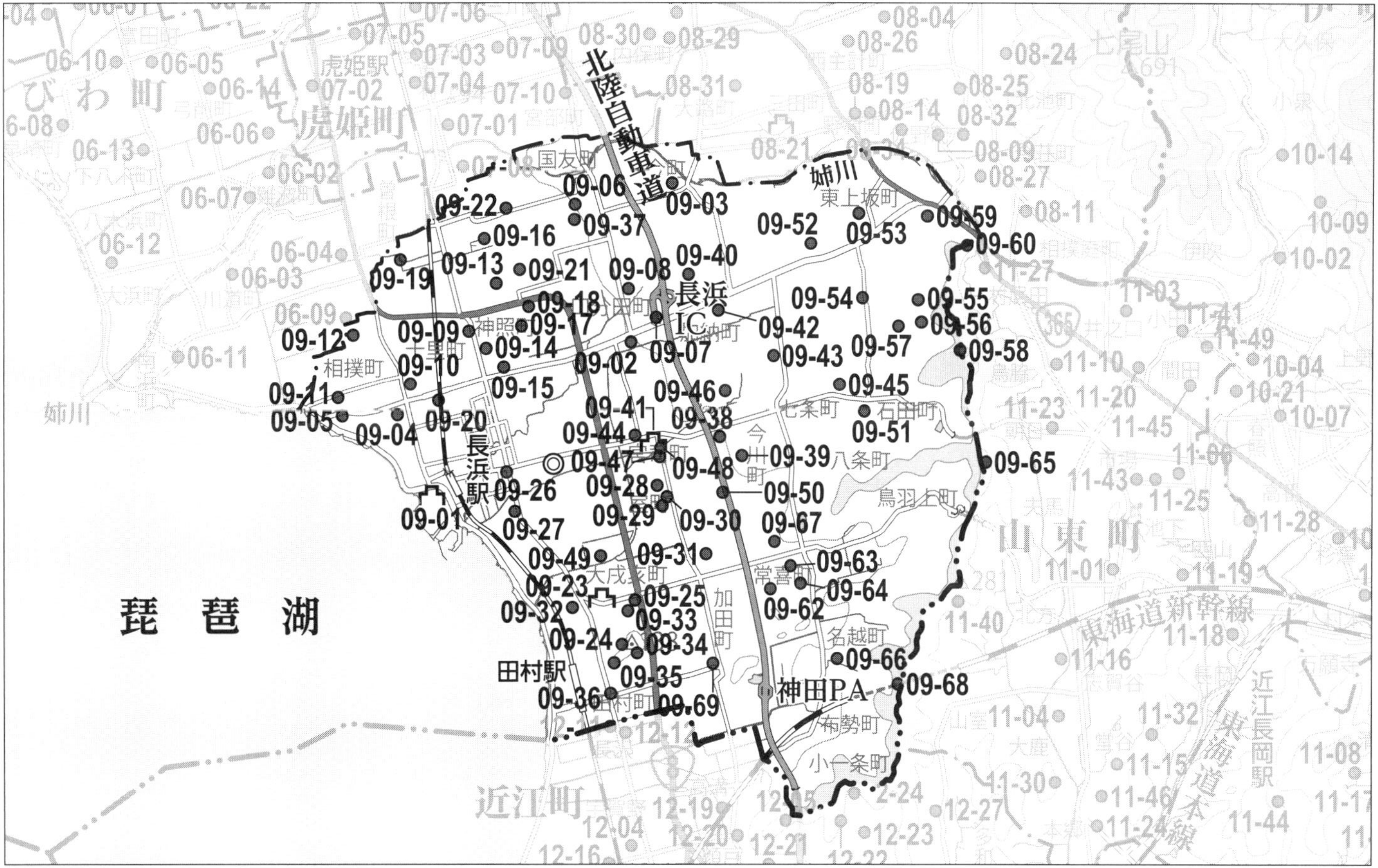
北陸自動車道
長浜IC
長浜駅
田村駅
神田PA
琵琶湖
姉川
山東町
近江町
びわ町
虎姫町
東海道新幹線
東海道本線
09-01
09-02
09-03
09-04
09-05
09-06
09-07
09-08
09-09
09-10
09-11
09-12
09-13
09-14
09-15
09-16
09-17
09-18
09-19
09-20
09-21
09-22
09-23
09-24
09-25
09-26
09-27
09-28
09-29
09-30
09-31
09-32
09-33
09-34
09-35
09-36
09-37
09-38
09-39
09-40
09-41
09-42
09-43
09-44
09-45
09-46
09-47
09-48
09-49
09-50
09-51
09-52
09-53
09-54
09-55
09-56
09-57
09-58
09-59
09-60
09-62
09-63
09-64
09-65
09-66
09-67
09-68
09-69

| 管理番号 | 城名 | 別名 | 所在地 | 築城年 | 主な城主 | 廃城年 | 指定 | 主な遺構 |
|---|---|---|---|---|---|---|---|---|
| 09-01 | **長浜城《ながはま》** | 今浜城 | 公園町10 | 天正２年 | 羽柴秀吉、柴田勝豊、山内一豊、内藤信成、内藤信正 | 元和元年 | 市指 | 井戸、天守台、石垣、門等（移築） |
| 09-02 | **乾《いぬい》城** | | 山階町 | 中世 | 六角氏配下乾盛国 | | | |
| 09-03 | **今村《いまむら》城** | 今村館 | 今町 | 中世 | 浅井氏配下今村氏 | | | |
| 09-04 | **祇園屋代《ぎおんやしろ》城** | 祇園城 | 祇園町 | | 伊吹上野介 | | | |
| 09-05 | **祇園古屋《ぎおんふるや》城** | 祇園古屋敷 | 祇園町 | 中世 | 祇園菅右衛門 | | | |
| 09-06 | **国友《くにとも》城** | | 国友町 | 室町 | 国友伯耆守・同兵庫介 | | | |
| 09-07 | **口分田古殿《くもでふるとの》城** | | 口分田町 | 室町 | | | | |
| 09-08 | **口分田《くもで》城《しろ》ノ根《ね》城** | 口分田館 | 口分田町 | 中世 | 口分田彦右衛門 | | | |

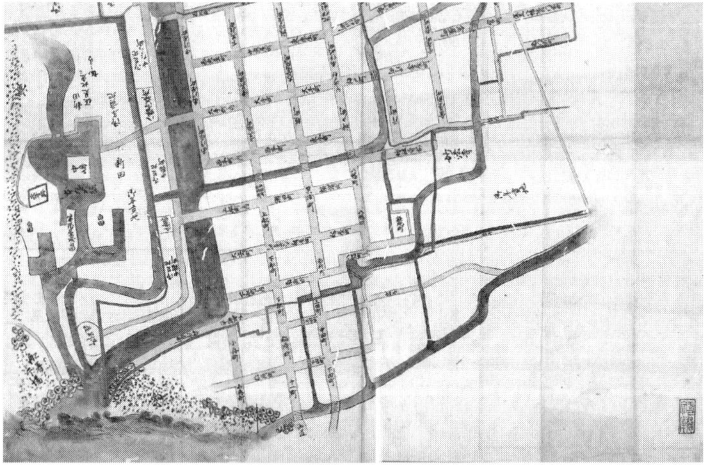
江戸時代の長浜城跡〈09-01〉と町の絵図。『長浜町之絵図』（滋賀県立図書館所蔵）

長浜城模擬天守

長浜城太閤の井戸

長浜城豊臣秀吉像

| 管理番号 | 城名 | 別名 | 所在地 | 築城年 | 主な城主 | 廃城年 | 指定 | 主な遺構 |
|---|---|---|---|---|---|---|---|---|
| 09-09 | 十里町《じゅうりちょう》城 | 十里館 | 十里町 | 中世 | 石崎氏、十里弥助 | | | |
| 09-10 | 相撲《すまい》城 | | 相撲町 | | | | | |
| 09-11 | 相撲宗玄《すまいそうげん》城 | | 相撲町 | 中世 | 京蓮坊宗玄 | | | |
| 09-12 | 相撲古《すまいふる》屋敷 | | 相撲町 | | 相撲平八郎 | | | |
| 09-13 | 神照寺《じんしょうじ》城 | | 新庄中町 | | 足利義詮、京極高慶布陣 | | | |
| 09-14 | 中山佐馬亮《なかやまさまのすけ》館 | 八幡中山館 | 八幡中山町 | 中世 | 浅井氏配下の中山佐馬亮 | | | |
| 09-15 | 中山修理亮《なかやましゅりのすけ》館 | | 八幡中山町 | 中世 | 中山修理亮 | | | 堀 |
| 09-16 | 馬場《ばんば》城 | | 新庄馬場町 | 治承年間 | 福永氏、馬場氏 | | | |
| 09-17 | 神照城ノ北《かみてるしろのきた》城 | 東村城 | 神照町 | 中世 | | | | |
| 09-18 | 神照奥屋敷《かみてるおくやしき》城 | 福永館 | 神照町 | 中世 | | | | |
| 09-19 | 森《もり》館 | 森村城 | 森町 | 中世 | | | | |
| 09-20 | 列見《れつけ》城 | | 列見町 | 中世 | 伊吹伊賀守 | | | |
| 09-21 | 新庄《しんじょう》城 | 神照寺陣所、<br>新庄寺城 | 新庄寺町 | 観応２年 | 足利義詮、京極高慶 | | | 土塁、曲輪、空堀 |
| 09-22 | 小沢《こざわ》城 | | 小沢町 | 戦国 | | | | 堀・土塁で囲まれた建物跡 |
| 09-23 | 下坂氏《しもさかし》館 | 下坂城 | 下坂中町 | 14世紀 | 下坂庄地頭下坂氏 | 16世紀 | 国指 | 土塁、堀、曲輪 |
| 09-24 | 下坂寺田《しもさかてらだ》城 | | 寺田町 | 中世 | | | | |
| 09-25 | 下坂中村《しもさかなかむら》城 | | 下坂中町 | 中世 | | 近世 | | |
| 09-26 | 高田氏《たかだし》館 | | 南高田町 | 中世 | | | | 土塁等 |
| 09-27 | 平方《ひらかた》城 | | 平方町 | | 六角定頼 | | | |

| 管理番号 | 城名 | 別名 | 所在地 | 築城年 | 主な城主 | 廃城年 | 指定 | 主な遺構 |
|---|---|---|---|---|---|---|---|---|
| 09-28 | 広瀬氏館《ひろせし》 | | 室 町 | 中世 | 広瀬兵庫介 | | | |
| 09-29 | 室町城居立城《むろまちじょういたち》 | | 室町 | 中世 | 北条盛時 | | | 土塁 |
| 09-30 | 室村城《むろむら》 | | 室町 | 鎌倉 | 広瀬氏 | | | 土塁、堀 |
| 09-31 | 永久寺城《えいきゅうじ》 | | 永久寺町 | | | | | |
| 09-32 | 高橋城《たかはし》 | | 高橋町 | 中世 | | | | |
| 09-33 | 下坂樋口氏館《しもさかひぐちし》 | | 寺田町 | | 堀口三之丞 | | | |
| 09-34 | 下坂寺田氏館《しもさかてらだし》 | | 寺田町 | | 寺田八郎左衛門 | | | |
| 09-35 | 下坂寺田治郎左《しもさかてらだじろうざ》衛門《えもん》館 | | 寺田町 | | 寺田治郎左衛門尉清重 | | | 土塁 |
| 09-36 | 田村城《たむら》 | | 田村町 | 中世 | 六角定頼 | | | |
| 09-37 | 小林氏館《こばやし》 | | 泉町 | 中世 | 小林久大夫 | | | |
| 09-38 | 今川城《いまがわ》 | | 今川町 | | | | | |
| 09-39 | 今川館《いまがわ》 | | 今川町 | | 小足氏あるいは窪田氏 | | | |
| 09-40 | 榎木城《えのき》 | | 榎木町 | 中世 | 加納丹波守 | | | |
| 09-41 | 垣見氏館《かきみし》 | | 宮司町 | 戦国 | 浅井氏配下垣見助左衛門 | | 市指 | 土塁、堀 |
| 09-42 | 加納城《かのう》 | 加納館 | 加納町 | | 加納藤左衛門 | | | |
| 09-43 | 小足城《こあし》 | 小足館 | 新栄町 | 中世 | 小足氏 | | | |
| 09-44 | 小堀氏館《こぼりし》 | | 小堀町 | 中世 | 浅井氏配下小足氏 | | | |
| 09-45 | 七条城《ひちじょう》 | 七条館 | 七条町 | 中世 | 七条氏 | | | 土塁、堀 |
| 09-46 | 南田附城《みなみたづけ》 | | 南田附町 | | 田付四郎兵衛 | | | |

| 管理番号 | 城名 | 別名 | 所在地 | 築城年 | 主な城主 | 廃城年 | 指定 | 主な遺構 |
|---|---|---|---|---|---|---|---|---|
| 09-47 | 宮川《みやがわ》氏《し》館 | 宮川城 | 宮司町 | | 宮川氏 | | | |
| 09-48 | 宮川《みやがわ》陣屋 | | 宮司町 | 元禄11年 | 堀田正休 | 明治６年 | | |
| 09-49 | 福勝寺《ふくしょうじ》城 | | 大戌亥町 | | 江北十ヶ寺・福勝寺地 | | | 土塁、堀 |
| 09-50 | 大東《おおひがし》城 | | 大東町 | | 垣見氏一族 | | | 土塁、堀 |
| 09-51 | 石《いし》田《た》氏《し》館 | 石田館・石田氏屋敷 | 石田町 | 室町 | 石田氏 | | | |
| 09-52 | 上坂《こうさか》城 | 上坂氏館 | 西上坂町 | 戦国 | 上坂氏 | 天正元年 | | 土塁、門、曲輪 |
| 09-53 | 大野木《おおのぎ》土佐守《とさのかみ》屋敷 | | 東上坂町 | 中世 | 大野木土佐守 | | | 土塁、墓地 |
| 09-54 | 春近《はるちか》館 | | 春近町 | 中世 | 矢野久八 | | | |
| 09-55 | 保《ほ》多《だ》館 | | 保多町 | | | | | |
| 09-56 | 堀部《ほりべ》山《やま》城 | | 堀部町（堀部山頂） | 古墳 | | | | |
| 09-57 | 堀部《ほりべ》城 | 堀部館 | 堀部町 | | 六角氏一族堀部氏 | | | 土塁 |
| 09-58 | 横山《よこやま》城 | | 石田町・堀部町、米原市朝日・村居田・鳥脇 | 永禄４年 | 木下秀吉 | 天正元年 | | 土塁、曲輪、堀切 |

国友町にある「国友鉄砲ミュージアム」

国友城跡石碑〈09-06〉

下坂氏館〈09-23〉

石田三成屋敷跡碑〈09-51〉

石田氏館堀

### シリーズ山内一豊銅像物語④

# 長浜城

〈09-01〉

山内一豊様がついに長浜城で城主なりました（その前に若狭高浜城主になっていますが銅像が無いので）。

さぞかし二人は喜んでいるのかなと見たら、なーんだこの真っ黒な二人銅像は!!

天正13年（1585）11月29日天正大地震で長浜城の下敷きになり一人娘与祢姫を失った悲しみがこの銅像になったのですね。

（つづく）

※『山内一豊銅像物語』は前作『愛知県のお城・館一覧』に①黒田城を、次作『岐阜のお城・館一覧』に②岐阜城、③郡上八幡城を掲載し、シリーズとしました。

長浜城から町を眺める

一豊屋敷跡石碑

長浜の一豊・千代像

家臣団屋敷跡

| 管理番号 | 城名 | 別名 | 所在地 | 築城年 | 主な城主 | 廃城年 | 指定 | 主な遺構 |
|---|---|---|---|---|---|---|---|---|
| 09-59 | **竜《たつ》ケ《が》鼻《はな》城** | 竜ヶ鼻砦 | 東上坂町 | | 織田信長 | | | 小郭あり、長浜茶臼山古墳 |
| 09-60 | **総山《そうやま》城** | | 垣籠町、米原市村居田 | | 織田信長 | | | 小郭、堀切 |
| 09-61 | **竜《たつ》ケ《が》鼻《はな》陣所** | | 東上坂町（位置不明） | | | | | |
| 09-62 | **常喜《じょうぎ》城** | | 常喜町 | 観応２年 | 常喜佐太右衛門、今井遠俊 | | | 堀跡 |
| 09-63 | **加藤氏《かとうし》館** | | 常喜町 | 中世 | 浅井氏配下加藤氏 | | | |
| 09-64 | **冨田氏《とみたし》館** | | 常喜町 | 中世 | 富田八兵衛 | | | |
| 09-65 | **鳥羽上《とばかみ》城** | 鳥羽上山城 | 鳥羽上町、米原市菅江 | 室町 | 荒尾三郎左衛門尉 | | | 竪堀、堀切 |
| 09-66 | **名越《なごし》館** | | 名越町 | 中世 | 小足備前守 | | | |
| 09-67 | **本庄《ほんじょう》城** | | 本庄町 | 中世 | | | | |
| 09-68 | **名越《なごし》ごえの山城** | | 布施町、米原市山室 | | 小足氏 | | | 郭、堀切、土塁 |
| 09-69 | **加田七殿《かだしちどの》屋敷** | 加田館、七殿屋敷 | 加田町 | | 加田氏 | | | 土塁 |
| D02 | **勝山《かつやま》本陣** | 岡山 | 東上坂町 | 元亀元年 | 徳川家康 | | | 堀切 |

横山城遠景〈09-58〉

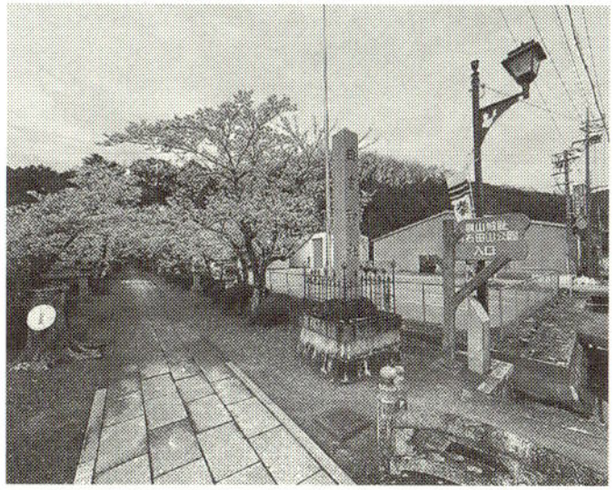
横山城登城口

竜ケ鼻砦〈09-59〉

勝山本陣跡〈D02〉

# 米原市 1　旧伊吹町〈10〉　旧山東町〈11〉

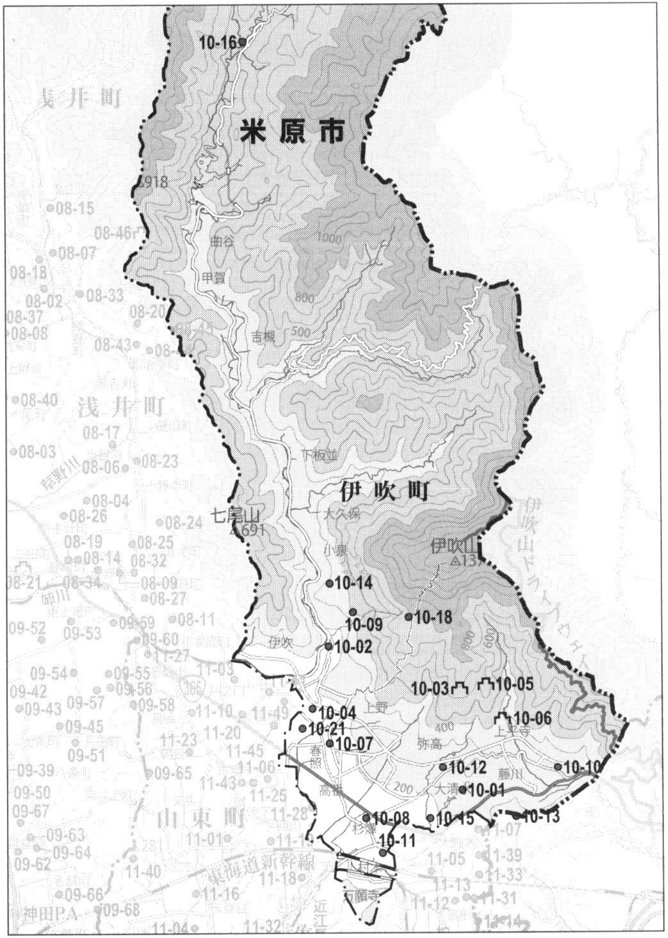

| 管理番号 | 城名 | 別名 | 所在地 | 築城年 | 主な城主 | 廃城年 | 指定 | 主な遺構 |
|---|---|---|---|---|---|---|---|---|
| 10-01 | 天清城《てんせい》 | 大泉城 | 大清水 | | 多賀左近将監正信 | | | 土塁、堀切 |
| 10-02 | 伊吹《いぶき》城 | | 伊吹 | 室町 | | | | |
| 10-03 | 弥高寺《やたかじ》遺跡 | 弥高百坊遺跡、刈安尾城Ⅰ、弥高寺陣所 | 弥高 | 明応４年 | 京極氏、三修 | 16世紀 | 国指 | 食違い虎口、横堀、土塁、竪堀群、堀切、曲輪 |
| 10-04 | 篠塚《しのづか》館 | | 春照 | 室町 | 篠塚伊賀守重廣 | | | |
| 10-05 | 上平寺《じょうへいじ》城 | 刈安尾城Ⅱ、霧ヶ城、桐ヶ城、上平城 | 上平寺 | 永正年間 | （佐々木）京極氏 | 大永３年 | 国指 | 曲輪、土塁、堀切、竪堀 |
| 10-06 | 上平寺《じょうへいじ》館 | 上平館、上平寺南城、京極氏館 | 上平寺 | 永正年間 | （佐々木）京極氏 | 大永３年 | 国指 | 土塁、堀、石垣、庭園 |
| 10-07 | 春照《すいじょう》館 | | 春照 | 室町 | | | | |
| 10-08 | 杉沢《すぎさわ》城 | | 杉沢 | | 西脇土佐左衛門 | | | |
| 10-09 | 太平寺《たいへいじ》城 | 霞ガ城 | 太平寺 | 13世紀 | 京極氏 | 永正年間 | | 石塁 |
| 10-10 | 藤川《ふじかわ》城 | | 藤川 | 中世 | 児玉兵庫介 | | | |
| 10-11 | 村木《むらき》城 | 河瀬館 | 村木 | 室町 | 河瀬万五郎 | | | |
| 10-12 | 大清水《おおしみず》遺跡 | 北国脇往還沿いの遺構 | 大清水 | | | | | 土塁 |
| 10-13 | 今須道《いますみち》遺跡 | 赤坂越遺跡 | 藤川 | 元亀年間 | | | | 土塁 |
| 10-14 | 峯堂《みねどう》遺跡 | | 小泉 | 中世 | | | | 長大な猪垣 |
| 10-15 | 大清水南《おおしみずみなみ》遺跡 | 十華寺跡 | 大清水 | | | | | 方一町規模の台地と土塁 |
| 10-16 | 冶山《ちやま》遺跡 | | 甲津原 | | | | | 狼煙台 |
| 10-17 | 向山谷《むかいやまたに》の遺跡 | | 甲津原 | | | | | |
| 10-18 | 高屋端出《たかやはしで》遺跡 | のろし砦跡 | 上野 | 中世 | | | | |

| 管理番号 | 城名 | 別名 | 所在地 | 築城年 | 主な城主 | 廃城年 | 指定 | 主な遺構 |
|---|---|---|---|---|---|---|---|---|
| 10-19 | 弥高山《やたかやま》陣所 | | （位置不明） | | | | | |
| 10-20 | 七廻峠《ななまわりとうげ》砦 | | 吉槻、長浜市鍛冶屋町（08-45）参照 | | | | | |
| 10-21 | 徳川家康軍《とくがわいえやすぐん》の宿所《しゅくしょ》跡 | | 春照 | | 徳川家康 | | | |
| 11-01 | 池下《いけした》城 | 長禅寺 | 池下 | 貞応年間 | 池下治部左衛門、佐々木重綱 | | | 土塁 |
| 11-02 | 石田《いしだ》館 | 梓ノ関 | 梓河内 | | | | | |
| 11-03 | 井《い》の口《くち》城 | | 井之口 | | | | | |
| 11-04 | 大鹿《おおじか》館 | | 大鹿 | 中世 | | | | 土塁 |
| 11-05 | 大野木《おおのぎ》館 | 大野木城 | 大野木 | 建久年間 | 大野木氏 | | | 土塁、空堀 |
| 11-06 | 大原氏《おおはらし》館 | 大原城、大原中村城、判官屋敷 | 本市場 | 仁治２年 | 佐々木大原氏 | | | 土塁、堀、石組 |
| 11-07 | 大峯《おおみね》砦 | 大峯東城、田中の城 | 大野木 | | 大野木土佐守秀国 | | | |
| 11-08 | 柏原《かしわばら》城 | 清滝寺、柏原館 | 清滝 | | 柏原為永、京極氏 | 弘安９年 | | 石垣 |
| 11-09 | 柏原《かしわばら》御殿 | 柏原御茶屋御殿 | 柏原 | 元和９年 | 徳川将軍家上洛時の宿泊・休憩所 | 元禄２年 | | 井戸、堀 |
| 11-10 | 烏脇《からすわき》館 | | 烏脇 | | | | | 櫓台、土塁 |
| 11-11 | 河内《かわち》城 | 河内屋敷、猪鼻城 | 梓河内字猪鼻 | | 京極氏 | | | 郭 |
| 11-12 | 須川《すがわ》城 | 須川館 | 須川 | | 遠藤喜左衛門 | | | |
| 11-13 | 須川山《すがわやま》城 | 長久寺城 | 須川 | 中世 | 遠藤直経 | | | 土塁、曲輪、竪堀、虎口 |
| 11-14 | 須川山《すがわやま》砦 | | 須川、岐阜県関ケ原町 | 元亀元年 | | | | 土塁、曲輪、堀切、竪堀、虎口 |
| 11-15 | 堂谷《どうだに》城 | | 堂谷 | 中世 | | | | |

| 管理番号 | 城名 | 別名 | 所在地 | 築城年 | 主な城主 | 廃城年 | 指定 | 主な遺構 |
| --- | --- | --- | --- | --- | --- | --- | --- | --- |
| 11-16 | 年吉館《としお》 | | 北方 | | 箕浦藤四郎 | | | |
| 11-17 | 殿村氏館《とのむらし》 | | 清滝 | | 殿村氏 | | | |
| 11-18 | 長岡城《ながおか》 | 京極氏館、加賀屋敷、長岡館 | 長岡 | | 京極氏一族、加賀氏 | | | |
| 11-19 | 西山城《にしやま》 | 城山城、源氏山の遺構 | 西山 | | 佐々木源氏 | | | 郭、土塁 |
| 11-20 | 野一色城《のいしき》 | | 野一色 | | 大原氏一族、野一色氏 | | | 土塁、空堀 |
| 11-21 | 長比城《たけくらべ》 | 野瀬山城、長比砦 | 柏原・長久寺、岐阜県関ケ原町 | 元亀元年 | 樋口直房、堀秀村 | | | 曲輪、虎口、土塁、堀切、竪堀 |
| 11-22 | 八講師城《はっこうし》 | 八講師砦 | 梓河内 | 16世紀中葉 | 多賀高忠、沢田民部大輔 | | | 曲輪、土塁、堀切、竪堀、虎口、礎石、石垣、石段 |
| 11-23 | 夫馬城《ぶま》 | | 朝日 | | | | | |
| 11-24 | 本郷城《ほんごう》 | | 本郷 | 中世 | 黒田氏の後、荒尾氏 | | | |
| 11-25 | 本庄中村城《ほんじょうなかむら》 | | 本市場 | | | | | |
| 11-26 | 箕浦氏館《みのうらし》 | | 柏原 | | 箕浦氏 | | | 古絵図に堀、石垣あり |
| 11-27 | 村居田館《むらいだ》 | | 村居田 | | 堀田蔵之允 | | | |
| 11-28 | 油里城《ゆり》 | | 天満 | 中世 | 馬渕氏 | | | 土塁 |
| 11-29 | 名越《なごし》ごえの山城 | | 山室、長浜市布施町（09-68）参照 | | | | | |
| 11-30 | 堂谷西《どうだににし》の砦 | 岩祖山城 | 堂谷 | | | | | |
| 11-31 | 美濃《みの》ごえの遺跡 | 山の神遺跡 | 須川 | 中世 | | | | 土塁 |
| 11-32 | 堂谷東山砦《どうだにひがしやま》 | | 堂谷 | | | | | 帯郭 |
| 11-33 | 千畳敷東《せんじょうじきひがし》の遺跡 | | 大野木 | | | | | |

| 管理番号 | 城名 | 別名 | 所在地 | 築城年 | 主な城主 | 廃城年 | 指定 | 主な遺構 |
|---|---|---|---|---|---|---|---|---|
| 11-34 | 向山《むかいやま》の砦 | | 長久寺 | 中世 | | | | 土塁 |
| 11-35 | 竜宝院《りゅうほういん》の関連遺跡 | | 柏原 | 中世 | | | | 土塁 |
| 11-36 | 鳥《と》羽《ば》上《かみ》城 | | 菅江、長浜市鳥羽上町（09-65）参照 | | | | | |
| 11-37 | 総山《そうやま》城 | | 村居田、長浜市垣籠町（09-60）参照 | | | | | |
| 11-38 | 横山《よこやま》城 | | 朝日・村居田・鳥脇、長浜市石田町・堀部町、（09-58）参照 | | | | | |
| 11-39 | 千畳敷《せんじょうじき》砦 | | 大野木 | | | | | |
| 11-40 | 滝《たき》ケ谷《や》城 | | 山室 | 中世 | 滝沢備中守 | | | 石垣、堀 |
| 11-41 | 小田《やないだ》城 | | 小田 | | 佐々木大原氏一族竹腰氏 | | | 堀痕 |
| 11-42 | 高《たか》屋《や》城 | | 柏原 | | 京極氏一族高屋氏 | | | 土塁 |
| 11-43 | 市《いち》場《ば》城 | | 市場 | | | | | 方一町規模の居館土塁、空堀 |
| 11-44 | 黒谷《くろたに》遺跡 | 小黒谷遺跡、黒谷城 | 梓河内 | 中世 | | | | 石垣、土塁、石塁、空堀、竪堀 |
| 11-45 | 間《はさま》田《た》城 | | 間田 | | 大原氏 | | | |
| 11-46 | 堀《ほり》氏《し》館 | | 本郷 | 中世 | 堀氏 | | | |
| 11-47 | 梓《あずさ》ノ関《せき》 | | 梓河内 | 中世 | | | | 土塁、空堀、石垣 |
| 11-48 | 小《こ》川《かわ》の関《せき》 | | 梓河内 | 鎌倉 | 稚淳毛両岐王 | | | |
| 11-49 | 竹越《たけこし》氏《し》館 | | 小田 | | 竹越氏 | | | 土塁 |

『上平寺城跡／江州伊富貴山之図写』（滋賀県立図書館所蔵）

木彫りの熊が門番する上平寺館入口〈10-06〉

徳源院三重塔〈11-08〉

近江と美濃の県境

長比城登城口〈11-21〉

# 米原市 2 旧近江町〈12〉 旧米原町〈13〉

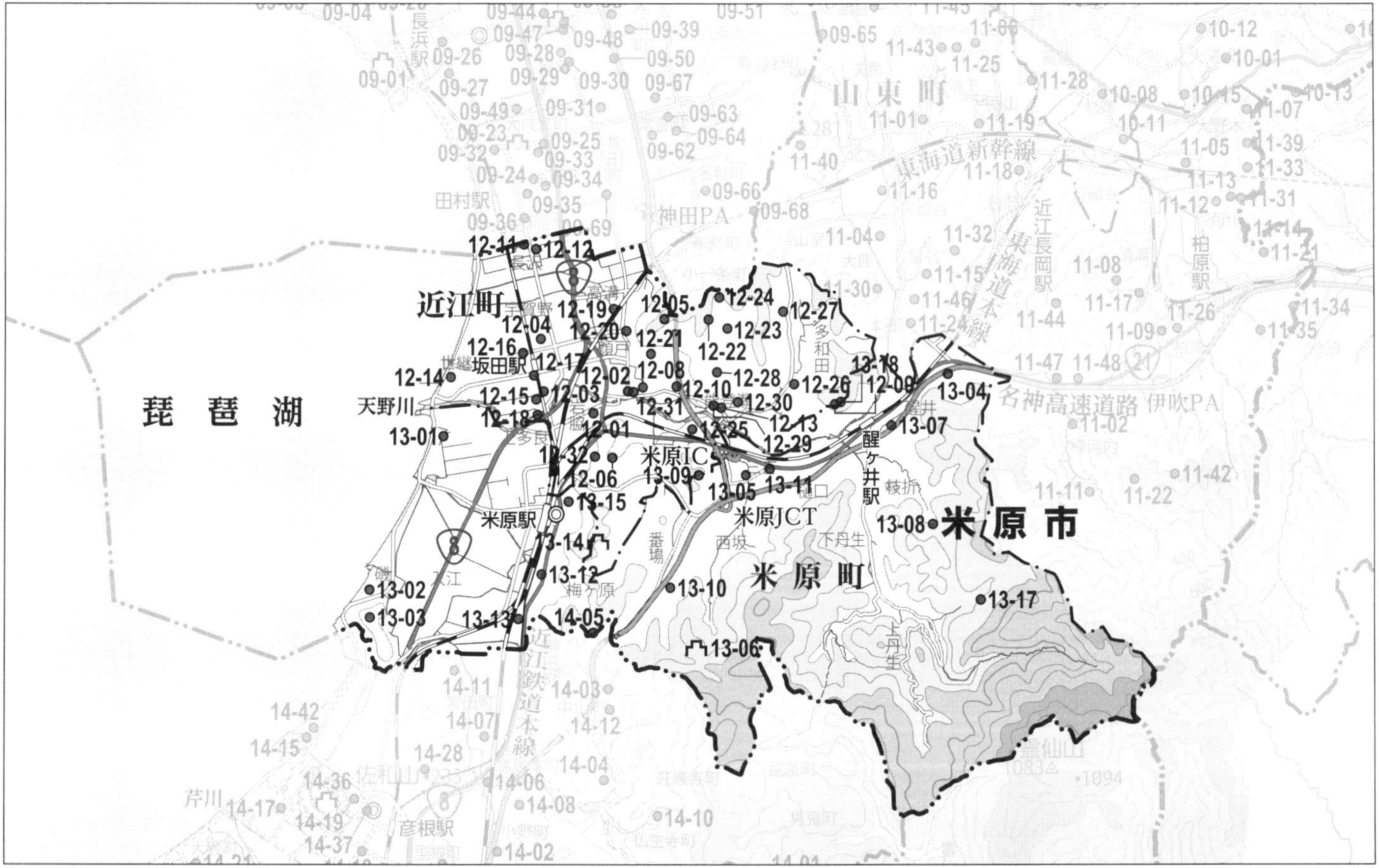

| 管理番号 | 城名 | 別名 | 所在地 | 築城年 | 主な城主 | 廃城年 | 指定 | 主な遺構 |
|---|---|---|---|---|---|---|---|---|
| 12-01 | 岩脇館《いおぎ》 | 岩祖山城、岩脇山砦 | 岩脇 | | 浅井氏配下岩脇氏 | | | |
| 12-02 | 井戸村館《いどむら》 | 箕浦城 | 箕浦 | 中世 | 浅井氏配下井戸村氏 | | | |
| 12-03 | 飯村城《いむら》 | 嶋氏館 | 飯 | 中世 | 浅井氏配下嶋氏 | | | |
| 12-04 | 宇賀野館《うかの》 | | 宇賀野 | | 宇賀野氏 | | | |
| 12-05 | 顔戸山城《ごうどやま》 | 一の城、顔戸山砦 | 顔戸 | 中世 | 今井氏 | | | 堀切、竪堀 |
| 12-06 | 西円寺館《さいえんじ》 | 西円寺城 | 西円寺 | 中世 | | | | 堀切、土塁 |
| 12-08 | 新庄箕浦城《しんじょうみのうら》 | 箕浦城、新庄城 | 新庄 | 室町 | 今井氏居館 | | | 1ｍ土盛りされた20m 四方平坦地、堀立柱建物跡、堀 |
| 12-09 | 多和田城《たわだ》 | | 多和田ほか | | | | | |
| 12-10 | 塚の越古墳砦《つかこしこふん》 | 塚の越砦 | 新庄 | | | | | 前方後円墳を利用した築城 土塁 |
| 12-11 | 長沢城《ながさわ》 | 長沢之構 | 長沢 | 保元３年 | 長沢太郎冠者土佐守、六角氏 | | | 堀、福田寺浅井屋敷 |
| 12-12 | 長沢関《ながさわせき》 | | 長沢 | | | 天文13年 | | |
| 12-13 | 能登瀬城《のとせ》 | | 能登瀬 | 中世 | 堀能登守 | | | |
| 12-14 | 世継館《よつぎ》 | | 世継 | | 窪氏 | | | |
| 12-15 | 若宮館《わかみや》 | 若宮城 | 飯 | | 若宮外記 | | | |
| 12-16 | 遠藤屋敷《えんどう》 | | 宇賀野 | 中世 | 浅井氏配下遠藤喜左衛門尉 | | | |
| 12-17 | 三田村屋敷《みたむら》 | | 宇賀野 | 中世 | 三田村氏 | | | |
| 12-18 | 伊部屋敷《いべ》 | | 飯 | | 伊部右近衛門 | | | |
| 12-19 | 粕淵屋敷《かすぶち》 | 二国屋敷 | 高溝 | | 二国氏と土肥氏被官粕渕氏 | | | 土塁 |

シリーズ山内一豊銅像物語⑤

# 宇賀野氏館

〈12-04〉

JR坂田駅前に山内一豊と千代の像があります。近くに宇賀野《うかの》氏館があり、宇賀野には山内一豊の母法秀院の墓があります。法秀院は天正14年（1586）７月17日に宇賀野の長野家で病死しました。

前年天正13年の天正大地震で長浜城とともに孫与祢姫を失い、以前住んでいた宇賀野の長野家へ震災後に一時的に避難していて、心労とも重なりお亡くなりになられたのだと思います。

山内一豊はこの後、掛川城へ転封するのですが、どこか天国の母ちゃん、娘見ていてくれと甲冑姿で、また千代は姑法秀院の墓へ手を合わせているように見えます。

（つづく）

※『山内一豊銅像物語』は前作『愛知県のお城・館一覧』に①黒田城を、次作『岐阜のお城・館一覧』に②岐阜城、③郡上八幡城を掲載し、シリーズとしました。

一豊の母法秀院の墓

坂田駅前の一豊・千代像

琵琶湖岸沿いにある「道の駅近江母の郷」

| 管理番号 | 城名 | 別名 | 所在地 | 築城年 | 主な城主 | 廃城年 | 指定 | 主な遺構 |
|---|---|---|---|---|---|---|---|---|
| 12-20 | 田中《たなか》屋敷 | | 顔戸 | | 京極氏一族高島田中氏の分流の田中氏 | | | |
| 12-21 | 籾居《もみい》屋敷 | 籾井屋敷 | 顔戸 | 中世 | 土肥氏の被官籾居氏 | | | 土塁 |
| 12-22 | 大林寺《だいりんじ》砦 | | 日光寺 | | | | | 竪堀、土塁 |
| 12-23 | 日光寺《にっこうじ》砦 | | 日光寺 | 中世 | | | | 郭、竪堀、土塁 |
| 12-24 | 日光寺山《にっこうじやま》砦 | | 日光寺 | 中世 | | | | 土塁、竪堀 |
| 12-25 | 寺倉《てらくら》館 | | 西円寺 | | 今井氏一族寺倉氏 | | | |
| 12-26 | 土河《つちかわ》屋敷 | 和田屋敷 | 多和田 | | 土河（和田）久兵衛 | | | |
| 12-27 | 多和田哨《たわだしょう》砦 | 多和田山城 | 多和田 | 中世 | | | | 土塁、竪堀、石垣 |
| 12-28 | 殿山砦《とのやまとりで》館 | | 能登瀬 | | | | | 土塁、竪堀 |
| 12-29 | 中村《なかむら》屋敷 | | 能登瀬 | 中世 | 中村氏 | | | |
| 12-30 | 青木《あおき》館 | | 能登瀬 | 中世 | 青木氏 | | | |
| 12-31 | 奥屋敷《おくやしき》遺跡 | | 箕浦 | | 今井氏一族中西氏 | | | 堀、土塁 |
| 12-32 | 西円寺《さいえんじ》砦 | | 西円寺 | 中世 | 今井氏 | | | 空堀、土塁 |

宇賀野館説明板〈12-04〉

かぶと山左手が多和田城〈12-09〉

長沢城福田寺浅井屋敷〈12-11〉

道の駅「近江母の郷」の観光案内図

| 管理番号 | 城名 | 別名 | 所在地 | 築城年 | 主な城主 | 廃城年 | 指定 | 主な遺構 |
|---|---|---|---|---|---|---|---|---|
| 13-01 | 朝妻《あさづま》城 | | 朝妻・筑摩 | 中世 | 新庄直頼 | 天正11年 | | 堀 |
| 13-02 | 磯《いそ》城 | 磯崎城 | 磯 | | 磯崎金七居 | | | |
| 13-03 | 磯山《いそやま》城 | 虎ケ城 | 磯 | 戦国 | 松原氏、浅井氏 | | | 曲輪 |
| 13-04 | 上《うえ》野《の》館 | | 一色 | 中世 | 堀伊賀守秀国 | | | |
| 13-05 | 門《かど》根《ね》城 | | 三吉 | 中世 | 浅井氏配下堀氏 | | | 土塁 |
| 13-06 | 鎌《かま》刃《は》城 | | 番場 | 応仁年間 | 堀秀村、土肥氏 | 天正２年 | 国指 | 曲輪、土塁、水の手遺構、石垣と石段を備えた桝形虎口、礎石建物、竪堀群 |
| 13-07 | 醒《さめ》ケ井《い》城 | 醒井城 | 醒井 | 中世 | 広田稲葉守重長 | | | |
| 13-08 | 枝《し》折《おり》城 | 土肥城 | 枝折 | 戦国 | 土肥氏一族 | | | 曲輪、堀切、土塁 |
| 13-09 | 地《じ》頭山《とうやま》城 | 鎌刃表、地蔵山城 | 三吉・寺倉 | 中世 | 今井氏、堀秀村 | 天文22年 | | 土塁、曲輪、堀、櫓台状遺構 |
| 13-10 | 番《ばん》場《ば》城 | 殿屋敷城 | 番場 | 戦国前半 | 土肥氏 | | | 堀切、曲輪 |
| 13-11 | 樋《ひ》口《ぐち》館 | 樋口城 | 樋口 | 中世 | 浅井氏配下堀氏の重臣樋口氏 | | | |
| 13-12 | 平《ひら》野《の》館 | | 梅ケ原 | 中世 | 伊藤氏 | 天文４年 | | |
| 13-13 | 福島《ふくしま》城 | | 梅ケ原・福島 | 永正７年 | 六角氏配下平野土佐守、今井肥前守 | | | |
| 13-14 | 太《ふと》尾《お》山《やま》城 | | 米原・西円寺 | 15世紀後半 | 米原氏、中島直頼 | 元亀２年 | 市指 | 曲輪、土塁、堀切、礎石建物跡 |
| 13-15 | 米原《まいばら》城 | | 米原 | | 六角氏配下吉田安芸守 | 永禄４年 | | |
| 13-16 | 菖《しょう》蒲《ぶ》嶽《だけ》砦 | | 梅ケ原、彦根市中山町摺針（14-05）参照 | | | | | |
| 13-17 | 狐塚《きつねづか》砦 | | 上丹生 | | | | | 土塁、石垣、犬走、竪堀 |

| 管理番号 | 城名 | 別名 | 所在地 | 築城年 | 主な城主 | 廃城年 | 指定 | 主な遺構 |
|---|---|---|---|---|---|---|---|---|
| 13-18 | 醒《さめ》ケ井《い》列石《れっせき》 | 多和田神籠石 | 醒井、多和田 | 6世紀 | | | | 石塁群 |
| D03 | 松《まつ》尾《お》寺《じ》山《やま》砦 | 丹生堂山砦 | 上丹生・西坂 | 元亀3年 | 岩脇定政 | 元亀3年 | | 3本堀切、曲輪、土塁、説明板 |
| D42 | 樋口西坂《ひぐちにしさか》砦 | | 樋口・西坂 | 戦国 | 在地土豪 | | | 堀切、曲輪、竪堀、土塁 |

醒井城〈13-07〉

番場城〈13-10〉

太尾山城登城口〈13-14〉

醒井にある西行水

番場にある蓮華寺

太尾山の麓にある青岸寺

# 鎌刃城

〈13-16〉

鎌刃城は標高384ｍの山城で東山道（後の中山道）が下を通る交通の要所です。京極氏と六角氏の攻防や織田信長と浅井長政の攻防の舞台となりました。

名前の通り、鎌の刃のような狭い尾根筋に石垣、堀切、曲輪などが見事に残り、その遺跡の規模は湖北でも最大級で国の史跡に指定されています。地元の方が物見台を作っています。

この城の麓には鎌倉時代末期六波羅探題北条仲時等432人が自刃した、古刹蓮華寺があります。

鎌刃城全景

鎌刃城石段

鎌刃城大石垣の説明板

鎌刃城石碑

城名の通り、細長い城跡

鎌刃城主郭の説明板

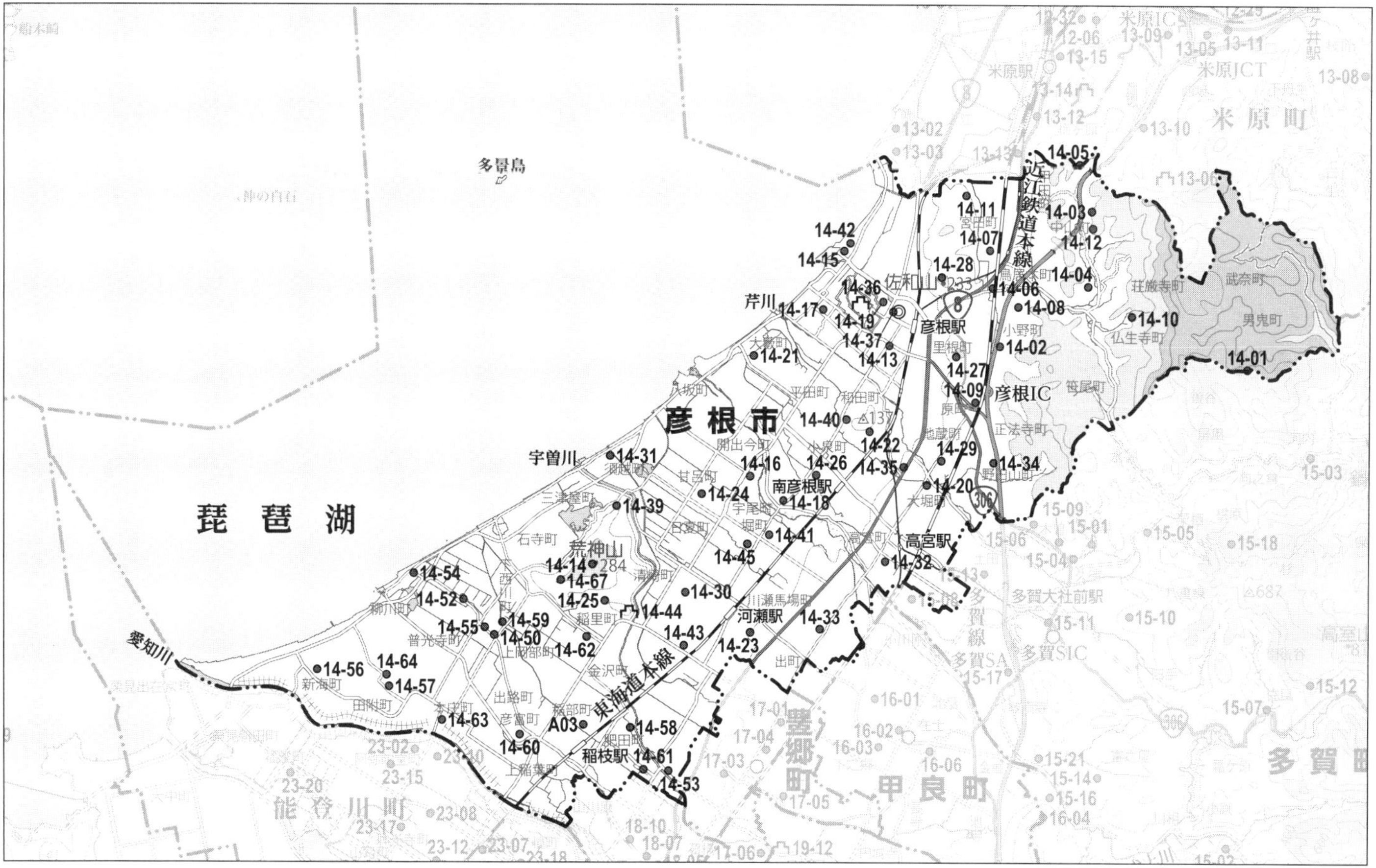
彦根市
琵琶湖
多景島
米原町
多賀町
甲良町
豊郷町
能登川町
近江鉄道本線
東海道本線
彦根駅
南彦根駅
河瀬駅
稲枝駅
高宮駅
彦根IC
米原駅
米原IC
米原JCT
佐和山
荒神山
芹川
宇曽川
愛知川
14-01
14-02
14-03
14-04
14-05
14-06
14-07
14-08
14-09
14-10
14-11
14-12
14-13
14-14
14-15
14-16
14-17
14-18
14-19
14-20
14-21
14-22
14-23
14-24
14-25
14-26
14-27
14-28
14-29
14-30
14-31
14-32
14-33
14-34
14-35
14-36
14-37
14-39
14-40
14-41
14-42
14-43
14-44
14-45
14-50
14-52
14-53
14-54
14-55
14-56
14-57
14-58
14-59
14-60
14-61
14-62
14-63
14-64
14-67
A03

| 管理番号 | 城名 | 別名 | 所在地 | 築城年 | 主な城主 | 廃城年 | 指定 | 主な遺構 |
|---|---|---|---|---|---|---|---|---|
| 14-01 | 男鬼《おおり》入谷《にゅうだに》城 | 高取城、男鬼城 | 男鬼町、多賀町入谷 | 16世紀中頃 | 河原豊後守 | | | 曲輪、土塁、多重堀切、畝状竪堀群、石積み、櫓台 |
| 14-02 | 小野《おの》城 | | 小野町 | | | | | |
| 14-03 | キドラ谷《だに》砦 | 中山城山砦、キドラ谷城 | 中山町 | 戦国 | | | | 堀切、帯郭、犬走、竪堀 |
| 14-04 | 荘厳《しょうごん》寺《じ》砦 | 荘厳寺城 | 荘厳寺町 | | | | | 犬走、櫓台、空堀、土橋 |
| 14-05 | 菖《しょう》蒲《ぶ》嶽《だけ》砦 | 菖蒲嶽城 | 中山町摺針、米原市梅ケ原 | 戦国後半 | 今井定清 | 天文21年 | | 堀切、削平地、竪堀 |
| 14-06 | 百《ど》々《ど》館 | | 鳥居本町 | | 京極氏配下百々盛実 | | | |
| 14-07 | 鳥居《とりい》本《もと》館 | | 鳥居本町 | | 鳥居元兵衛 | | | |
| 14-08 | 丸山《まるやま》城 | 丹羽砦 | 小野町 | 元亀元年 | 丹羽長秀 | | | 曲輪、土塁、虎口 |
| 14-09 | 原《はら》城 | | 原町 | | | | | |
| 14-10 | 仏生《ぶっしょう》寺《じ》砦 | | 鳥居本町 | | 畑城左衛門 | | | |
| 14-11 | 物《む》生《し》山《やま》城 | | 宮田町 | 元亀元年 | 市橋九郎右衛門 | | | 堀切、土橋、腰郭、犬走、竪堀 |
| 14-12 | ヤナガ谷《たに》砦 | 中山城山砦 | 中山町 | | 草山内膳 | | | 堀切、土橋 |
| 14-13 | 安養《あんよう》寺《じ》館 | | 大東町 | | 安養寺三郎兵衛 | | | |
| 14-14 | 荒神山《こうじんやま》城 | 泉村城 | 日夏町 | | 日夏安芸守 | | | |
| 14-15 | 磯崎《いそざき》城 | | 松原町 | | 浅井氏 | | | |
| 14-16 | 今村《いまむら》城 | | 開出今町 | | 今村帯刀 | | | |
| 14-17 | 円常《えんじょう》寺《じ》館 | | 城町２丁目 | | | | | |
| 14-18 | 大《おお》宇《う》城 | | 宇尾町大宇 | | | | | |
| 14-19 | 尾《お》末山《すえやま》砦 | 尾末山城 | 尾末町 | 元亀元年 | 河尻与兵衛 | 慶長９年 | | |

| 管理番号 | 城名 | 別名 | 所在地 | 築城年 | 主な城主 | 廃城年 | 指定 | 主な遺構 |
|---|---|---|---|---|---|---|---|---|
| 14-20 | 大堀城《おおぼり》 | | 大堀町 | | 大堀弥右衛門 | | | |
| 14-21 | 大藪城《おおやぶ》 | 大藪館 | 大藪町 | | 武田氏 | | | 堀跡 |
| 14-22 | 岡村館《おかむら》 | | 岡町 | 文永年間 | 岡世之助 | | | |
| 14-23 | 河瀬城《かわせ》 | | 南川瀬町 | | 河瀬氏 | | | |
| 14-24 | 甘呂城《かんろ》 | 甘露城、甘露館 | 甘呂町 | | 河瀬大和守秀宗 | | | 水路 |
| 14-25 | 北町城《きたまち》 | | 三津屋町 | | 山崎甲斐守、池田氏 | | | |
| 14-26 | 小泉城《こいずみ》 | 小泉館 | 小泉町 | | 沢民部少輔 | | | |
| 14-27 | 里根山城《さとねやま》 | | 里根町 | | | | | |
| 14-28 | 佐和山城《さわやま》 | 佐保城 | 佐和山町、古沢町 | 建久年間 | 佐保時綱、磯野員昌、堀秀政、堀尾吉晴、石田三成 | 慶長９年 | | 石垣、曲輪、土塁、堀切、竪堀、横堀、虎口、井戸跡、通路、切岸 |
| 14-29 | 地蔵城《じぞう》 | 地蔵館 | 地蔵町 | | 地蔵兵太郎 | | | |
| 14-30 | 清水城《しみず》 | | 清崎町清水 | | | | | |

佐和山城石垣〈14-28〉

佐和山城山頂石碑

佐和山城から彦根城の眺め

| 管理番号 | 城名 | 別名 | 所在地 | 築城年 | 主な城主 | 廃城年 | 指定 | 主な遺構 |
|---|---|---|---|---|---|---|---|---|
| 14-31 | 洲越《すごし》館 | 洲越城 | 須越町 | | | | | |
| 14-32 | 高宮《たかみや》城 | | 高宮町 | 室町 | 高宮三河守勝吉 | 天正元年 | | 堀 |
| 14-33 | 葛籠《つづら》城 | | 葛籠町 | | 岡部清六 | | | |
| 14-34 | 野田山《のだやま》城 | | 野田山町 | | | | | |
| 14-35 | 沼波《のなみ》館 | | 沼波町 | | 沼波氏 | | | |
| 14-36 | **彦根《ひこね》城** | 金亀城 | 金亀町 | 慶長９年 | 井伊氏 | | 国特 | 天守、櫓、門、馬屋、曲輪、土塁、堀切、竪堀、横堀、虎口、石垣、井戸通路、切岸、礎石 |
| 14-37 | 彦根《ひこね》館 | | 元町 | | 彦根氏 | | | |
| 14-38 | 彦根山《ひこねやま》陣所 | | (位置不明) | | | | | |
| 14-39 | 日夏《ひなつ》城 | | 日夏町 | 16世紀 | 日夏氏 | | | 曲輪、土塁、堀 |
| 14-40 | 平田《ひらた》山城 | 平田城 | 平田町 | | 平田和泉守、佐和山城攻めの徳川家康本陣 | | | |
| 14-41 | 堀《ほり》城 | | 堀町 | | | | | |
| 14-42 | 松原《まつばら》城 | 松原内湖遺跡 | 松原町 | | 松原弥惣左衛門 | | | 堀切、竪堀 |
| 14-43 | 茂賀山《もがやま》城 | | 賀田山町茂賀 | | 小林氏 | | | |
| 14-44 | 山崎山《やまざきやま》城 | 山崎城 | 賀田山町大山崎 | 天正年間前半頃 | 山崎秀家 | | 市指 | 曲輪、堀切、虎口、石垣、切岸、櫓台 |
| 14-45 | 蓮台寺《れんだいじ》城 | | 蓮台寺町 | 15世紀 | 河瀬壱岐守 | | | |
| 14-48 | 石寺《いしでら》城 | | 石寺町・稲里町(位置不明) | | 一向一揆衆 | | | |
| 14-49 | 石寺《いしでら》館 | | 石寺町(位置不明) | | | | | |
| 14-50 | 上西川《かみにしかわ》館 | | 上西川町 | | | | | |

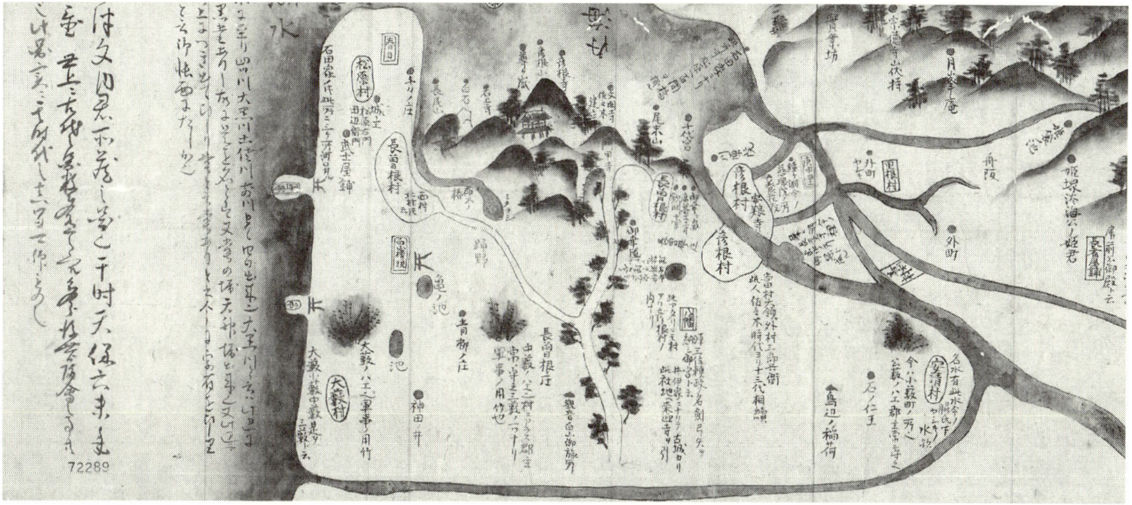

彦根城築城前の永禄年間の彦根の様子が描かれている。『彦根往古図［写］』（滋賀県立図書館所蔵）

彦根城二の丸櫓〈14-36〉

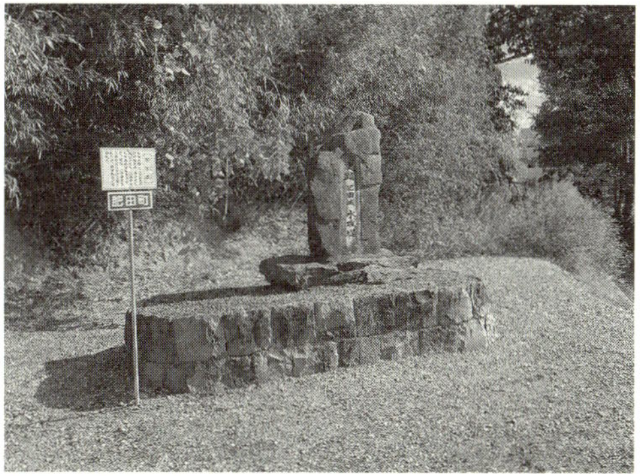


肥田城水攻堤〈14-61〉

肥田城跡

# 彦根城

〈14-36〉

彦根城は大坂の抑えの城として、天下普請で建てられた城です。佐和山、磯山、彦根山のいずれかを家康に相談し、現在の彦根山（金亀山）に決定、慶長９年（1604）より着工されました。

天守は大津城から移築、天秤櫓や太鼓門も移築建物と判明しています。天守は2年足らずで完成しましたが、表御殿の造営、城郭改造など、城郭の完成は元和８年（1622）とされています。

現在天守、附櫓及び多聞櫓（１棟）が国宝。天秤櫓、太鼓門及び続櫓（１棟）、西の丸三重櫓及び続櫓（１棟）、佐和口多聞櫓、馬屋が重要文化財に指定されています。

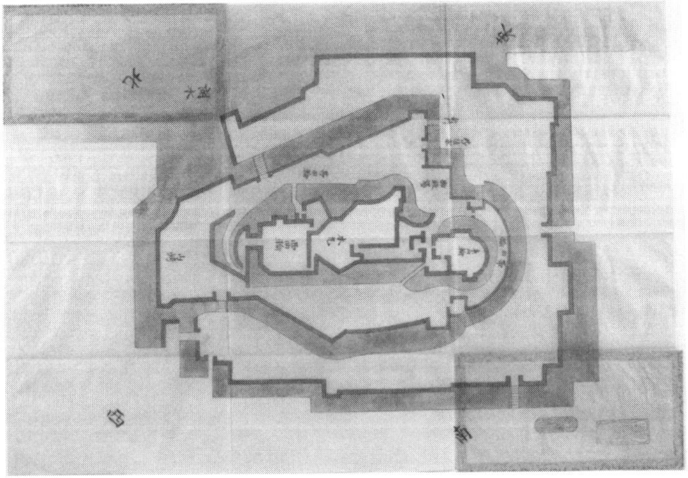

浅野文庫「諸国当城之図より「近江 彦根」（広島市立中央図書館蔵）

彦根城天守

彦根城天秤櫓

玄宮園から彦根城を見る

| 管理番号 | 城名 | 別名 | 所在地 | 築城年 | 主な城主 | 廃城年 | 指定 | 主な遺構 |
|---|---|---|---|---|---|---|---|---|
| 14-51 | 北《きた》ノ山《やま》城 | | （位置不明） | | | | | |
| 14-52 | 甲崎《こうざき》城 | | 甲崎町 | | | | | |
| 14-53 | 越川《こしかわ》城 | | 三津町 | | 高野瀬氏配下久木氏 | | | |
| 14-54 | 薩摩《さつま》館 | | 薩摩町 | | | | | |
| 14-55 | 下西川《しもにしかわ》城 | | 下西川町 | | | | | |
| 14-56 | 新海《しんがい》城 | | 新海町 | | 新海源之丞 | | | |
| 14-57 | 田附《たづけ》城 | | 田附町 | | 田付四郎左衛門 | | | |
| 14-58 | 長江《ながえ》館 | | 金沢町 | | | | | |
| 14-59 | 中川《なかがわ》館 | | 下岡部町 | | | | | |
| 14-60 | 彦富《ひことみ》城 | 藤田屋敷 | 彦富町殿戸 | 鎌倉 | 平井氏、藤田佐渡守 | | | |
| 14-61 | 肥田《ひだ》城 | | 肥田町 | 文亀３年 | 高野瀬隆重、蜂屋頼隆 | 慶長年間 | | 水攻め堤防の痕跡、土塁、堀 |
| 14-62 | 平流《へる》館 | | 稲里町殿屋敷 | | 高野瀬氏 | | | |
| 14-63 | 本庄《ほんじょう》城 | | 本庄町 | | 本荘正玄 | | | |
| 14-64 | 三《み》ツ屋《や》城 | | 南三ツ谷町 | | 田付景春・景澄・景輔 | | | |
| 14-65 | 南《みなみ》ノ山《やま》城 | | （位置不明） | | | | | |
| 14-66 | 山脇《やまわき》館 | | 下岡部町（位置不明） | | | | | |
| 14-67 | 山脇《やまわき》古城《こじょう》山城 | | 稲里町 | | | | | |
| A03 | 稲部《いなべ》遺跡 | | 稲部町、彦富町 | 弥生後期 | | 古墳中期 | | |
| C02 | 泉古《いずみふる》屋敷《やしき》遺跡 | | 日夏町古屋敷 | 14世紀 | 日夏氏 | 16世紀<br>中葉 | | 掘立柱建物、堀、土塁 |

# 多賀町〈15〉

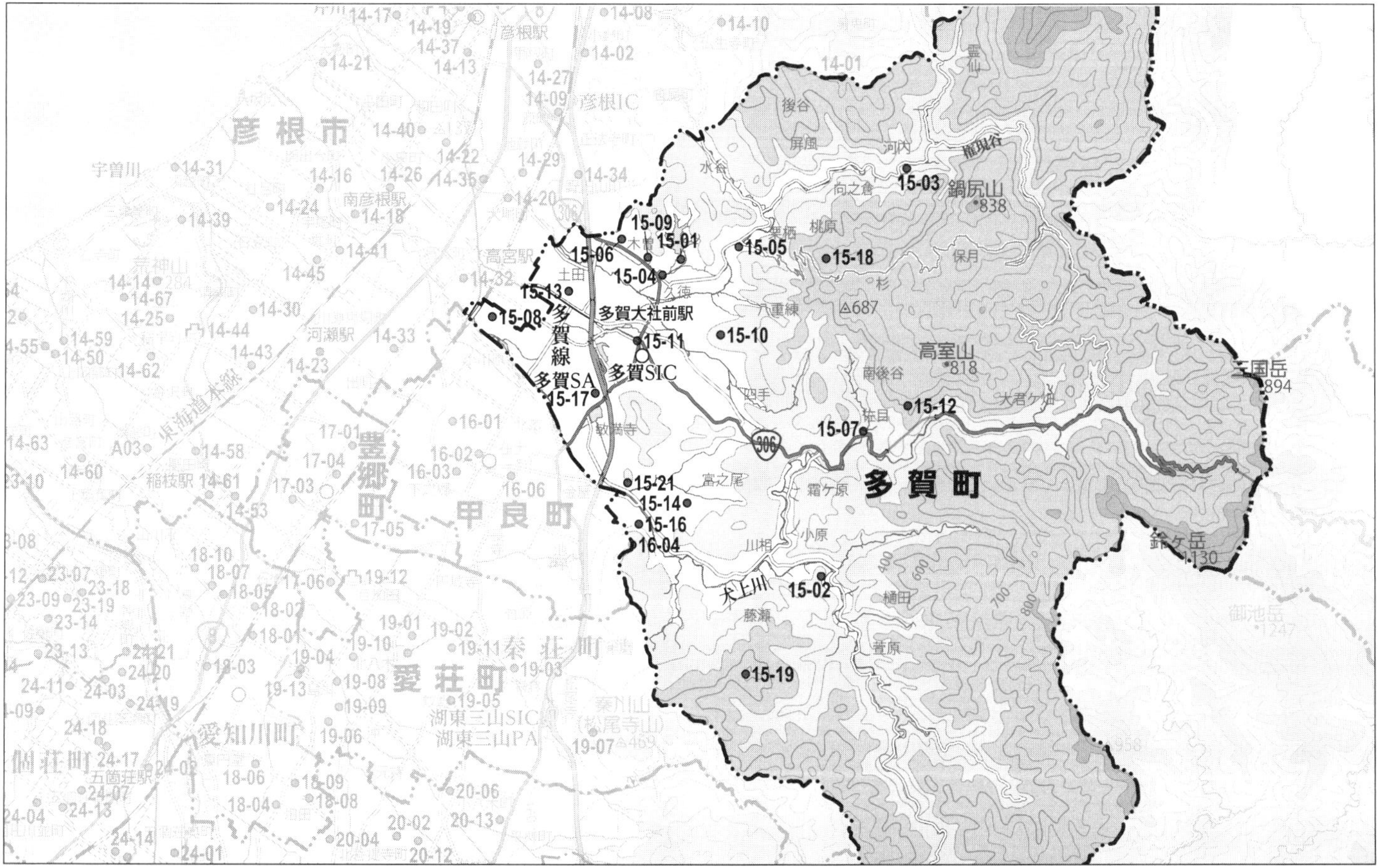
多賀町
彦根市
豊郷町
甲良町
秦荘町
愛荘町
愛知川町
15-01
15-02
15-03
15-04
15-05
15-06
15-07
15-08
15-09
15-10
15-11
15-12
15-13
15-14
15-16
15-17
15-18
15-19
15-21
16-04
多賀大社前駅
多賀SIC
多賀SA
多賀線
鍋尻山
838
高室山
818
三国岳
894
鈴ケ岳
1130
犬上川
306

| 管理番号 | 城名 | 別名 | 所在地 | 築城年 | 主な城主 | 廃城年 | 指定 | 主な遺構 |
| --- | --- | --- | --- | --- | --- | --- | --- | --- |
| 15-01 | 一円館《いちえん》 | 一円城 | 一円 | 中世 | | | | |
| 15-02 | 一《いち》の瀬《せ》城 | | 一之瀬（一の瀬山上） | 中世 | 市ノ瀬氏 | | | |
| 15-03 | 河内《かわち》城 | | 河内 | 中世 | | | | |
| 15-04 | 久徳《きゅうとく》城 | | 久徳 | 戦国 | 久徳氏 | 永禄３年 | | 土塁、堀 |
| 15-05 | 栗栖《くるす》遺跡 | 来栖館 | 栗栖 | 中世 | 来栖次右衛門 | | | |
| 15-06 | 小林《こばやし》遺跡 | 小林城、小林館 | 木曽字小林 | 中世 | 小林宗家 | | | |
| 15-07 | 佐目《さめ》館 | 明智丸、<br>佐目陣屋 | 佐目 | 中世 | | | | |
| 15-08 | 猿萩氏《さるおぎし》館 | | 猿木 | | 猿萩左近大夫 | | | |
| 15-09 | 曽我《そが》城 | | 木曽字曽我 | 中世 | 曽我氏 | | | |
| 15-10 | 大賀《おおが》館 | 大賀城 | 大岡 | 中世 | | | | |
| 15-11 | 多賀《たが》城 | | 多賀 | 中世 | | | | |
| 15-12 | 高室山《たかむろやま》城 | | 保月、高室山 | 中世 | | | | |
| 15-13 | 土田《つちだ》館 | 土田城 | 土田 | 中世 | 土田縫殿助 | | | |
| 15-14 | 富之尾《とみのお》城 | 殿城、殿山遺跡 | 富之尾 | 奈良 | 平尾治介 | 中世 | | |
| 15-15 | 中原《なかはら》城 | | 中川原（位置不明） | | | | | |
| 15-16 | 楢崎《ならさき》城 | | 楢崎 | | 楢崎民部 | | | |
| 15-17 | 敏満寺《びんまんじ》城 | | 敏満寺 | 16世紀<br>中頃 | 久徳氏 | 永禄５年 | | 土塁、堀、虎口、石垣、曲輪 |
| 15-18 | 桃原《もばら》城 | | 桃原阿弥陀峰 | 明応４年 | 京極政高 | | | 曲輪、土塁、虎口、馬出 |
| 15-19 | 八尾山《やつおやま》城 | | 藤瀬 | 中世 | | | | |

| 管理番号 | 城名 | 別名 | 所在地 | 築城年 | 主な城主 | 廃城年 | 指定 | 主な遺構 |
|---|---|---|---|---|---|---|---|---|
| 15-20 | 竜円山城《りゅうえんやま》 | | 敏満寺（位置不明） | | | | | |
| 15-21 | 籠城山城《ろうじょうやま》 | どんじょ山城、篭城山城 | 敏満寺・守野 | 中世 | | | | 土塁、櫓台 |
| 15-22 | 男《お》鬼入谷《おりにゅうだに》城 | 高取城、男鬼城 | 入谷、彦根市中山町摺針〈14-01〉参照 | | | | | |
| 15-23 | 勝楽寺《しょうらくじ》城 | | 楢崎、甲良町勝楽寺〈16-04〉参照 | | | | | |

河内にある鍾乳洞〈15-03〉

敏満寺城の土塁〈15-17〉

名神多賀 SA から敏満寺城に入れる

# 甲良町〈16〉・豊郷町〈17〉・愛荘町　旧愛知川町〈18〉　旧秦荘町〈19〉

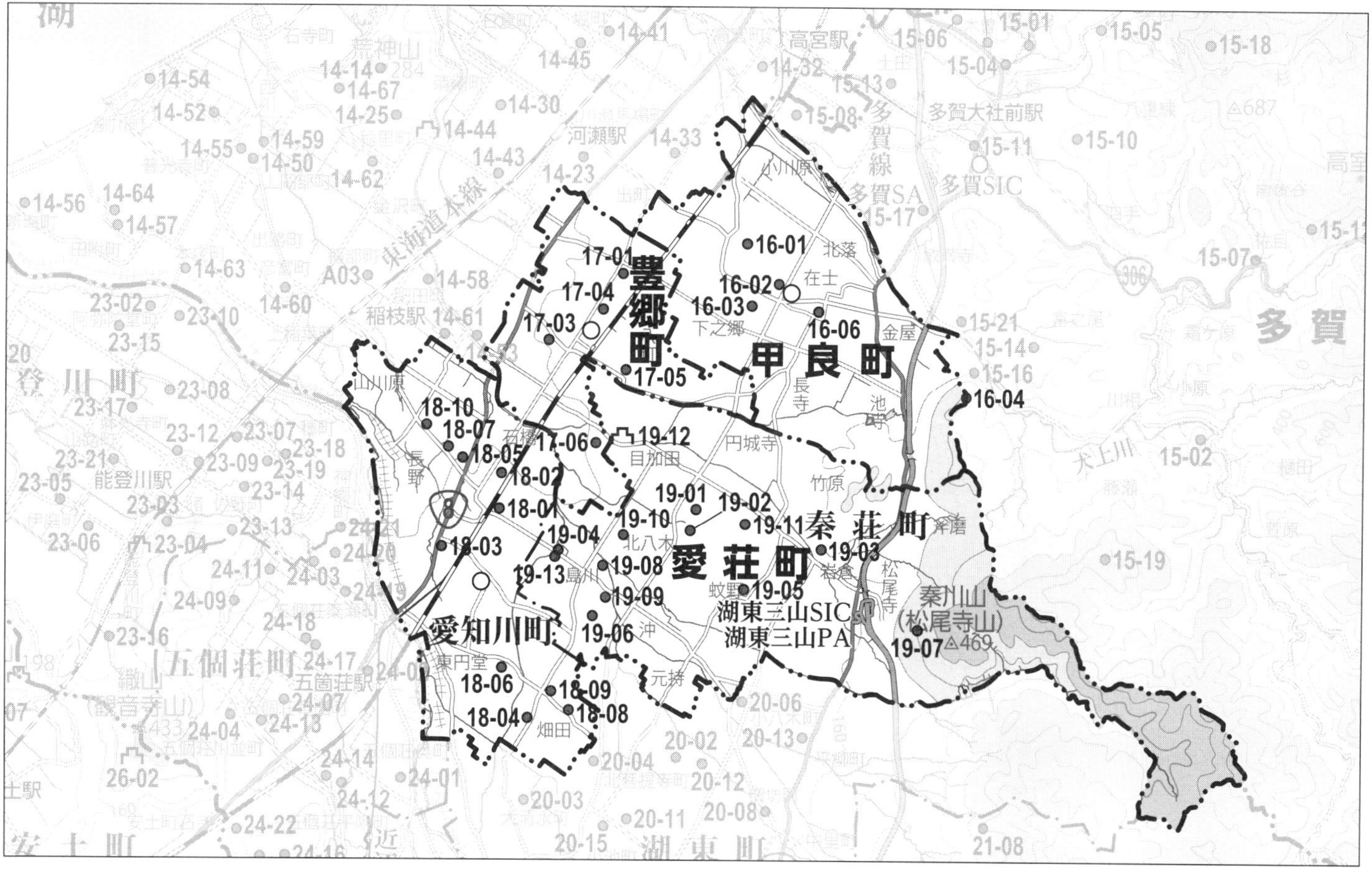

| 管理番号 | 城名 | 別名 | 所在地 | 築城年 | 主な城主 | 廃城年 | 指定 | 主な遺構 |
|---|---|---|---|---|---|---|---|---|
| 16-01 | 尼子館《あまご》 | 尼子氏屋敷、尼子城 | 尼子 | 貞和３年 | 尼子三郎左衛門 | | | 土塁、堀 |
| 16-02 | 在士館《ざいじ》 | | 在士 | 中世 | 藤堂氏 | | | |
| 16-03 | 下之郷城《しものごう》 | | 下之郷 | | 多賀氏 | | | |
| 16-04 | 勝楽寺城《しょうらくじ》 | | 正楽寺、多賀町楢崎 | 応安元年 | 佐々木道誉、高築豊後守 | | | 曲輪、土塁、竪堀、石垣、切岸、礎石（石列）、経塚、狐塚 |
| 16-06 | 横関館《よこぜき》 | | 横関 | 中世 | 京極氏配下横関三河守 | | | |
| 17-01 | 四十九院城《しじゅうくいん》 | | 四十九院（唯念寺） | 永正３年 | 本願寺実如 | | | |
| 17-02 | 下安食陣所《しもあんじき》 | | （位置不明） | 鎌倉 | | | | |
| 17-03 | 高野瀬城《たかのせ》 | | 高野瀬 | 南北朝 | 高野瀬氏 | 16世紀 | | 土塁、堀 |
| 17-04 | 那須城《なす》 | | 石畑（八幡神社） | 中世 | 那須氏 | | | 土塁 |
| 17-05 | 八町城《はっちょう》 | 赤田館 | 八町 | 永正年間 | 浅井氏配下赤田氏 | 天正年間 | | 土塁、堀 |
| 17-06 | 吉田城《よしだ》 | | 吉田 | 中世 | 京極材宗、のち辻与兵衛 | | | 土塁 |

在士にある藤堂高虎銅像〈16-02〉

尼子館の土塁〈16-01〉
（甲良町教育委員会『甲良の文化財』より転載）

勝楽寺城全景〈16-04〉
（甲良町教育委員会『甲良の文化財』より転載）

那須城があった石畑に建つ豊郷小学校〈17-04〉

| 管理番号 | 城名 | 別名 | 所在地 | 築城年 | 主な城主 | 廃城年 | 指定 | 主な遺構 |
|---|---|---|---|---|---|---|---|---|
| 18-01 | 市村《いちむら》城 | | 市 | 中世 | 市村氏 | | | 土塁、堀 |
| 18-02 | 磯部《いそべ》館 | | 沓掛・石橋 | 中世 | | | | |
| 18-03 | 愛知川《えちがわ》館 | | 愛知川 | 中世 | | | | |
| 18-04 | 苅間《かりま》城 | 苅間館 | 苅間 | 中世 | 西川備前守 | | | |
| 18-05 | 大門《だいもん》城 | | 長野 | 中世 | | | | |
| 18-06 | 東円堂《とうえんどう》城 | | 東円堂 | 中世 | | | | 土塁、虎口 |
| 18-07 | 長野《ながの》城 | 中村城、中村邸 | 長野 | 中世 | 中村掃部、同宮内少輔 | | | 堀 |
| 18-08 | 畑田《はたけだ》城 | | 畑田 | 中世 | 羽柴長兵衛 | | | 土塁、堀、曲輪 |
| 18-09 | 平居《ひらい》城 | | 平居 | 中世 | 小倉大輔入道 | | | |
| 18-10 | 堀《ほり》城 | | 長野字堀村 | 中世 | | | | |
| B06 | 柳《やなぎ》遺跡 | | 川原 | 古代<br>(平安) | | 中世 | | 堀 |
| 19-01 | 安孫子北《あびこきた》城 | 安孫子城 | 安孫子 | 室町 | 安孫子氏 | | | |
| 19-02 | 安孫子南《あびこみなみ》城 | 安孫子城 | 安孫子 | 室町 | 安孫子氏 | | | 土塁 |
| 19-03 | 岩倉《いわくら》館 | | 岩倉 | | | | | |
| 19-04 | 賀籐《かとう》館 | | 矢守 | 中世 | | | | |
| 19-05 | 狩野《かの》城 | | 蚊野 | 15世紀 | 浅井氏配下狩野氏 | 16世紀 | | 土塁、堀 |
| 19-06 | 栗田《くりた》城 | | 栗田 | 16世紀 | 栗田氏 | | | 土塁、堀 |
| 19-07 | 金剛輪寺《こんごうりんじ》城 | | 松尾寺 | | | | | 堀切、土橋、空堀 |
| 19-08 | 島川北《しまがわきた》城 | 島川城 | 島川 | 明応５年 | 伊庭貞隆 | 元亀年間 | | 土塁、堀 |

| 管理番号 | 城名 | 別名 | 所在地 | 築城年 | 主な城主 | 廃城年 | 指定 | 主な遺構 |
|---|---|---|---|---|---|---|---|---|
| 19-09 | 島川南城《しまがわみなみ》 | 島川城 | 島川 | 明応５年 | 伊庭貞隆 | 元亀年間 | | 土塁、堀 |
| 19-10 | 下八木館《しもやぎ》 | | 下八木 | 中世 | | | | |
| 19-11 | 東出城《ひがしで》 | | 東出 | 中世 | | | | |
| 19-12 | 目加田城《めかた》 | 目賀田城 | 目加田 | 元弘・建武期 | 六角氏配下目加田氏 | | 町指 | 土塁、堀 |
| 19-13 | 矢守城《やもり》 | | 矢守 | | 杉立高政 | | | |

金剛輪寺山門〈19-07〉

金剛輪寺本堂

目加田城土塁〈19-12〉

## 東近江市 1　旧湖東町〈20〉　旧愛東町〈21〉　旧永源寺町〈22〉

| 管理番号 | 城名 | 別名 | 所在地 | 築城年 | 主な城主 | 廃城年 | 指定 | 主な遺構 |
|---|---|---|---|---|---|---|---|---|
| 20-01 | 池庄館《いけのしょう》 | | 池庄町 | 中世 | 堤新左衛門 | | | |
| 20-02 | 一色館《いっしき》 | | 中一色町 | 中世 | 六角氏配下津田藤左衛門 | | | |
| 20-03 | 大清水城《おおしゅうず》 | | 大清水町 | 中世 | 長原弥右衛門 | | | 方形単郭 |
| 20-04 | 北菩提寺城《きたぼだいじ》 | | 北菩提寺町 | 中世 | 六角氏配下加藤六左衛門尉 | | | |
| 20-05 | 黒川城《くろかわ》 | | 横溝町（位置不明） | | | | | |
| 20-06 | 小八木館《こやぎ》 | | 小八木町 | 中世 | | | | |
| 20-07 | 下岸本城《しもきしもと》 | 下岸本本城 | 下岸本町 | 中世 | | | | |
| 20-08 | 下里城《しもざと》 | 押立城、後屋敷 | 下里町 | 南北朝 | | | | 石積、曲輪、土塁 |
| 20-09 | 西田城《にしだ》 | | 横溝町（位置不明） | | | | | |
| 20-10 | 花沢城《はなざわ》 | | 南花沢町 | 中世 | 花沢次郎兵衛 | | | |
| 20-11 | 平塚城《ひらつか》 | | 横溝町 | 中世 | | | | |
| 20-12 | 平松城《ひらまつ》 | | 平松町 | 中世 | 織田信長配下日根野織部正、中井氏 | | | |
| 20-13 | 平柳館《ひらやなぎ》 | 平柳城 | 平柳町 | 中世 | 中戸権五郎 | | | |
| 20-14 | 湯屋城《ゆや》 | | 湯屋町（位置不明） | 中世 | 中居新之丞 | | | |
| 20-15 | 横溝館《よこみぞ》 | | 横溝町 | 中世 | | | | |
| 21-01 | 青山城《あおやま》 | | 青山町 | 中世 | 六角氏配下青山氏 | | | 土塁、堀 |
| 21-02 | 井元城《いもと》 | | 井元町 | 16世紀後半 | 織田勢 | | | 土塁、馬出、横堀 |
| 21-03 | 池尻城《いけのしり》 | 池尻館 | 池之尻町 | 中世 | | | | |
| 21-04 | 大萩城《おおはぎ》 | | 百済寺甲町 | 室町 | 村山五郎三郎家政 | | | |
| 21-05 | 小倉城《おぐら》 | | 小倉町 | 14世紀 | 小倉氏 | | | 土塁、堀 |

| 管理番号 | 城名 | 別名 | 所在地 | 築城年 | 主な城主 | 廃城年 | 指定 | 主な遺構 |
|---|---|---|---|---|---|---|---|---|
| 21-06 | 勝鳥城《かつとり》 | | 小倉町 | 室町 | | | | |
| 21-07 | 上岸本城《かみきしもと》 | | 上岸本町 | 中世 | 高岸四郎 | 天正元年 | | |
| 21-08 | 北坂本城《きたさかもと》 | | 百済寺本町 | 室町 | | | | |
| 21-09 | 下山館《しもやま》 | | 百済寺本町 | | | | | |
| 21-10 | 曽根城《そね》 | | 曽根町 | | | | | |
| 21-11 | 中戸城《なかと》 | | 中戸町 | 中世 | | | | |
| 21-12 | 鯰江城《なまずえ》 | | 鯰江町 | 永禄９年 | 六角承禎、鯰江氏 | 天正元年 | | 土塁、堀、井戸 |
| 21-13 | 百済寺城《ひゃくさいじ》 | | 百済寺本町 | 中世 | | | 国指 | 横堀、曲輪、土塁 |
| 21-14 | 平尾城《ひらお》 | 平尾館 | 平尾町 | 中世 | | | | |
| 21-15 | 村山城《むらやま》 | 村山館 | 百済寺甲町（位置不明） | | | | | |
| 21-16 | 森村城《もりむら》 | | 鯰江町 | | 森氏 | | | 土塁、曲輪、堀 |
| 21-17 | 山口城《やまぐち》 | 外村城 | 愛東外町 | 中世 | | | | 堀切、土塁、石垣 |
| 22-01 | 相谷城山城《あいだにしろやま》 | 小倉氏城、<br>鶴尾山城 | 永源寺相谷町 | 元亀年間 | 小倉一族 | | | 掻揚げ土塁・郭、掻揚げ城道、櫓台、<br>武者隠し |
| 22-02 | 相谷万灯山城《あいだにまんとうやま》 | | 永源寺相谷町 | 室町 | | | | |
| 22-03 | 飯高山上寺陣所《いだかやまかみてら》 | | 永源寺高野町か（位置不明） | | | | | |
| 22-04 | 一色城《いっしき》 | | 一式町 | 弥生 | 一色氏、松井石見守 | 室町 | | |
| 22-05 | 石谷城《いしたに》 | | 石谷町 | 室町 | 倉垣氏 | 戦国 | | |
| 22-06 | 市原野城《いちはらの》 | 野村館、<br>市原野館 | 市原野町 | 室町 | 野村氏 | | | 土塁、井戸、表門 |
| 22-07 | 黄和田城《きわだ》 | 黄檗城 | 黄和田町 字城ノ越 | 15世紀 | 京極氏 | | | 曲輪 |
| 22-08 | 久居瀬城《くいぜ》 | 九居瀬城 | 久居瀬町（城山上） | 永禄７年 | 小倉氏 | | | 石垣、土塁、曲輪、堀 |

# 信長最期の陰謀

天正10年6月2日早朝、明智光秀は1万3千人軍勢で織田信長が滞在している本能寺を取り囲み、謀叛を起こす「本能寺の変」勃発が起こった。

織田信長は槍を振るって闘うが、傷を受け奥に進み紅蓮の炎とともにその49年の生涯を終えた。

因みに信貴山城で松永弾正が爆死、また家臣柴田勝家がお市の方と北庄城で爆死しているので、信長も本能寺に持ち込んだ火薬に火を付けて爆死したのではないだろうか。

さて信長は死の直前に女達に本能寺から立ち出るように命じた。そしてその女達の中の一人に明智光秀への対抗策（最後の陰謀）を授けたのではないか？　その女の名前はお鍋の方。

お鍋の方は素早く本能寺を立ち出でると京都所司代村井貞勝の元へ行き明智光秀謀叛を伝え、馬を借り妙覚寺に宿泊している長男織田信忠へも伝える。

そこから信長最期の陰謀に従って近江瀬田城の山岡景

本能寺趾

隆の元に向かい、至急瀬田の唐橋を落とすよう伝える。この瀬田の唐橋は古代からある位置から現在位置に信長が掛け替えさせたのである。つまり信長がその戦略重要性を知っている橋である。

次にお鍋の方は安土城へ向かい、城代蒲生賢秀に対して奥方濃姫や側室が明智軍に人質に取られないよう伝える。

さらにお鍋の方は岐阜と尾張に向かい、織田信忠残留軍に速やかに明智軍へ対抗するよう命じる。その時に岐阜崇福寺に信長の何かを渡し、菩提を弔うよう願う。

最後にお鍋の方は伊勢に向かい、次男織田信雄に明智光秀が安土城を籠城に使わないようにと、燃やすよう命じる。その後お鍋の方は織田信雄と共に安土に戻り、日野城に奥方や側室とともに逃れた蒲生賢秀に合流した。

実際にはお鍋の方が崇福寺へ織田信長・信忠父子菩提の廟所を作るよう依頼しただけであるが、次の点があげられる。

1．瀬田の唐橋を落とした山岡景隆も安土城城代蒲生賢秀もお鍋の方も同じ甲賀出身で顔見知りであった。

2．お鍋の方は本能寺の変の４日後に崇福寺に現れ、織田信長・信忠父子菩提を依頼している。異常な早さで、もしかすると甲賀忍者かもしれない（信長の忍者）？忍者でなくても乗馬技術はあったはずである。

3．織田信長様も羽柴秀吉が中国大返しで戻ってくるとは思ってもいなかっただろうが、瀬田の唐橋を落とし明智軍進行を遅らせるとともに、四国征討のため大坂にいる織田信孝・丹羽長秀軍と伊勢の織田信雄軍＆岐阜・尾張残存軍で挟み撃ち対抗することを考えたのではないか？

それにしてもお鍋の方が蒲生賢秀を初め様々な人に明智光秀謀叛、織田信長自害を信じさせたのはなぜだろう？　それは崇福寺に眠る織田信長・信忠廟所の中にあるかもしれない。

最後に著作権の関係で使えないが本当は“最後の陰謀”ではなく“野望”を使いたかった。

崇福寺織田信長廟

瀬田の唐橋

日野城

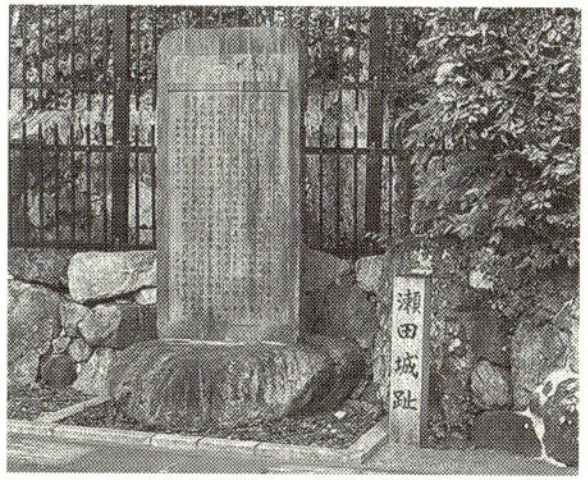

瀬田城

| 管理番号 | 城名 | 別名 | 所在地 | 築城年 | 主な城主 | 廃城年 | 指定 | 主な遺構 |
|---|---|---|---|---|---|---|---|---|
| 22-09 | 甲津畑城《こうづはた》 | | 甲津畑町 | 永仁２年 | 速水氏 | | | |
| 22-10 | 甲津畑陣所《こうづはた》 | | 甲津畑町（位置不明） | | | | | |
| 22-11 | 佐目館《さめ》 | | 佐目町（位置不明） | | | | | |
| 22-12 | 高野城《たかの》 | 高野館、お鍋の方屋敷 | 永源寺高野町字中出 | 16世紀末以降 | 小倉氏、お鍋の方、織田信吉 | | | 石垣、桝形虎口、土塁、堀、井戸 |
| 22-13 | 殿屋敷城《とのやしき》 | 鍛冶屋村下司殿屋敷 | 高木町、上二俣町 | 平安 | 土肥氏 | 室町 | | |
| 22-14 | 蛭谷館《ひるだに》 | | 蛭谷町（位置不明） | | | | | |
| 22-15 | 箕川館《みのかわ》 | | 箕川町（位置不明） | | | | | |
| 22-16 | 八尾城《やお》 | | 山上町 | 室町 | 小倉一族 | | | |
| 22-17 | 山上城《やまかみ》 | | 山上町（安養寺） | 室町 | 小倉右近太夫 | | | 石垣、堀 |
| 22-18 | 山田城《やまだ》 | | 山上字山田 | 室町 | 小倉右京亮良秀 | | | |
| 22-19 | 杠葉尾城《ゆずりお》 | | 杠葉尾町（位置不明） | | | | | |
| 22-20 | 和南城《わなみ》 | | 和南町・昭山 | 14世紀 | 小倉三河守、和南氏 | | | 曲輪、土塁、堀切、石垣 |
| E07 | 山上陣屋《やまかみ》 | 稲垣陣屋 | 山上町 | 元禄11年 | 安藤家、稲垣家 | 明治４年 | | |

鯰江城〈21-12〉

百済寺山門〈21-13〉

高野城登城口〈22-12〉

お鍋の方屋敷

## 東近江市 2 旧能登川町〈23〉 旧五個荘町〈24〉

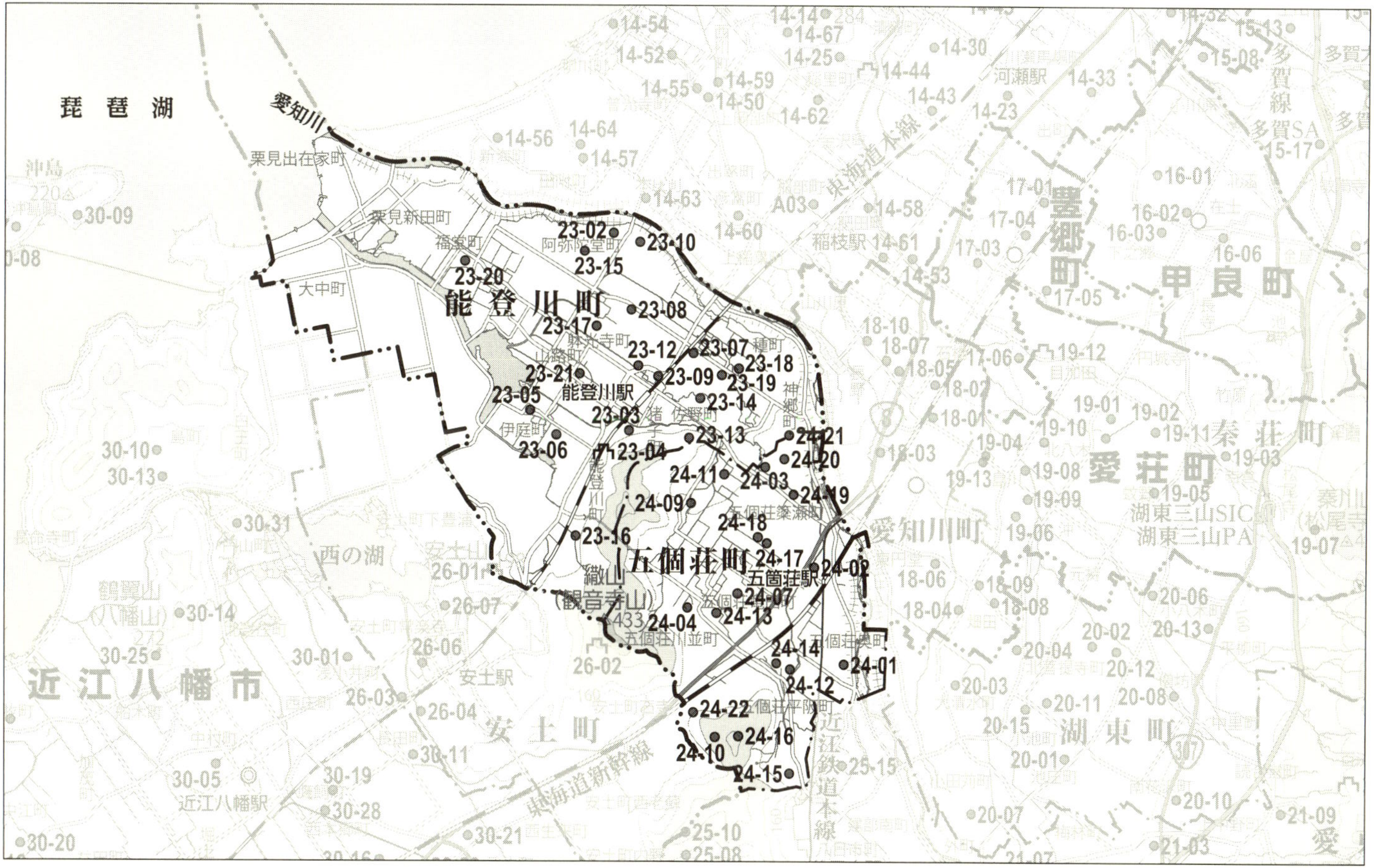

| 管理番号 | 城名 | 別名 | 所在地 | 築城年 | 主な城主 | 廃城年 | 指定 | 主な遺構 |
|---|---|---|---|---|---|---|---|---|
| 23-01 | 安土城《あづち》 | | 南須田町・きぬがさ町、近江八幡市安土町下豊浦〈26-01〉参照 | | | | | |
| 23-02 | 阿弥陀堂城《あみだどう》 | | 阿弥陀堂町 | | 妙貫院 | | | |
| 23-03 | 猪子館《いのこ》 | | 猪子町 | | 猪子氏 | | | |
| 23-04 | 伊庭御殿《いばごてん》 | 伊庭御茶屋 | 能登川町 | 江戸 | 徳川将軍が上洛時に利用した宿泊・休憩所 | | 国指 | 単郭、石垣、井戸、根石群、石仏、石列 |
| 23-05 | 伊庭城《いば》 | | 伊庭町字西殿 | 中世 | 伊庭氏 | | | 堀 |
| 23-06 | 伊庭古城《いばこ》 | 伊庭陣屋 | 伊庭町字西殿 | 中世 | | | | |
| 23-07 | 今村城《いまむら》 | | 今町 | | 上村藤十郎 | | | |
| 23-08 | 小川城《おがわ》 | | 小川町 | 室町 | 小川孫一郎 | 元亀元年 | | |
| 23-09 | 垣見城《かきみ》 | | 垣見町 | 元亀年間 | 日野興敬寺永田栄俊 | | | 堀 |
| 23-10 | 川南城《かわみなみ》 | | 川南町 | 中世 | 高橋対馬守 | | | |
| 23-12 | 国領城《こくりょう》 | | 射光寺町字国領 | | 天武天皇の孫河内王 | | | |
| 23-13 | 佐生城《さそ》 | 佐野山城、佐生日吉城 | 佐生町・佐野町・五個荘日吉町 | 室町 | 後藤但馬守 | 永禄11年 | | 曲輪、石垣、土塁、竪堀、櫓台、堀切 |
| 23-14 | 佐野館《さの》 | | 佐野町 | | | | | |
| 23-15 | 新村城《しむら》 | 志村城 | 新宮町 | 中世 | 新村資則 | | | |
| 23-16 | 須田館《すだ》 | 須田北殿 | 北須田町 | | | | | |
| 23-17 | 躰光寺館《たいこうじ》 | | 躰光寺町 | | | | | |
| 23-18 | 種村城《たねむら》 | | 種町 | 中世 | 六角久頼の三男高成が種村氏を称して在城 | | | 堀 |
| 23-19 | 八仏手城《やぶつで》 | | 種町 | | 種村三河守 | 永禄５年 | | |
| 23-20 | 福堂館《ふくどう》 | | 福堂町 | | | | | |

| 管理番号 | 城名 | 別名 | 所在地 | 築城年 | 主な城主 | 廃城年 | 指定 | 主な遺構 |
|---|---|---|---|---|---|---|---|---|
| 23-21 | 山《やま》路《じ》城 | | 山路町 | 室町 | 山路平兵衛 | | | |
| 24-01 | 奥村《おくむら》館 | | 五個荘奥町 | 中世 | | | | |
| 24-02 | 小《お》幡《ばた》館 | | 五個荘小幡町 | | | | | |
| 24-03 | 河《か》曲《まがり》館 | | 五個荘河曲町 | 中世 | 能書家・河曲直岐守 | | | |
| 24-04 | 川並《かわなみ》館 | | 五個荘川並町 | 中世 | 高橋対馬守 | | | |
| 24-05 | 川副《かわぞえ》館 | | 宮荘町（位置不明） | | | | | |
| 24-06 | 観音《かんのん》寺《じ》城 | 佐々木城 | 五個荘川並町、近江八幡市安土町石寺〈26-02〉参照 | | | | | |
| 24-07 | 金堂《こんどう》城 | | 五個荘金堂町 | 元禄６年 | 松波勘十郎 | 明治５年 | | 門 |
| 24-09 | 七《しち》里《り》館 | | 五個荘七里町 | 中世 | | | | |
| 24-10 | 清《し》水《みず》城 | | 五個荘清水鼻町 | 中世 | 六角政堯 | 文明３年 | | |
| 24-11 | 下《しも》日《ひ》吉《よし》城 | | 五個荘日吉町 | 中世 | | | | |
| 24-12 | 建《たて》部《べ》城 | 五個荘建部城 | 五個荘木流町 | 中世 | 能書家建部伝内の一族 | | | |
| 24-13 | 塚本《つかもと》館 | | 五個荘塚本町 | 中世 | | | | |
| 24-14 | 花川《はなかわ》館 | 飛屋敷城 | 五個荘新堂町 | | | | | |
| 24-15 | 堀《ほり》之《の》内《うち》城 | | 五個荘伊野部町字堀ノ内 | 中世 | | | | |
| 24-16 | 箕《み》作山《つくりやま》城 | 清水山城、<br>箕作城、清水城 | 五個荘山本町・五個荘伊野部町 | 文明３年 | 六角政堯、建部秀明 | 永禄11年 | | 曲輪、土塁、石垣 |
| 24-17 | 宮荘《みやしょう》清水《しず》ケ井《い》城 | 辻氏館 | 宮荘町 | 鎌倉 | 辻伊賀守 | 江戸 | | |
| 24-18 | 宮荘殿《みやしょうとの》屋敷《やしき》城 | | 宮荘町 | 奈良 | 宇野因幡守・辻伊賀守・<br>川副兵庫助 | 室町 | | |
| 24-19 | 簗《やな》瀬《ぜ》城 | 若槻城 | 五個荘簗瀬町 | 中世 | 簗瀬美作守 | | | |

# 観音寺城

〈26-02〉

繖山は観音寺山とも言われ、聖徳太子創建と伝えられる古刹観音正寺があります。ところが、この山には近江国守護佐々木六角氏によって築かれた観音寺城跡もあります。

築城の年代は明らかではありませんが、一時的な城郭としての利用から次第に整備されたのは氏頼の頃からと考えられています。そして戦国時代後半に寺は山麓に移転、参拝も禁止となり、六角氏の居住施設が整いました。

観音寺城の特徴のひとつは安土城以前に大石垣が築かれていた事です。またそれらの石垣には矢穴技法もみられます。なお弘治２年(1556)には石垣普請は金剛輪寺の西座に命じられています。

観音正寺本堂

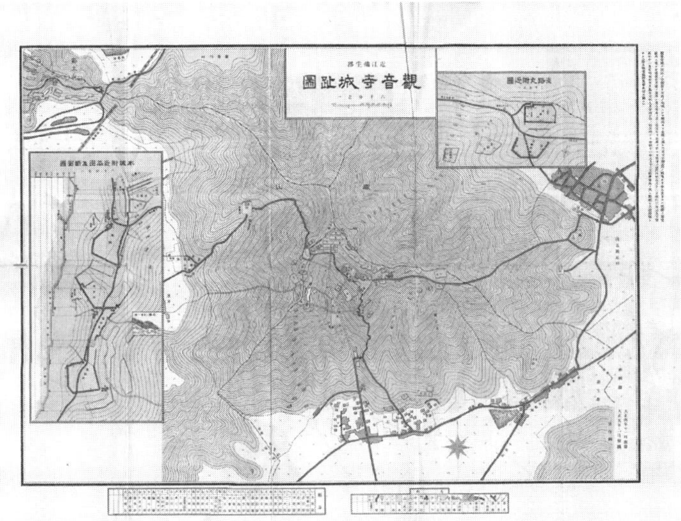

「観音寺城趾図／近江蒲生郡古城趾図」（滋賀県立図書館所蔵）

観音正寺石碑

観音寺城石垣

観音寺城落合丸

| 管理番号 | 城名 | 別名 | 所在地 | 築城年 | 主な城主 | 廃城年 | 指定 | 主な遺構 |
|---|---|---|---|---|---|---|---|---|
| 24-20 | 和田館《わだ》 | | 五個荘和田町 | 中世 | | | | |
| 24-21 | 和田山城《わだやま》 | | 五個荘和田町・神郷町 | 16世紀前葉 | 六角氏配下和田嘉助・新助、田中氏 | 永禄11年 | | 曲輪、土塁、竪堀、虎口、櫓台 |
| 24-22 | 箕作館《みつくり》 | | 五個荘清水鼻町、近江八幡市石寺 | | | | | |
| E06 | 金堂陣屋《こんどう》 | | 五個荘金堂 | 貞享2年 | 本多忠平、柳沢氏 | | | 移築門 |

伊庭御殿〈23-04〉

佐生城登城口〈23-13〉

奥田館〈25-07〉

箕作山全景〈24-16〉

和田山城〈24-21〉

後藤館〈25-13〉

# 東近江市 3 旧八日市市〈25〉 旧蒲生町〈28〉

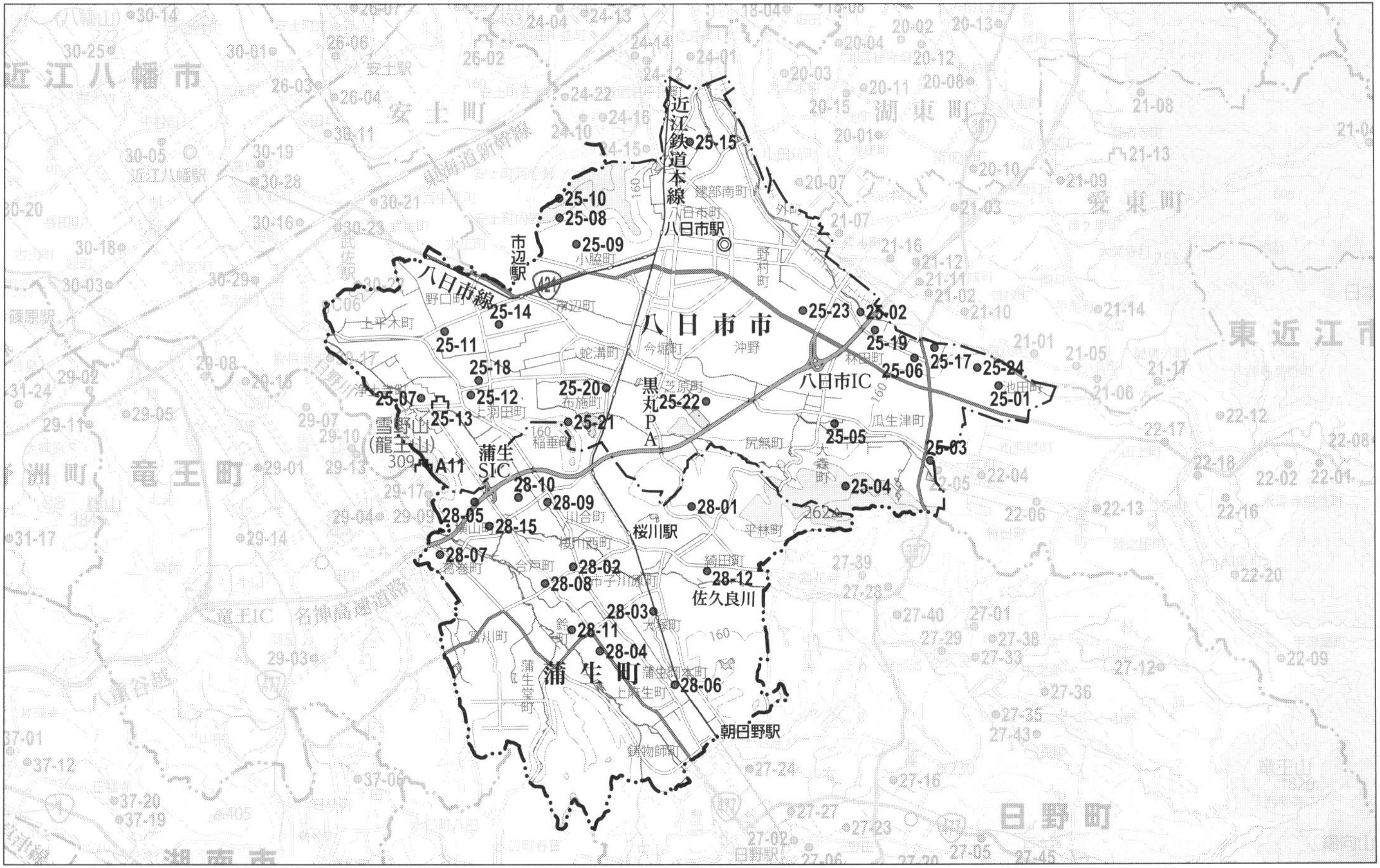

| 管理番号 | 城名 | 別名 | 所在地 | 築城年 | 主な城主 | 廃城年 | 指定 | 主な遺構 |
|---|---|---|---|---|---|---|---|---|
| 25-01 | 池《いけ》田《だ》城 | | 池田町 | 建武新政期 | 池田氏 | | | |
| 25-02 | 上村《うえむら》館 | | 五智町 | 中世 | | | | |
| 25-03 | 瓜《うり》生《う》津《づ》城 | 瓜生城 | 瓜生津町 | | 布施氏、下野那須氏 | | | |
| 25-04 | 大森《おおもり》城 | 上大森城 | 大森町 | 16世紀前葉 | 布施氏 | | | 土塁・曲輪、虎口、堀、井戸 |
| 25-05 | 大森《おおもり》陣屋 | 最上氏陣屋 | 大森町 | 寛永８年 | 旗本最上氏 | 慶応４年 | | 溝、焼土坑 |
| 25-06 | 岡《おか》田《だ》館 | | 岡田町 | | | | | |
| 25-07 | 奥《おく》田《だ》館 | | 中羽田町 | 中世 | | | | |
| 25-08 | 小《お》脇《わき》城 | | 小脇町 | 鎌倉 | 三井氏 | | | 土塁、竪堀、曲輪、井戸 |
| 25-09 | 小《お》脇《わき》館 | 六角氏屋敷、脇館遺跡 | 小脇町 | 13世紀 | 佐々木氏 | 15世紀 | | 堀跡 |
| 25-10 | 小《お》脇山《わきやま》城 | | 小脇町 | 鎌倉 | 三井氏 | | | 石垣、曲輪、土塁、竪堀 |
| 25-11 | 柏《かしわ》木《ぎ》城 | | 柏木町 | | 柏木氏 | | | |
| 25-12 | 上羽《かみはね》田《だ》館 | 上羽田陣屋 | 上羽田町 | 正保年間 | 仙台藩伊達氏陣屋 | | | |
| 25-13 | 後《ご》藤《とう》館 | 後藤氏館、羽田城 | 中羽田町 | 13世紀初頭 | 六角氏配下後藤氏 | 16世紀後半 | 県指 | 堀、土塁、井戸、虎口 |
| 25-14 | 狛《こま》氏《し》館 | | 三津屋町 | 中世 | 六角氏配下狛氏 | | | |
| 25-15 | 建《たて》部《べ》城 | 八日市建部城 | 建部上中町 | | | | | |
| 25-16 | 瓶割山《かめわりやま》城 | 長光寺城 | 上平木町、近江八幡市長光寺町・長福寺町〈30-22〉参照 | | | | | |
| 25-17 | 寺町《てらまち》館 | | 寺町 | 中世 | | | | |
| 25-18 | 徳昌《とくしょう》寺《じ》遺跡 | | 上羽田町 | 中世 | | | | 土塁、堀 |
| 25-19 | 林《はやし》田《だ》館 | | 林田町 | 中世 | | | | |
| 25-20 | 布《ふ》施《せ》館 | | 布施町 | 中世 | 布施氏 | | | |

| 管理番号 | 城名 | 別名 | 所在地 | 築城年 | 主な城主 | 廃城年 | 指定 | 主な遺構 |
|---|---|---|---|---|---|---|---|---|
| 25-21 | 布施山城《ふせやま》 | 布施城 | 布勢町・市辺町、蒲生町稲垂 | 16世紀前葉 | 布施氏 | 永禄11年 | | 石積、土塁、曲輪、畝状空堀群、竪堀、虎口 |
| 25-22 | 南城《みなみ》 | 柴原屋敷 | 柴原南町 | 中世 | 柴原次郎 | | | |
| 25-23 | 妙法寺館《みょうほうじ》 | | 妙法寺町 | 中世 | | | | |
| 25-24 | 安村館《やすむら》 | | 今代町 | | 安村盛清 | 天文頃 | | |
| A11 | 雪野山古墳《ゆきのやま》 | 後藤氏館詰城、雪野山城 | 上羽田町 | | 六角氏配下後藤氏 | | 国指 | 石垣、曲輪、石積 |
| 28-01 | 石塔後谷城《いしどううしろたに》 | 越前城、城前城 | 石塔町 | 室町 | 金井丹波守 | | | 土塁、曲輪、櫓台、竪堀、切岸、箱掘、堀切 |
| 28-02 | 市子殿城《いちことの》 | 市子城 | 市子殿町 | | | | | 土塁状の高まり |
| 28-03 | 大塚城《おおつか》 | | 大塚町 | 15世紀 | 大塚氏 | 16世紀 | | 堀、土塁 |
| 28-04 | 大森館《おおもり》 | | 蒲生大森町 | 室町 | | | | |
| 28-05 | 岡崎鼻城《おかざきはな》 | | 横山町 | 中世 | | | | 古墳、曲輪、土塁、竪堀 |
| 28-06 | 岡本城《おかもと》 | | 蒲生岡本町 | | | | | 櫓台 |
| 28-07 | 葛巻城《かずらまき》 | 葛巻隼人邸跡 | 葛巻町 | 室町 | 吉田氏一族葛巻氏 | | | |
| 28-08 | 上南城《かみな》 | 上南館 | 上南町 | 戦国 | 安部井氏 | | | 方形畑地（曲輪） |
| 28-09 | 川合城《かわい》 | 河合城、河井城 | 川合町 | 室町 | 木村源三刑部丞（佐々木成綱）、河合氏 | | | 方形居館 |
| 28-10 | 木村城《きむら》 | | 木村町 | 中世 | | | | |
| 28-11 | 鈴村城《すずむら》 | 鈴村館 | 鈴町 | | 鈴村主馬介 | | | |
| 28-12 | 寺村城《てらむら》 | 寺村館 | 蒲生寺町 | 室町 | 寺村氏 | | | 土塁等 |
| 28-13 | 野寺城《のでら》 | | 横山町、竜王町川守〈29-09〉参照 | | | | | |
| 28-15 | 横山館《よこやま》 | | 横山町 | | 六角氏配下横山氏 | | | |

# 日野町〈27〉

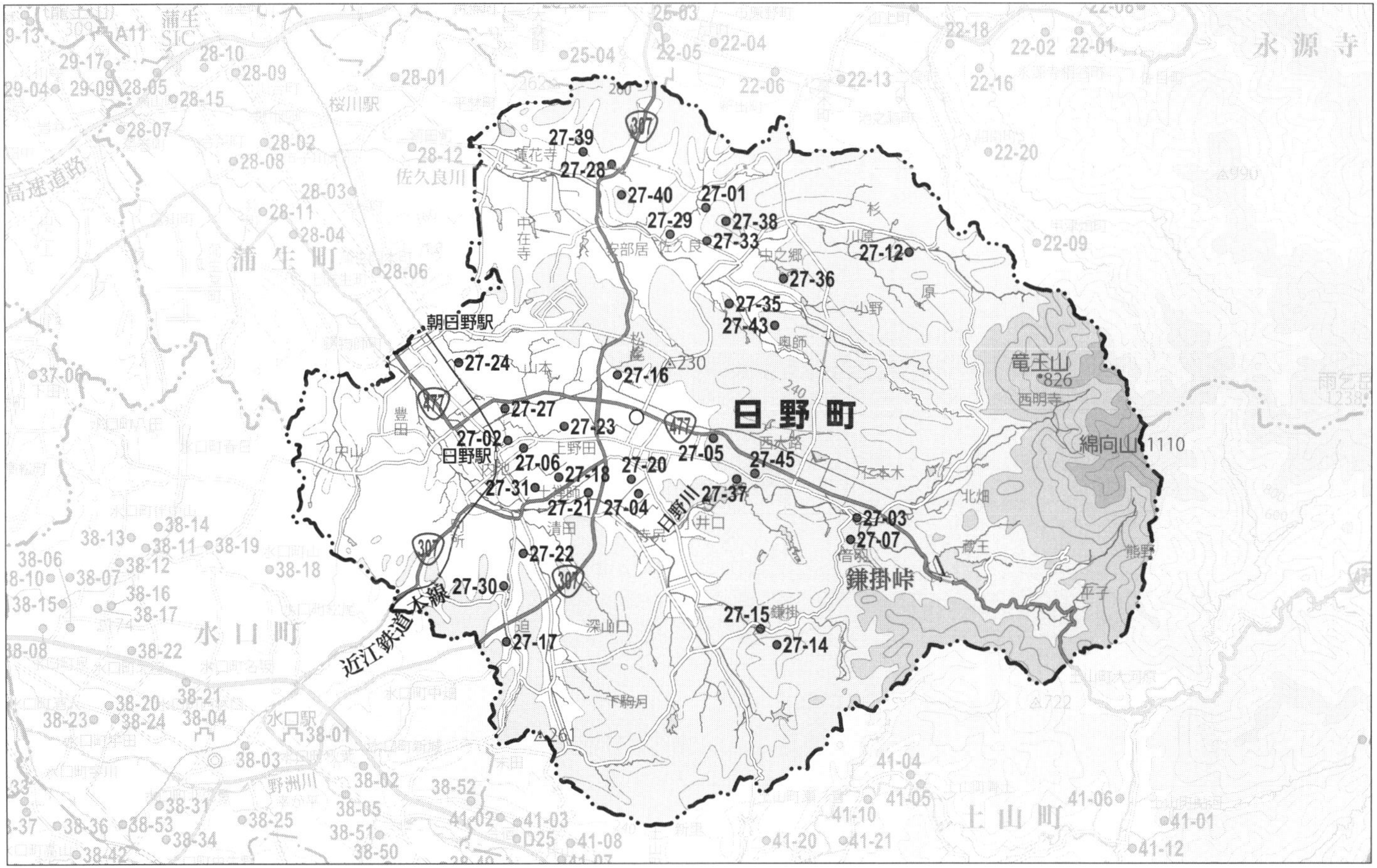

日野町
27-01
27-02
27-03
27-04
27-05
27-06
27-07
27-12
27-14
27-15
27-16
27-17
27-18
27-20
27-21
27-22
27-23
27-24
27-27
27-28
27-29
27-30
27-31
27-33
27-35
27-36
27-37
27-38
27-39
27-40
27-43
27-45
朝日野駅
日野駅
日野川
近江鉄道本線
竜王山
826
綿向山
1110
鎌掛峠
蒲生町
水口町
土山町
永源寺

| 管理番号 | 城名 | 別名 | 所在地 | 築城年 | 主な城主 | 廃城年 | 指定 | 主な遺構 |
| --- | --- | --- | --- | --- | --- | --- | --- | --- |
| 27-01 | 池殿《いけどの》屋敷 | | 奥之池 | | 池氏 | | | |
| 27-02 | 内池《うちいけ》城 | 内池館 | 内池 | | | | | |
| 27-03 | 雲迎寺《うんこうじ》遺跡 | | 音羽 | | | | | 土塁、堀 |
| 27-04 | 小《お》井《い》口《ぐち》城 | 原城、原氏館 | 小井口字天王山 | | 原氏 | | | |
| 27-05 | 太田《おおた》氏館 | 太田氏城 | 村井 | 室町 | 大田氏 | 大永元年 | | |
| 27-06 | 大平《おおひら》氏《し》館 | 大平館 | 内池 | | | | | |
| 27-07 | 音羽《おとわ》城 | 日野城、智閑城 | 音羽 | 応仁・文明年間 | 蒲生氏 | 大永３年 | | 曲輪、土塁、堀切、井戸 |
| 27-08 | 音羽《おとわ》城南付《じょうみなみつけ》城 | | 音羽 | | | | | |
| 27-09 | 音羽《おとわ》城瓢箪溜《じょうひょうたんだめ》側付城 | | 音羽 | | | | | 土塁、土橋、櫓か |
| 27-10 | 音羽《おとわ》城日渓溜《じょうにっけいだめ》南側付城 | | 音羽 | | | | | 段状の削平地 |
| 27-11 | 音羽《おとわ》城東側《じょうひがしがわ》(六角方)付城 | 陣城砦 | 音羽 | 大永３年 | | | | 土塁 |
| 27-12 | 園《おん》城 | | 川原字庵用津 | 戦国 | 園城式部大輔 | | | 曲輪、土塁、空堀、堀切、土橋、井戸、馬出虎口 |
| 27-13 | 遠《おん》城 | | 杣(詳細不明) | | 園城氏 | | | |
| 27-14 | 鎌掛《かいがけ》城 | 貝招城、貝掛城 | 鎌掛 | 大永３年 | 蒲生氏 | 文禄２年 | | 曲輪、土塁、堀切、井戸、石積 |
| 27-15 | 鎌掛山《かいがけやま》屋敷 | 鎌掛長野館、鎌掛古館、山屋敷 | 鎌掛 | 南北朝 | 蒲生賢秀、勝本氏 | | | 曲輪、土塁、堀切、石積 |
| 27-16 | 勝長《かつなが》氏《し》館 | 岡が館 | 松尾字勝長 | | 勝長氏 | | | |
| 27-17 | 上迫《かみはさま》城 | 儀峨氏館、迫城 | 迫 | | 儀俄氏 | | | 土塁、堀切、郭 |

| 管理番号 | 城名 | 別名 | 所在地 | 築城年 | 主な城主 | 廃城年 | 指定 | 主な遺構 |
|---|---|---|---|---|---|---|---|---|
| 27-18 | 蚊屋堂《かやどう》屋敷 | | 十禅師 | | | | | |
| 27-19 | 神戸氏《かんべし》館 | | 西大路（詳細不明） | | 神戸氏 | | | |
| 27-20 | 木津岡山《きづおかやま》城 | 岡屋敷、木津館 | 木津（法興寺） | 中世 | 岡氏 | | | 土塁 |
| 27-21 | 木津森西《きづもりにし》城 | 森西城 | 木津 | 弥生 | | 中世 | | 方形の畑地 |
| 27-22 | 清田《きよた》城 | | 清田 | | | | | 郭、堀切 |
| 27-23 | 上野田《こうずけだ》城 | 上野田氏館 | 上野田 | | 上野田氏 | | | 水路囲いで方1町 |
| 27-24 | 小谷《こだに》城 | | 小谷 | | 蒲生氏、小谷氏 | | | |
| 27-25 | 小谷《こだに》館 | | 小谷（位置不明） | | 蒲生氏一族小谷氏 | | | |
| 27-26 | 駒月《こまづき》館 | 駒月城 | 下駒月（詳細不明） | | 狛月氏 | | | |
| 27-27 | 小御門《こみかど》城 | 檜皮屋御所 | 小御門 | | 護良親王、蒲生氏、結城氏 | | | 土塁、堀 |
| 27-28 | 桜内《さくらうち》城 | 桜内館 | 北脇 | 鎌倉後期 | 室木氏、蒲生秀綱 | | | 土塁、土橋、犬走、武者隠し、竪堀、空堀 |
| 27-29 | 佐久良《さくら》城 | 下の城山 | 佐久良 | 15世紀中葉 | 小倉氏 | 16世紀後半 | | 曲輪、土塁、堀、石積 |
| 27-30 | 下迫《しもはさま》城 | 三木氏城 | 下迫 | | 蒲生氏一族三木氏 | | | |
| 27-31 | 十禅師《じゅうぜんじ》館 | 蚊屋堂屋敷、下司坊、十禅師屋敷 | 十禅師 | | | | | |
| 27-32 | 新野《しんの》砦 | | 松尾（位置不明） | | 蒲生氏郷 | | | |
| 27-33 | 寺倉氏《てらくらし》館 | | 佐久良 | | 寺倉氏 | | | |
| 27-34 | 外池氏《とのいけし》館 | | 内池（詳細不明） | | 外池氏 | | | |
| 27-35 | 鳥居平《とりいひら》城 | | 烏居平 | 永禄年間 | 蒲生氏か小倉氏、寺倉氏 | | | 土塁囲いの郭10数、堀切 |

| 管理番号 | 城名 | 別名 | 所在地 | 築城年 | 主な城主 | 廃城年 | 指定 | 主な遺構 |
|---|---|---|---|---|---|---|---|---|
| 27-36 | 中之郷城《なかのごう》 | 中郷城 | 中之郷 | | 蒲生氏郷か、その配下 | | | |
| 27-37 | 中野城《なかの》 | 日野城、<br>市橋陣屋 | 西大路（丘陵） | 天文３年 | 蒲生賢秀 | 慶長８年 | | 土塁、堀、土橋、曲輪 |
| 27-38 | 長寸城《ながす》 | 上の山城 | 佐久良 | 応仁・<br>文明年間 | 小倉氏 | | | 土塁、空堀、石積 |
| 27-39 | 野矢屋敷《のや》 | | 北脇 | | 野矢氏 | | | 郭、井戸 |
| 27-40 | 丸山城《まるやま》 | 沢山城 | 北脇（丸山上） | | 室木氏 | | | 山頂に平坦地 |
| 27-41 | 対馬土居《つしまどい》 | 馬渡氏館 | 内池（詳細不明） | | 馬渡対馬守為網 | | | |
| 27-42 | 山本館《やまもと》 | | 山本（詳細不明） | | 山本氏 | | | |
| 27-43 | 四ッ谷城《よつや》 | 奥師城 | 中之郷・奥師 | 永禄７年 | 小倉氏 | | | |
| 27-44 | 蒲生館《がもう》 | 蒲生城 | （位置不明） | | | | | |
| 27-45 | 仁正寺《にしょうじ》藩陣屋 | 西大路藩邸 | 西大路 | 元和6年 | 市橋氏 | 明治４年 | | |
| C05 | 興敬寺《こうきょうじ》遺跡 | | 西大路 | 明応2年 | 浄土真宗寺院 | | | 土塁 |

日野町に建つ蒲生氏郷像

日野の町中にある観光案内所

中野城趾石碑〈27-37〉

中野城

興敬寺〈C05〉

# 竜王町〈29〉

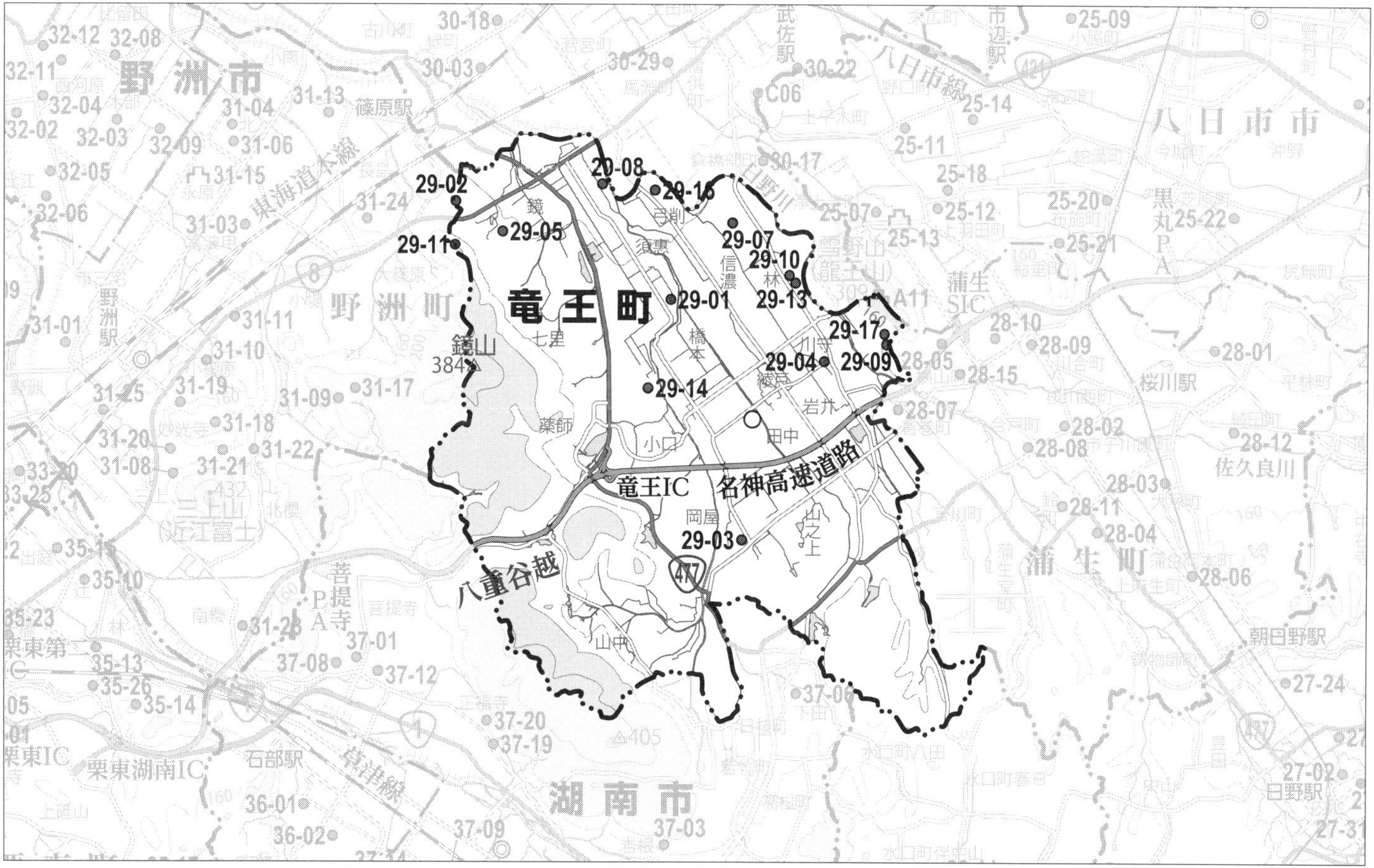
竜王町
29-01
29-02
29-03
29-04
29-05
29-07
29-08
29-09
29-10
29-11
29-13
29-14
29-16
29-17
竜王IC
名神高速道路
八重谷越
鏡山
384
野洲市
野洲町
湖南市
八日市市
蒲生町

| 管理番号 | 城名 | 別名 | 所在地 | 築城年 | 主な城主 | 廃城年 | 指定 | 主な遺構 |
|---|---|---|---|---|---|---|---|---|
| 29-01 | 鵜川館《うかわ》 | | 鵜川 | | 宇川経之介 | | | |
| 29-02 | 浦山遺跡《うらやま》 | | 鏡 | | | | | 土塁 |
| 29-03 | 岡屋城《おかや》 | | 岡屋 | | | | | |
| 29-04 | 川守城《かわもり》 | 吉田屋敷 | 川守 | 戦国 | 弓道の根本流派吉田流の吉田氏 | | | 土塁、堀 |
| 29-05 | 鏡《かがみ》城 | 井上氏館 | 鏡 | | 鏡氏一族井上氏 | | | 土塁、堀、曲輪 |
| 29-06 | 鏡《かがみ》陣所 | | 鏡（位置不明） | 源平争乱期 | | 南北朝 | | |
| 29-07 | 信濃館《しなの》 | | 信濃 | | | | | |
| 29-08 | 西川館《にしかわ》 | | 西川 | | 西川備前守 | | | |
| 29-09 | 野寺城《のでら》 | | 川守、東近江市横山町 | | 吉田氏 | | | |
| 29-10 | 林《はやし》城 | 赤座城、大木城 | 林 | | 赤座隼人 | | | |
| 29-11 | 星ヶ崎《ほしがさき》城 | 鏡山城、星が埼城 | 鏡 | 15世紀末 | 鏡氏、馬渕氏、六角氏 | 16世紀 | | 土塁、曲輪、石垣、竪堀 |
| 29-12 | 丸山城《まるやま》 | | 岡屋（位置不明） | | | | | |
| 29-13 | 村田氏館《むらたし》 | 村田館 | 林 | | 村田氏 | | | |
| 29-14 | 山副氏館《やまぞえし》 | 山副館 | 薬師 | | 山副氏 | | | 堀、土塁 |
| 29-15 | 山之上館《やまのうえ》 | | 山之上（位置不明） | | | | | |
| 29-16 | 弓削城《ゆげ》 | | 弓削 | | | | | 石垣 |
| 29-17 | 竜王山遺跡《りゅうおうやま》 | | 川守 | | | | | |

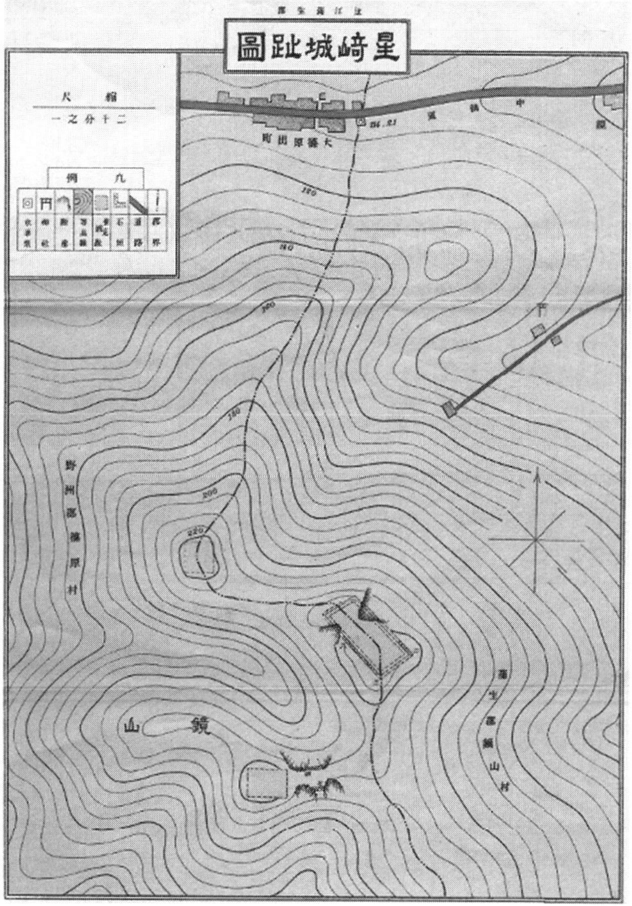


『星ケ崎城趾図／近江蒲生郡古城趾図』（滋賀県立図書館所蔵）

星ケ崎城全景〈29-11〉

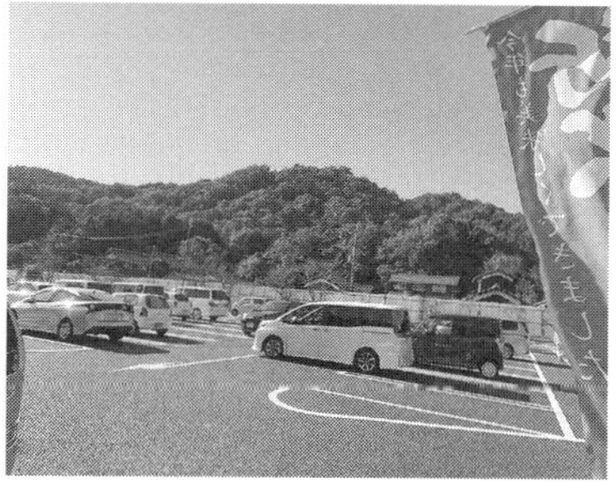

星ケ崎城すぐの道の駅竜王かがみの里

かがみの里周辺マップ

# 近江八幡市　旧安土町〈26〉　旧近江八幡市〈30〉

| 管理番号 | 城名 | 別名等 | 所在地 | 築城年 | 主な城主 | 廃城年 | 指定 | 主な遺構 |
|---|---|---|---|---|---|---|---|---|
| 26-01 | 安土城《あづち》 | | 安土町下豊浦、東近江市南須田町・きぬがさ町 | 天正４年 | 中川重政、織田信長 | 天正10年 | 国特 | 曲輪、枡形虎口、石垣、天主台 |
| 26-02 | 観音寺城《かんのんじ》 | 佐々木城 | 安土町石寺、東近江市五個荘川並町 | 14世紀 | 六角承禎 | 16世紀半ば | 国指 | 曲輪、土塁、虎口、石垣、井戸跡 |
| 26-03 | 香庄城《このしょう》 | 香庄館 | 安土町香庄 | | 香庄氏 | | | 建物跡 |
| 26-04 | 金剛寺城《こんごうでら》 | 金剛寺館 | 安土町慈恩寺 | 文明元年 | 六角氏 | | | 土塁、堀、石垣 |
| 26-05 | 慈恩寺陣所《じおんじ》 | | 安土町慈恩寺 | | | | | |
| 26-06 | 常楽寺城《じょうらくじ》 | 木村城 | 安土町常楽寺 | 中世 | 木村氏 | | | 堀 |
| 26-07 | 平井館《ひらい》 | | 安土町下豊浦 | | 六角氏配下平井氏 | | | |
| 26-08 | 箕作館《みつくり》 | | 安土町石寺、東近江市五個荘清水鼻〈24-22〉参照 | | | | | |
| E11 | 根来陣屋《ねごろ》 | | 東老蘇 | | | | | |

安土城石碑〈26-01〉

ＪＲ安土駅前の織田信長像

安土城遠景

安土城考古博物館

八幡山本丸跡にある村雲御所瑞龍寺〈30-25〉

# 安土城

〈26-1〉

安土城は標高198mの安土山に天正４年（1576）から織田信長が約３年の歳月をかけて完成させた城です。

織田信長が倒れた本能寺の変後、焼失し、石垣だけが残っていますが、信長が移築させた摠見寺の三重塔、二王門は城内に残っています。

安土山の南側には、堀が巡っていて往時の名残を留めています。天主跡と本丸跡には礎石が、また二の丸跡には、豊臣秀吉が建立した織田信長廟が残っています。天主跡から東へ少し下った黒金門跡付近には、壮大な石垣もあります。また、山の中腹には家臣団屋敷跡があり、山の尾根伝いに北へ行くと八角平や薬師平があります。城山の中心部への通路は、南正面から入る大手道のほかに、東門道、百々橋口道、搦手道などがあります。

安土山から西の湖を望む

百々橋から百々橋口道

セミナリヨ趾

| 管理番号 | 城名 | 別名等 | 所在地 | 築城年 | 主な城主 | 廃城年 | 指定 | 主な遺構 |
|---|---|---|---|---|---|---|---|---|
| 30-01 | 浅小井城《あさごい》 | | 浅小井町 | 12世紀 | 池田氏後、浅小井氏、深尾氏 | | | 堀 |
| 30-02 | 足利館《あしかが》 | | 牧町（位置不明） | | | | | |
| 30-03 | 池田館《いけだ》 | | 池田本町 | | | | | |
| 30-05 | 宇津呂館《うつろ》 | | 中村町字大殿 | 弥生 | 宇津呂氏 | 室町 | | |
| 30-06 | 水茎岡山城《すいけいおかやま》 | 水茎館、岡山城 | 牧町 | 永正５年 | 九里氏 | 永正17年 | | 曲輪、土塁、空堀、竪堀、虎口、庭園、石垣 |
| 30-07 | 沖島尾山城《おきしまおやま》 | | 沖島町 | 中世 | | | | 雛壇状の地形が400段以上 |
| 30-08 | 沖島頭山城《おきしまかしらやま》 | | 沖島町 | 中世 | | | | 山頂に主郭、壇状地形140段以上 |
| 30-09 | 沖島坊谷城《おきしまぼうや》 | | 沖島町 | 中世 | | | | 石材散在 |
| 30-10 | 奥島館《おくしま》 | 島城、奥嶋館 | 島町 | 奈良 | 中居氏 | 中世 | | |
| 30-11 | 長田城《おさだ》 | | 長田町 | | 長田氏 | | | |
| 30-12 | 小田城《おだ》 | 高畠氏館 | 小田町 | | 高畠源兵衛 | | | |
| 30-13 | 北津田城《きたつだ》 | 津田城 | 北津田町 | 中世 | | | | |
| 30-14 | 北之庄城《きたのしょう》 | 北ノ庄城 | 北之庄町 | 16世紀 | 六角定頼 | | | 曲輪、土塁、堀切、横堀、虎口 |
| 30-15 | 木村長門守屋敷《きむらながとのかみ》 | | 馬渕町（詳細不明） | | 沙沙貴神社神官木村氏 | | | |
| 30-16 | 久郷屋敷《くごう》 | 伊庭館、久郷城、上田氏館 | 西宿町・上田町 | 中世 | 伊庭氏配下久郷氏 | | | 土塁、堀 |
| 30-17 | 倉橋部城《くらはしべ》 | | 倉橋部町 | | | | | |
| 30-18 | 小森城《こもり》 | 小森館 | 中小森町 | | | | | 土塁、堀 |
| 30-19 | 金剛寺城《こんごうじ》 | 金田館 | 金剛寺町 | 鎌倉 | 六角頼綱 | 文明元年 | | 堀、建物跡 |
| 30-20 | 田中江城《たなかえ》 | | 田中江町 | 文明年間 | 永原氏 | | | |

# 八幡山城

〈30-25〉

八幡山城は豊臣秀吉の甥豊臣秀次が標高271.9mの八幡山山頂に築いた城で、最頂部に本丸、その南東に二の丸、西に西の丸、北に北の丸、南西の尾根上一段低く出丸を配置し、山頂から八の字形に広がる尾根上の小曲輪と、尾根に挟まれた南斜面中腹に秀次館跡と家臣団館跡群と思われる曲輪群が階段状に残っています。

現在、本丸跡には秀次菩提寺の村雲御所瑞龍寺が京都から移築されています。なお秀次館跡からは金箔瓦が多数出土し、とくに秀次の馬印である沢瀉紋《おもだかもん》の飾り瓦が発見されるなど築城当時の豪華さが伺えます。

城下町を巡る八幡堀は一時ドブ川となりましたが、地元の保存再生運動により当時の美しさを取り戻し、堀に沿って白壁の土蔵や旧家が立ち並ぶ風景は時代劇等のロケ地としても知られています。

『八幡山城趾図／近江蒲生郡古城趾図』
（滋賀県立図書館所蔵）

八幡堀

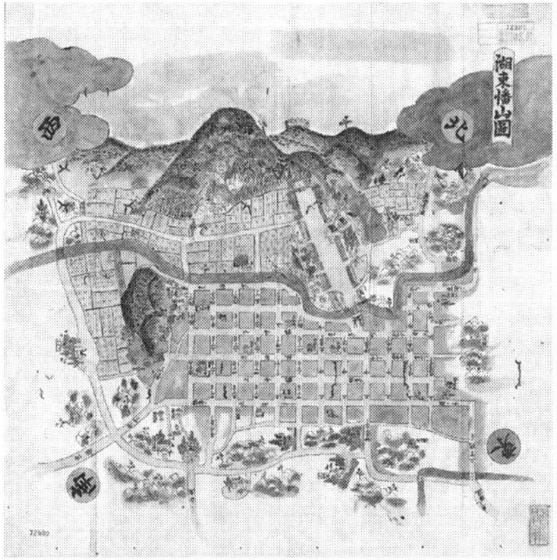

『江州八幡町絵図』（滋賀県立図書館所蔵）

八幡山城石垣

| 管理番号 | 城名 | 別名等 | 所在地 | 築城年 | 主な城主 | 廃城年 | 指定 | 主な遺構 |
|---|---|---|---|---|---|---|---|---|
| 30-21 | 谷氏《たにし》館 | 友定城 | 友定町 | 中世 | 谷氏 | | | |
| 30-22 | 瓶割山《かめわりやま》城 | 長光寺城 | 長光寺町・長福寺町、東近江市上平木町 | 15世紀 | 柴田勝家 | 天正４年 | | 曲輪、土塁、竪堀、石垣、井戸 |
| 30-23 | 西宿《にしじゅく》城 | | 西宿町 | | | | | 土塁、堀、複数居館か |
| 30-24 | 野村《のむら》城 | | 野村町 | 中世 | | | | |
| 30-25 | 八幡山《はちまんやま》城 | 八幡城 | 宮内町・南津田町・船木町・多賀町・鉄砲北之庄町 | 天正13年 | 豊臣秀次 | 文禄４年 | | 曲輪、堀、堀切、虎口、石垣、切岸、礎石 |
| 30-26 | 舟木《ふなき》城 | 船木城 | 船木町（位置不明） | | 舟木氏 | | | |
| 30-27 | 舟木《ふなき》陣所 | 船木陣所 | （位置不明） | | | | | |
| 30-28 | 本郷《ほんごう》城 | 九里城 | 金剛寺町 | | 久里氏 | | | |
| 30-29 | 馬渕《まぶち》城 | | 馬渕町 | 13世紀 | 馬渕氏 | 16世紀 | | |
| 30-30 | 牧村《まきむら》城 | | 牧町 | 弥生 | | 中世 | | |
| 30-31 | 円山《まるやま》城 | | 円山町 | 室町 | 六角氏一族西条氏 | | | |
| C06 | 長福寺《ちょうふくじ》城 | 落合城 | 長福寺町・馬渕町・千僧供町 | 室町期 | | | | 曲輪、竪堀、土塁、堀切、石垣 |
| E09 | 朽木《くつき》陣屋 | | 北之庄町 | 天保２年 | 朽木氏 | | | |

水茎岡山城〈30-06〉

北之庄城登城口は神社裏手〈30-14〉

瓶割山城説明板〈30-22〉

八幡堀の荷揚場

# 野洲市　旧野洲町〈31〉 旧中主町〈32〉

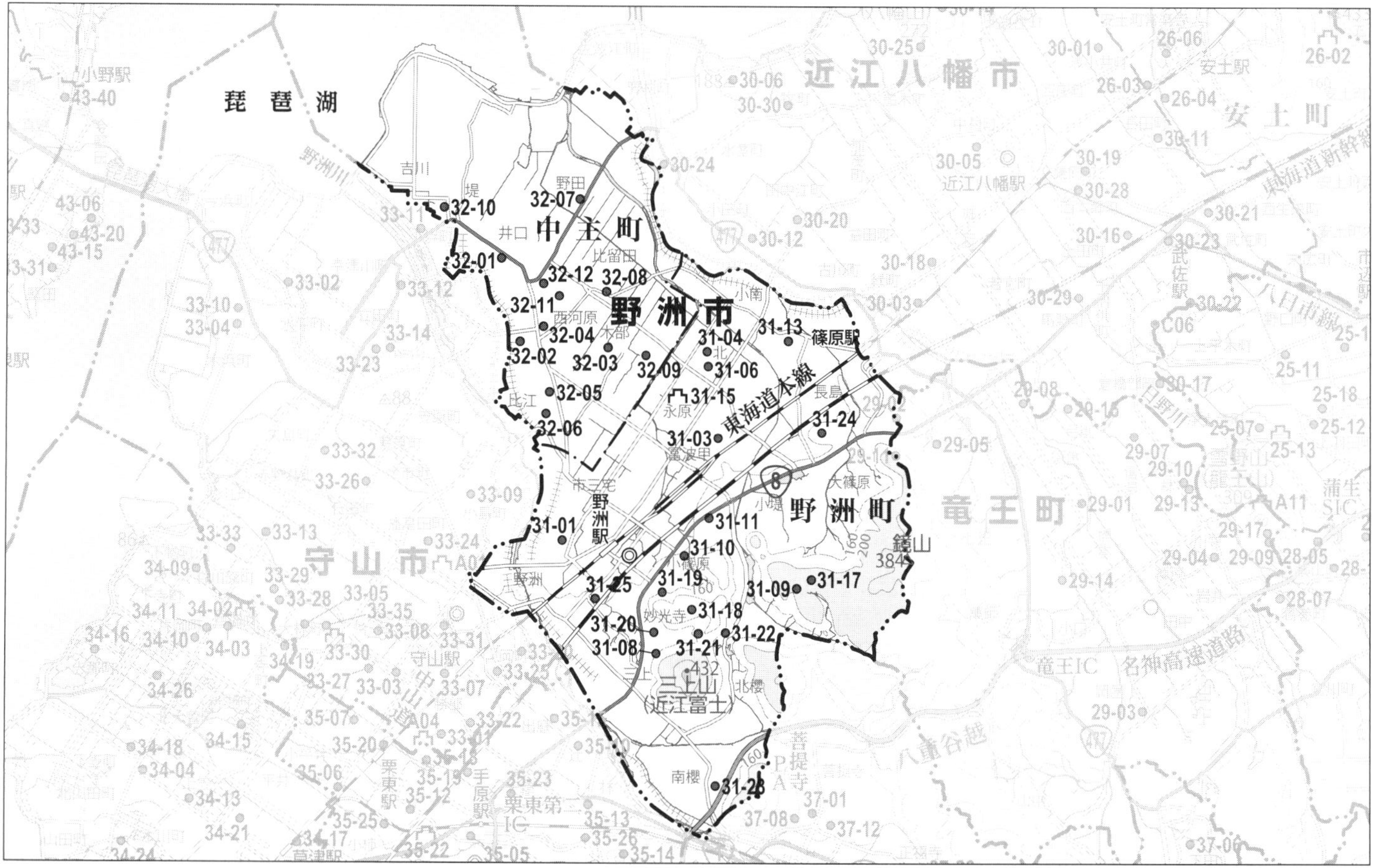

| 管理番号 | 城名 | 別名 | 所在地 | 築城年 | 主な城主 | 廃城年 | 指定 | 主な遺構 |
|---|---|---|---|---|---|---|---|---|
| 31-01 | 市三宅城《いちみやけ》 | | 市三宅 | 戦国 | 永原氏 | | | 土塁、堀 |
| 31-02 | 江部城《えべ》 | | 江部 | | 江部氏 | | | |
| 31-03 | 上永原城《かみながはら》 | 上永原遺跡、上永原城遺跡 | 永原 | 応永年間 | 六角氏配下永原氏の後、佐久間盛信 | | | 石組井戸、石組土坑、礎石建物跡、石垣 |
| 31-04 | 北村城《きたむら》 | 木村館 | 北 | 室町 | 木村氏 | | | 堀、土塁 |
| 31-05 | 大清水城《おおしみず》 | | 江部 | | | | | |
| 31-06 | 北村氏館《きたむらし》 | | 北 | | 北村氏 | | | |
| 31-07 | 小篠原館《こしのはら》 | | 小篠原 | | | | | |
| 31-08 | 小清水城《こしみず》 | | 妙光寺 | | | | | 土塁 |
| 31-09 | 小堤城山城《こづつみしろやま》 | 小堤城、小堤山城 | 小堤・大篠原 | 文明年間 | 永原氏、六角氏 | 16世紀中葉 | | 石垣、曲輪、堀切、虎口、土塁 |
| 31-10 | 桜生城《さくらばさま》 | | 小篠原 | 永禄年間 | 沢氏 | 文禄２年 | | 土塁、堀 |
| 31-11 | 桜生城出城《さくらばさまで》 | 桜生山城 | 小篠原 | | 沢氏 | | | |
| 31-12 | 篠原陣所《しのはら》 | | 小篠原 | 建武３年 | 小笠原貞宗、京極道誉、上杉憲実 | | | |
| 31-13 | 高木館《たかぎ》 | | 高木 | 室町 | | | | 土塁、堀 |
| 31-14 | 富波城《とば》 | | 富波 | | 山内氏 | | | |
| 31-15 | 永原御殿《ながはらごてん》 | | 永原字馬場ノ内 | 慶長６年 | 徳川将軍休憩宿泊用城館 | 貞享３年 | 国指 | 土塁、石垣、門 |
| 31-17 | 古城山城《こじょうやま》 | 岩倉城、弥勒寺城 | 大篠原 | 正安２年 | 六角氏配下馬渕氏 | 元亀元年 | | 石垣、土塁、曲輪、堀 |
| 31-18 | 三上城《みかみ》 | 妙光寺山城 | 妙光寺 | 永享年間 | 三上氏 | | | 曲輪 |
| 31-19 | 三上城出城《みかみじょうで》 | | 小篠原 | 中世 | | | | 竪堀、石垣 |

| 管理番号 | 城名 | 別名 | 所在地 | 築城年 | 主な城主 | 廃城年 | 指定 | 主な遺構 |
|---|---|---|---|---|---|---|---|---|
| 31-20 | 三上陣屋《みかみ》 | 三上上屋敷、三上館 | 妙光寺 | 元禄11年 | 遠藤氏 | 明治３年 | | 堀、表門 |
| 31-21 | 三上中屋敷《みかみなか》 | | 妙光寺 | | | | | 土塁、水堀、空堀 |
| 31-22 | 三上下屋敷《みかみしも》 | | 妙光寺 | | | | | 単郭方形居館、土塁、水堀 |
| 31-23 | 南桜館《みなみざくら》 | 木村館 | 南桜 | 室町 | 南佐久良惣代木村氏 | | | |
| 31-24 | 夕日《ゆうひ》ヶ丘《おか》城 | 大篠原城、田中山城、入日ヶ岡城 | 大篠原成橋 | 文明年間 | 永原氏、田中四郎左衛門 | | | |
| 31-25 | 行畑館《ゆきはた》 | | 行畑 | 中世 | | | | |
| 31-26 | 小南陣所《こみなみ》 | | 小南 | | 武田伊豆守 | | | |
| 31-27 | 桜田陣所《さくらだ》 | | （位置不明） | | | | | |
| 32-01 | 井口城《いぐち》 | | 井口 | | 井口常之丞 | | | |
| 32-02 | 落窪城《おちくぼ》 | | 乙窪 | | | | | 土塁状高まり |
| 32-03 | 木部城《きべ》 | | 木部 | | | | | |
| 32-04 | 光明寺遺跡《こうみょうじ》 | | 西河原 | | | | | ３重堀に囲まれた居館跡 |
| 32-05 | 小比江城《こひえ》 | | 小比江 | | | | | |
| 32-06 | 権吉屋敷《ごんきち》 | | 比江 | | | | | |
| 32-07 | 野田城《のだ》 | | 野田 | | | | | |
| 32-08 | 比留田城《ひるた》 | 葭地城 | 比留田 | 中世 | | | | 堀、土塁の痕跡 |
| 32-09 | 虫生城《むしゅう》 | 虫生館 | 虫生 | 中世 | 源兵衛但馬守 | 江戸 | | |
| 32-10 | 吉川城《よしかわ》 | | 吉川 | | | | | 堀囲いの一角 |
| 32-11 | 吉地大寺遺跡《よしじおおでら》 | | 吉地 | | | | | 堀囲いの居館跡 |

| 管理番号 | 城名 | 別名 | 所在地 | 築城年 | 主な城主 | 廃城年 | 指定 | 主な遺構 |
|---|---|---|---|---|---|---|---|---|
| 32-12 | 六条城《ろくじょう》 | | 六条 | | | | | |
| 32-13 | 木原《きはら》陣所 | | (位置不明) | | | | | |
| C07 | 鷹部《たかべ》屋敷 | | 乙窪 | 室町 | 鷹氏 | 江戸 | | 土塁 |

北村城近くにある北村季吟の碑

三上山麓にある御上神社

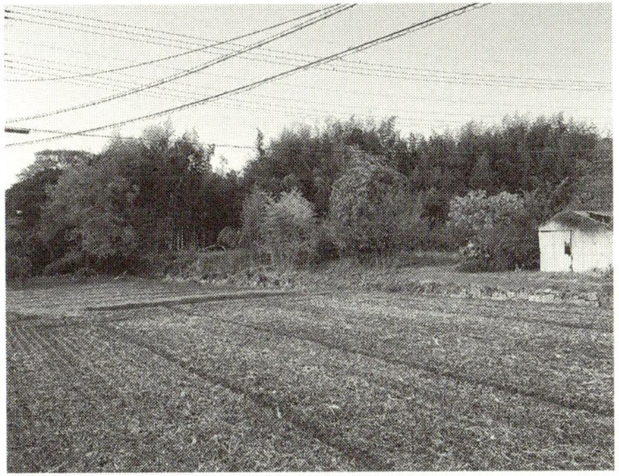

永原御殿全景〈31-15〉

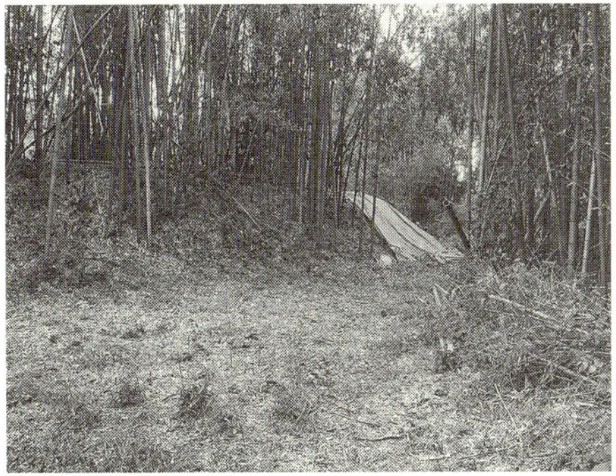

永原御殿土塁

永原御殿表門は浄専寺に移築

# 守山市〈33〉

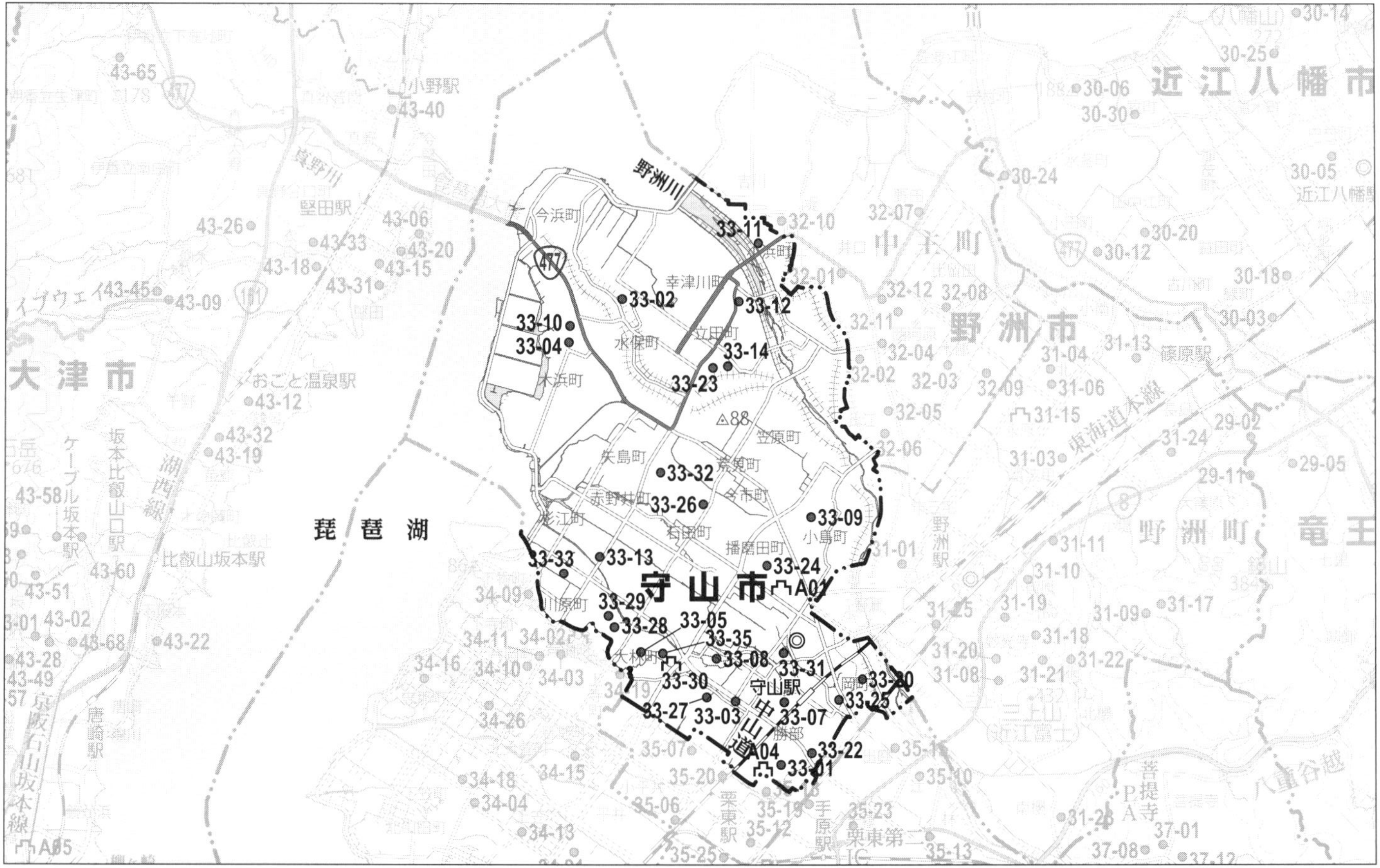
守山市
琵琶湖
野洲川
今浜町
幸津川町
水保町
立田町
木浜町
笠原町
矢島町
森川原町
赤野井町
今市町
杉江町
小島町
吉田町
播磨田町
川原町
大林町
守山駅
勝部
中山道
A01
A04
33-01
33-02
33-03
33-04
33-05
33-07
33-08
33-09
33-10
33-11
33-12
33-13
33-14
33-22
33-23
33-24
33-25
33-26
33-27
33-28
33-29
33-30
33-31
33-32
33-33
33-35
大津市
野洲市
近江八幡市
竜王
野洲町
中主町
堅田駅
小野駅
おごと温泉駅
比叡山坂本駅
野洲駅
篠原駅
栗東駅
手原駅
東海道本線
湖西線
八重谷越

| 管理番号 | 城名 | 別名 | 所在地 | 築城年 | 主な城主 | 廃城年 | 指定 | 主な遺構 |
|---|---|---|---|---|---|---|---|---|
| 33-01 | 阿村城《あむら》 | | 阿村町 | 室町 | | 室町・安土桃山 | | |
| 33-02 | 今浜館《いまはま》 | | 今浜町 | 室町 | | 室町・安土桃山 | | |
| 33-03 | 焔魔堂城《えんまどう》 | | 焔魔堂町 | 室町 | | 室町・安土桃山 | | 微高地 |
| 33-04 | 大槻氏城《おおつきし》 | | 木浜町 | 室町 | 関所奉行大槻氏 | 室町・安土桃山 | | |
| 33-05 | 大林城《おおばやし》 | | 大林町 | 応永年間 | 宇野久実（大林氏） | 元亀元年 | | 堀 |
| 33-06 | 岡《おか》館 | | 岡町（位置不明） | 室町 | | 室町・安土桃山 | | |
| 33-07 | 勝部《かつべ》城 | | 勝部町 | 室町 | 勝部氏・永原氏・佐久間信盛 | 室町・安土桃山 | | 土塁か |
| 33-08 | 金《かな》ヶ森《もり》城 | 金森城、金森懸所、道西坊、金森御坊 | 金森町 | 戦国 | 一向宗寺内町が対信長で城塞化 | 元亀３年 | | 土塁の痕跡 |
| 33-09 | 小島《こじま》城 | | 小島町 | 室町 | | 室町・安土桃山 | | |
| 33-10 | 木浜《このはま》城 | | 木浜町 | 16世紀 | 進藤山城守 | 永禄８年焼失 | | |
| 33-11 | 小浜《こばま》城 | 木浜城支城 | 小浜町 | 16世紀 | 進藤山城守 | 室町・安土桃山 | | 堀 |
| 33-12 | 幸津川《さづかわ》館 | | 幸津川町 | 室町 | | 室町・安土桃山 | | |
| 33-13 | 杉江《すぎえ》城 | | 杉江町 | 室町 | | 室町・安土桃山 | | |
| 33-14 | 立花《たちばな》城 | | 立田町 | 室町 | | 室町・安土桃山 | | |
| 33-15 | 古高《ふるたか》陣所 | | 古高町（位置不明） | 室町 | 土岐氏 | 室町・安土桃山 | | |
| 33-16 | 笠原《かさはら》陣所 | | 笠原町（位置不明） | 室町 | | 室町・安土桃山 | | |
| 33-17 | 勝部《かつべ》陣所 | | 勝部町（位置不明） | 15世紀後半 | 武田国信 | | | |
| 33-18 | 杉江《すぎえ》陣所 | | 杉江町（位置不明） | 延徳４年 | 幕府軍 | | | |

| 管理番号 | 城名 | 別名 | 所在地 | 築城年 | 主な城主 | 廃城年 | 指定 | 主な遺構 |
|---|---|---|---|---|---|---|---|---|
| 33-19 | 中山陣所《なかやま》 | | （位置不明） | | | | | |
| 33-20 | 立入城《たていり》 | | 立入町 | 16世紀 | 立入氏 | 室町・安土桃山 | | 土塁、堀（現在は不明） |
| 33-21 | 田中館《たなか》 | | 播磨田町 | 室町 | | 室町・安土桃山 | | |
| 33-22 | 千代城《ちしろ》 | | 千代町 | 室町 | 玉岡氏（のち千代氏） | 天正年間 | | 土塁状の高（現在は不明） |
| 33-23 | 戸田城《とだ》 | | 立田町 | 室町 | | 室町・安土桃山 | | 土塁 |
| 33-24 | 播磨田城《はりまだ》 | | 播磨田町 | 室町 | | 室町・安土桃山 | | 掘立柱建物跡、井戸跡、土器 |
| 33-25 | 浮気城《ふけ》 | | 浮気町・岡町 | 戦国 | 浮気氏 | 室町・安土桃山 | | 土塁、堀 |
| 33-26 | 布施野城《ふせの》 | | 播磨田町 | 室町 | | 室町・安土桃山 | | 微高地 |
| 33-27 | 古高城《ふるたか》 | | 古高町・焔魔堂町 | 室町 | | 室町・安土桃山 | | |
| 33-28 | 欲賀城《ほしか》 | | 欲賀町 | 室町 | | 室町・安土桃山 | | 土塁、堀（現在は不明） |
| 33-29 | 欲賀城畑城《ほしかしろはた》 | 公文城 | 欲賀町 | 室町 | 本間氏 | 室町・安土桃山 | | 掘立柱建物跡、井戸跡 |
| 33-30 | 三宅城《みやけ》 | 蓮生寺 | 三宅町東出 | 室町 | 一向宗蓮生寺が対信長で城塞化 | 元亀３年 | 市指 | 土塁、堀 |

金ヶ森城〈33-08〉

浮気城土塁〈33-25〉

三宅城土塁〈33-30〉

矢島御所〈33-32〉

| 管理番号 | 城名 | 別名 | 所在地 | 築城年 | 主な城主 | 廃城年 | 指定 | 主な遺構 |
|---|---|---|---|---|---|---|---|---|
| 33-31 | 守山城《もりやま》 | | 守山１丁目 | 室町 | 六角氏、織田信長、稲葉貞道 | 永禄11年 | | 土塁、濠 |
| 33-32 | 矢島《やじま》御所 | 矢島館、小島御所 | 矢島町 | 永禄８年 | 足利義昭、矢島氏 | 室町・安土桃山 | | 土塁、堀 |
| 33-33 | 山賀《やまが》城 | | 山賀町 | 室町 | | 室町・安土桃山 | | |
| 33-34 | 吉村構《よしむらかまえ》 | | （位置不明） | 室町 | | 室町・安土桃山 | | |
| 33-35 | 真浄坊《しんじょうぼう》館 | | 三宅町 | 室町 | 三宅真乗坊 | 室町・安土桃山 | | |
| A01 | 下之郷《しものごう》遺跡 | | 下之郷1-3丁目 | 弥生中期 | | 弥生中期 | 国指 | 大型環濠集落 |
| A04 | 伊勢《いせ》遺跡 | | 伊勢町・阿村町、栗東市野尻 | 弥生後期 | | 室町 | 国指 | 大型建物跡、方形周溝墓 |
| A08 | 安河《やすかわ》陣地 | | 境川（通称吉川）土橋 | 672年 | | | | |
| E04 | 酒井《さかい》陣屋 | | 浮気町 | 寛永年間 | 酒井忠吉 | | | |
| E05 | 服部《はっとり》陣屋 | | 服部町 | 寛永12年 | 上田 | | | 堀 |

下之郷遺跡入口〈A01〉

下之郷遺跡堀跡

真生寺付近に木浜城があったという〈33-10〉

伊勢遺跡〈A4〉

# 草津市〈34〉

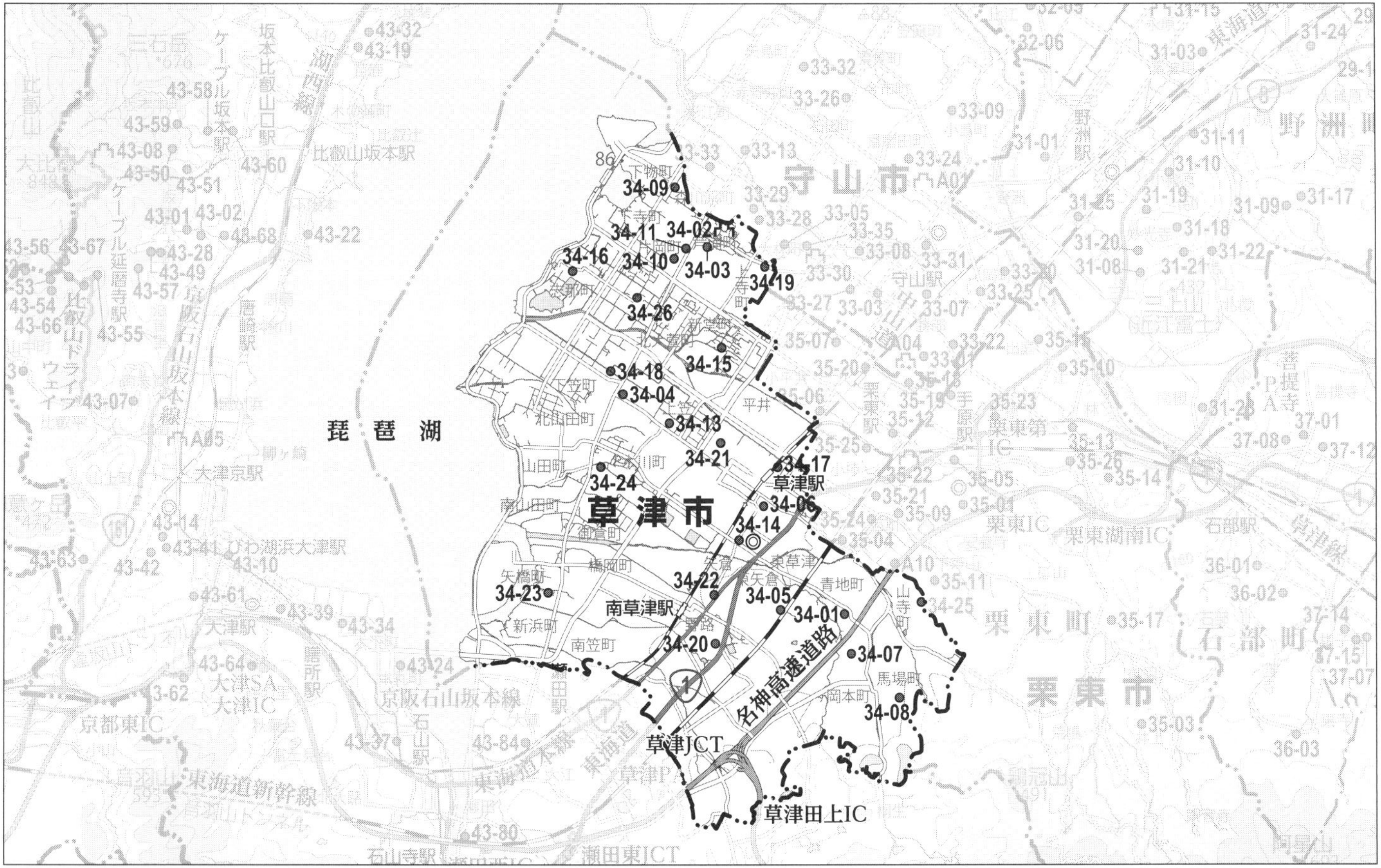
草津市
守山市
栗東市
栗東町
石部町
野洲町
琵琶湖
草津駅
南草津駅
草津JCT
草津田上IC
名神高速道路
34-01
34-02
34-03
34-04
34-05
34-06
34-07
34-08
34-09
34-10
34-11
34-13
34-14
34-15
34-16
34-17
34-18
34-19
34-20
34-21
34-22
34-23
34-24
34-26

| 管理番号 | 城名 | 別名 | 所在地 | 築城年 | 主な城主 | 廃城年 | 指定 | 主な遺構 |
|---|---|---|---|---|---|---|---|---|
| 34-01 | 青地城《あおじ》 | 部田城 | 青地町（現在は志津小学校地・小槻神社境内） | 鎌倉初期 | 青地忠綱 | 天正元年 | | 曲輪、土塁、堀切 |
| 34-02 | 芦浦城《あしうら》 | 芦浦観音寺 | 芦浦町 | 南北朝期に城塞化 | 秦河勝、西川宗範 | | 国指 | 土塁、堀、石垣 |
| 34-03 | 伊岐代城《いぎしろ》 | 印岐志呂城 | 片岡町 | 建武２年 | 山門僧徒 | | | 石塁、土塁 |
| 34-04 | 井上館《いのうえ》 | | 下笠町 | | | | | |
| 34-05 | 追分城《おいわけ》 | | 追分町 | 中世 | | | | |
| 34-06 | 大路井城《おちのい》 | | 大路 | | | | | 水路囲いの方形林地 |
| 34-07 | 岡本城《おかもと》 | | 岡本町 | 中世 | | | | |
| 34-08 | 奥村城《おくむら》 | | 馬場町 | 中世 | 奥村但馬守 | | | 土塁、曲輪 |
| 34-09 | 下物城《おろしも》 | | 下物町（地名「城ノ口」） | | | | | |
| 34-10 | 片岡環濠《かたおか》 | | 片岡町 | | | | | 水路 |
| 34-11 | 片岡城《かたおか》 | | 片岡町（地名「案ノ内」に畑地あり） | | | | | |
| 34-12 | 片岡館《かたおか》 | | （位置不明） | | | | | |
| 34-13 | 上笠館《かみがさ》 | | 上笠町 | 中世 | | | | |
| 34-14 | 草津城《くさつ》 | | 草津２丁目 | 中世 | | | | |
| 34-15 | 駒井城《こまい》 | | 集町 | 応永年間 | 駒井石見守 | 永禄12年 | | 土塁の痕跡か |
| 34-16 | 志那城《しな》 | | 志那町 | 中世 | 志那氏 | | | |
| 34-17 | 渋川城《しぶかわ》 | | 渋川町（地名「丸ノ内」） | | | | | |
| 34-18 | 下笠城《しもがさ》 | | 下笠町 | 中世 | 下笠氏 | 永禄９年 | | 堀、井戸、柱穴 |
| 34-19 | 長束館《なつか》 | | 長束町 | 安土桃山 | 長束正家出生地伝承 | | | 居館跡、土塁 |

| 管理番号 | 城名 | 別名 | 所在地 | 築城年 | 主な城主 | 廃城年 | 指定 | 主な遺構 |
|---|---|---|---|---|---|---|---|---|
| 34-20 | 野路城《のじ》 | | 野路町 | 建武３年 | 小笠原信濃守布陣 | | | |
| 34-21 | 野村城《のむら》 | | 野村町 | | | | | |
| 34-22 | 矢倉城《やぐら》 | | 矢倉町（現況は神社境内） | 中世 | | | | |
| 34-23 | 矢橋城《やばせ》 | | 矢橋町 | 南北朝 | 矢橋氏 | | | |
| 34-24 | 山田城《やまだ》 | | 南山田町 | 古墳 | 山田氏 叡山攻撃時に織田信長が入城 | 室町 | | 堀 |
| 34-25 | 山寺城《やまでら》 | | 山寺町 | 中世 | 宇野氏 | | | 方形居館、土塁 |
| 34-26 | 吉田城《よしだ》 | | 南志那町吉田 | | | | | |
| D18 | 駒井沢城《こまいさわ》 | 駒井城出城 | 駒井沢町 | 中世 | | | | |

芦浦城〈34-02〉

芦浦城石垣

芦浦城堀

# 栗東市〈35〉

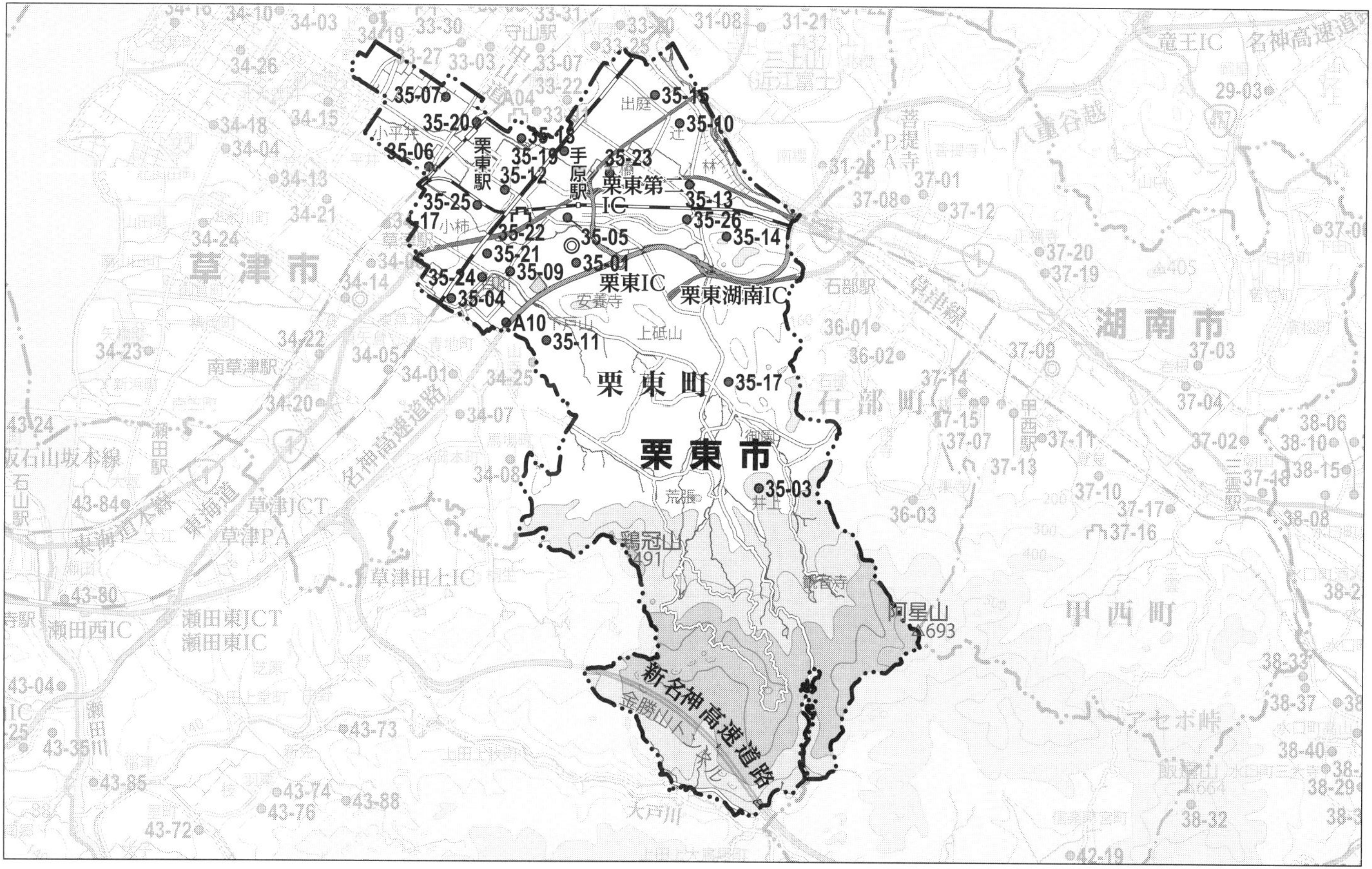

栗東市
栗東町
草津市
湖南市
石部町
甲西町
35-01
35-03
35-04
35-05
35-06
35-07
35-09
35-10
35-11
35-12
35-13
35-14
35-15
35-17
35-18
35-19
35-20
35-21
35-22
35-23
35-24
35-25
35-26
A10
栗東駅
手原駅
栗東IC
栗東湖南IC
栗東第二IC
新名神高速道路
名神高速道路
鶏冠山
491
阿星山
693
金勝山
草津JCT
草津PA
草津田上IC
瀬田東JCT
瀬田東IC
瀬田西IC
竜王IC
石部駅
甲西駅
三雲駅
草津線
アセボ峠
飯道山
664
大戸川

| 管理番号 | 城名 | 別名 | 所在地 | 築城年 | 主な城主 | 廃城年 | 指定 | 主な遺構 |
|---|---|---|---|---|---|---|---|---|
| 35-01 | 安養寺城《あんようじ》 | | 安養寺 | | 第1次六角氏征伐時、足利義尚が動座 | | | |
| 35-02 | 伊勢落城《いせおち》 | | 伊勢落（位置不明） | | | | | |
| 35-03 | 井上城《いのうえ》 | | 井上 | 中世 | | | | |
| 35-04 | 岡村城《おかむら》 | | 岡 | | | | | |
| 35-05 | 大西城《おおにし》 | 大西館 | 手原（手原駅西南） | | 伝大西市右衛門屋敷 | | | |
| 35-06 | 笠川城《かさがわ》 | | 笠川（「殿屋敷」の地名伝承） | 弥生 | 笠川氏 | 近世 | | |
| 35-07 | 笠川屋敷《かさがわ》 | | 北中小路 | | | | | |
| 35-08 | 片岡城《かたおか》 | | 北中小路（位置不明） | | | | | |
| 35-09 | 川辺城《かわづら》 | | 川辺（現況は寺地） | | | | | |
| 35-10 | 久保城《くぼ》 | | 辻 | | 久保石見守 | | | |
| 35-11 | 下戸山城《しもどやま》 | | 下戸山 | 正平年間 | 青地氏 | | | |
| 35-12 | 下鈎城《しもまがり》 | | 下鈎（地名「奥屋敷」「殿ノ後」） | | 蓮台寺氏 | | | |
| 35-13 | 高野館《たかの》 | | 高野 | | | | | |
| 35-14 | 多喜山城《たきやま》 | 日向山城 | 六地蔵 | 16世紀中葉 | 佐久間信盛 | | | 曲輪、土塁、桝形虎口、石垣 |
| 35-15 | 出庭城《でば》 | | 出庭 | | | | | 堀、土塁 |
| 35-16 | 手原城《てはら》 | | 手原（位置不明） | | | | | |
| 35-17 | 中村城《なかむら》 | | 御園 | | | | | |
| 35-18 | 野尻城《のじり》 | | 野尻 | | | | | |
| 35-19 | 蜂屋城《はちや》 | | 蜂屋 | | 蜂屋氏 | | | |

| 管理番号 | 城名 | 別名 | 所在地 | 築城年 | 主な城主 | 廃城年 | 指定 | 主な遺構 |
|---|---|---|---|---|---|---|---|---|
| 35-20 | 綣村城《へそむら》 | | 綣（大宝神社境内南辺） | | 蜂屋氏 | | | 土塁 |
| 35-21 | 坊袋城《ぼうふくろ》 | | 坊袋 | | | | | |
| 35-22 | 鈎《まがり》陣所 | 上鈎寺内、鈎陣屋 | 上鈎 | 長享元年 | 足利義尚 | 延徳元年 | 市指 | 永正寺付近に土塁、堀 |
| 35-23 | 宮城氏館《みやぎし》 | | 大橋 | | 豊臣家代官宮城丹波豊盛 | | | |
| 35-24 | 目川城《めかわ》 | | 目川 | 貞治年間 | 芝原氏 | | | |
| 35-25 | 蓮台寺城《れんだいじ》 | | 下鈎 | | | | | |
| 35-26 | 六地蔵城《ろくじぞう》 | | 六地蔵（福正寺周辺） | 南北朝 | 六角氏の臣高野氏、林氏 | 永禄11年 | | |
| 35-27 | 蓮台寺陣所《れんだいじ》 | | 蓮台寺（位置不明） | | 第１次六角氏征伐時の足利義尚陣所 | | | |
| 35-28 | 鈎陣関係陣所群《まがりのじんかんけい》 | | 下鈎（位置不明） | 長享元年 | 足利義尚動座に伴う従者の陣所 | 長享元年 | | |
| A02 | 下鈎遺跡《しもまがり》 | | 下鈎 | 弥生中期 | | | | 環濠集落 |
| A04 | 伊勢遺跡《いせ》 | | 野尻、守山市伊勢町・阿村町〈守山市 A04〉参照 | | | | | |
| A10 | 栗太郡衙《くりたぐんが》 | 岡遺跡、手原遺跡 | 岡、手原 | 奈良 | | 室町 | | 溝、建物跡 |

多喜山城全景〈35-14〉

日向山階段へ

多喜山城麓の六地蔵遺跡発掘中

鈎陣所土塁〈35-22〉

# 湖南市　旧石部町〈36〉　旧甲西町〈37〉

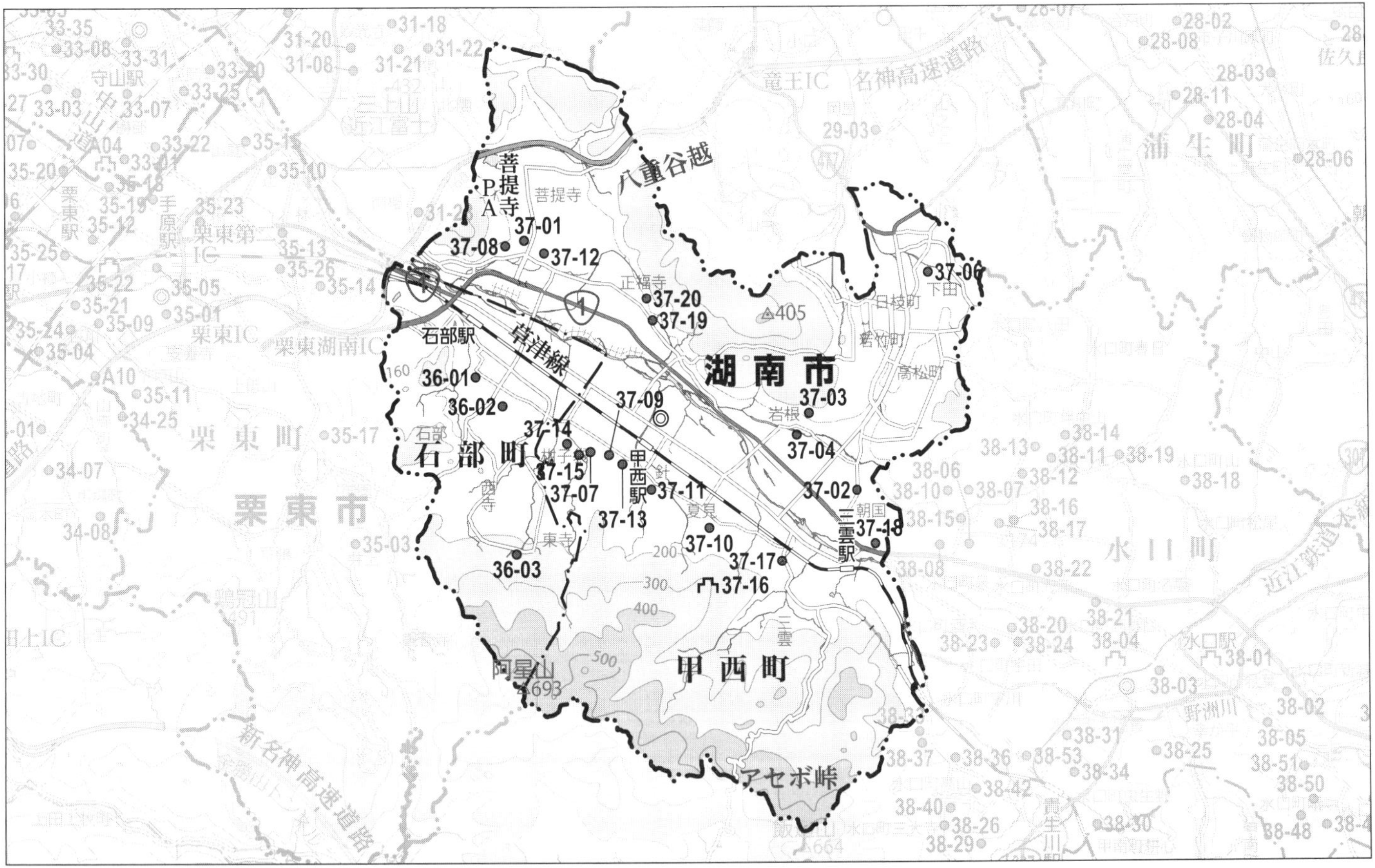

| 管理番号 | 城名 | 別名 | 所在地 | 築城年 | 主な城主 | 廃城年 | 指定 | 主な遺構 |
|---|---|---|---|---|---|---|---|---|
| 36-01 | 青木城《あおき》 | 青木屋敷 | 石部西 | 文明年間 | 青木右衛門佐 | | | 土塁、土壇、堀 |
| 36-02 | 石部城《いしべ》 | | 石部中央 | 享禄年間 | 石部久嗣 | 天正元年 | | 石垣 |
| 36-03 | 長寿寺《ちょうじゅじ》陣所 | | 東寺 | 奈良 | 天台宗、浦上則宗 | | | 土塁、曲郭、畝状竪堀 |
| 36-04 | 勝蓮寺《しょうれんじ》陣所 | | （位置不明） | | | | | |
| 37-01 | 青木館《あおき》 | | 菩提寺 | 室町 | 青木玄蕃頭 | | | 土塁 |
| 37-02 | 朝国館《あさくに》 | | 朝国 | 中世 | 伴氏 | | | |
| 37-03 | 岩根城《いわね》 | | 岩根 | 中世 | | | | |
| 37-04 | 岩根館《いわね》 | | 岩根 | 中世 | | | | |
| 37-05 | 甲賀城《こうか》 | | （位置不明） | | | | | |
| 37-06 | 下田城《しもだ》 | | 下田 | 中世 | | | | |
| 37-07 | 城山城《しろやま》 | | 柑子袋 | 中世 | 青木濱田氏 | | | |
| 37-08 | 谷城《たに》 | | 菩提寺 | 室町 | 谷武兵衛 | | | 土塁 |

家の間に見えるのが青木城〈36-01〉

善隆寺は石部城の跡地を拝領した〈36-02〉

長寿寺山門〈36-03〉

# 琵琶湖一周のろし駅伝

2024年11月23日、第23回「近江中世城跡琵琶湖一周のろし駅伝」を見るために、寒風の吹くなか八幡山城〈30-25〉へ登る事にしました。今回は36城が参加、三雲城〈37-16〉を10時スタート、時計回りに琵琶湖を一周し、最終は水口岡山城でした。

なんとか北之庄城〈30-14〉、水茎岡山城〈30-06〉、琵琶湖対岸の田中城〈47-01〉と３城の「のろし」を確認する事ができました。本当に寒いなか、「近江のろしの会」のみなさまご苦労さまでした。

第１回のろし駅伝は2002年に鎌刃城を起点として18カ所の城跡保存会や地域の有志・団体で開催、「近江中世城跡保存団体連絡会」が設立されたそうです。以後毎年11月23日に「のろし駅伝」が開催されています。地域の方々の協力と活動があってこそ、城跡が整備され、守られていくのだと、つくづく感じました。

第23回琵琶湖一周のろし駅伝のチラシ

■第23回の参加山城と順路

三雲城 ➡ 星ケ崎城 ➡ 瓶割山城 ➡ 北之庄城 ➡ 水口岡山城 ➡ 田中城 ➡ 清水山城 ➡
➡ 日爪城 ➡ 伊井城 ➡ 田屋城 ➡ 竹生島沖 ➡ 賤ヶ岳城(賤ヶ岳砦) ➡ 小谷城 ➡ 虎御前山城 ➡
➡ 横山城 ➡ 長浜城 ➡ 上平寺城 ➡ 弥高寺(弥高百坊) ➡ 鳥羽上山城(鳥羽上城) ➡
➡ 大野木城(大野木館) ➡ 須川城(須川山城) ➡ 長比城 ➡ 八講師城 ➡ 一の城(顔戸山城) ➡
➡ 岩脇山砦(岩脇館) ➡ 太尾山城 ➡ 磯山城 ➡ 鎌刃城 ➡ 佐和山城 ➡ 男鬼入谷城 ➡
➡ 桃原城 ➡ 佐目陣屋(佐目館) ➡ 勝楽寺城 ➡ 佐治城 ➡ 寺前城 ➡ 水口岡山城

写真では見にくいが北之庄城ののろし

八幡山城頂上。雲があり心配なお天気

八幡山城西の丸から左手の水茎岡山城、
琵琶湖対岸の田中城を見る

| 管理番号 | 城名 | 別名 | 所在地 | 築城年 | 主な城主 | 廃城年 | 指定 | 主な遺構 |
|---|---|---|---|---|---|---|---|---|
| 37-09 | 高木《たかぎ》陣屋 | 高木陣所、<br>平松陣屋 | 平松 | 中世 | | | | |
| 37-10 | 夏見《なつみ》城 | | 夏見 | 長享年間 | 夏見大学 | 天正13年 | | 石垣、土塁、屋敷地 |
| 37-11 | 針《はり》城 | 針氏城 | 針字城山 | 16世紀<br>前半 | 針和泉守 | 天正13年 | | 土塁、堀 |
| 37-12 | 菩提寺《ぼだいじ》城 | | 菩提寺 | 室町 | 青木忠左衛門 | | | 土壇 |
| 37-13 | 平松《ひらまつ》城 | 岡ノ山遺跡、<br>岡ノ山、宮島城 | 平松 | 応仁年間 | 宮島中務丞、<br>田那部式部丞 | 天正13年 | | 堀、土塁、曲輪 |
| 37-14 | 丸岡《まるおか》城 | 養林寺城 | 柑子袋 | 建久年間 | 青木藤兵衛 | | | 土塁、曲郭、堀 |
| 37-15 | 東丸岡《ひがしまるおか》城 | | 柑子袋 | 中世 | 青木藤兵衛 | | | 方形土塁、曲輪、堀 |
| 37-16 | 三雲《みくも》城 | 吉永城 | 吉永 | 長享２年 | 三雲典膳、成持 | 元亀元年 | 県指 | 曲輪、土塁、堀切、空堀、枡形虎口、<br>土橋、石垣、井戸 |
| 37-17 | 三雲《みくも》屋敷 | 三雲城 | 三雲 | 中世 | 三雲氏 | | | 観音道に五輪塔 |
| 37-18 | 横田《よこた》城 | | 朝国 | 中世 | | | | |
| 37-19 | 東正福寺《ひがししょうふくじ》 | 宇山城 | 正福寺 | 天平 | | 中世 | | |
| 37-20 | 西正福寺《にししょうふくじ》 | | 正福寺 | 中世 | | | | |

平松城（岡ノ山遺跡）〈37-13〉

平松城（宮島城）

丸岡城全景〈37-14〉

丸岡城堀

三雲城観光案内所〈37-16〉

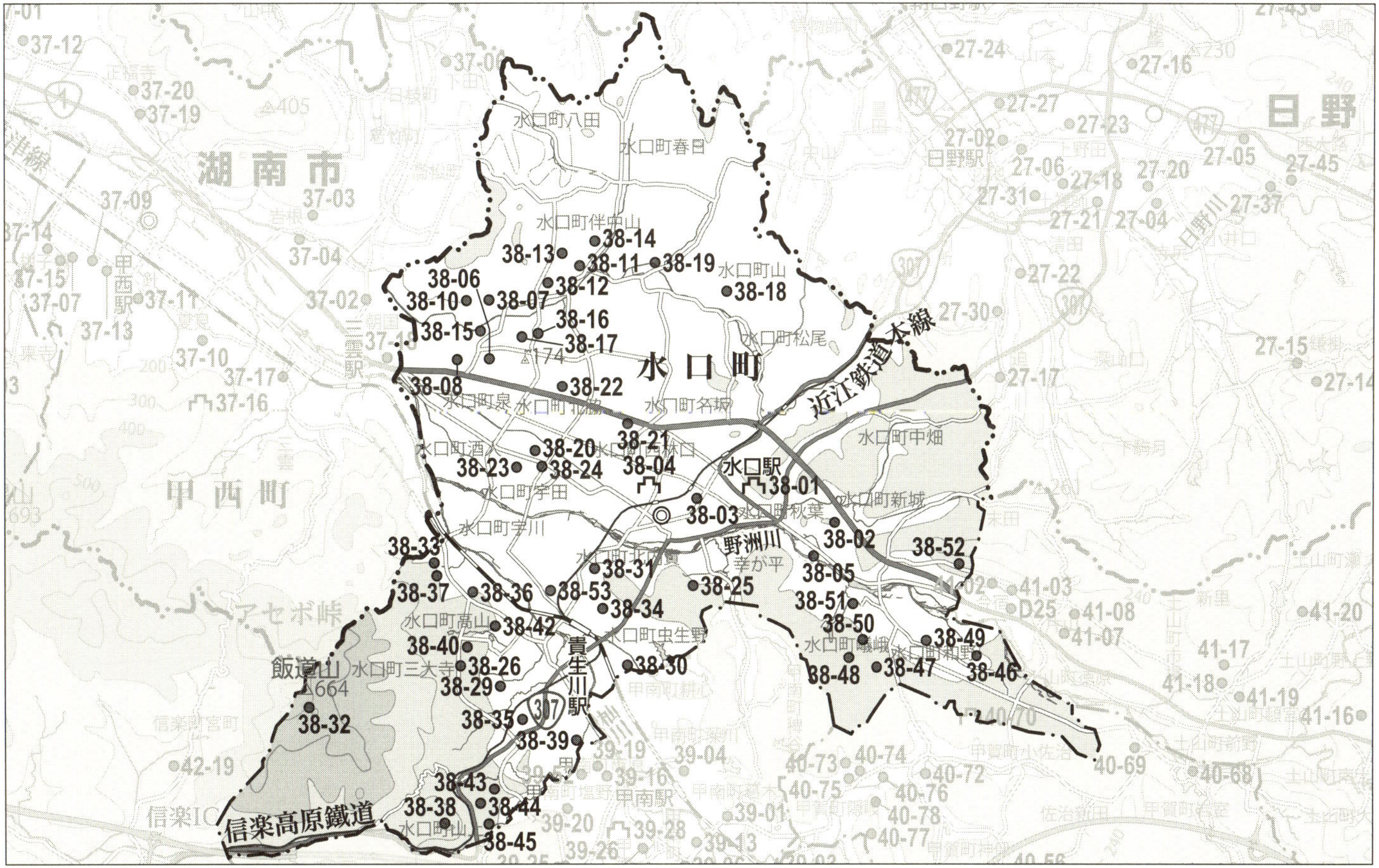
水口町
湖南市
甲西町
日野
近江鉄道本線
信楽高原鐵道
水口駅
貴生川駅
野洲川
飯道山
△664
水口町八田
水口町春日
水口町伴中山
水口町山
水口町松尾
水口町泉
水口町名坂
水口町中畑
水口町酒人
水口町林口
水口町宇田
水口町宇川
水口町新城
水口町秋葉
水口町北脇
幸が平
水口町高山
水口町虫生野
水口町三大寺
水口町嶬峨
水口町和野
水口町山
アセボ峠
38-01
38-02
38-03
38-04
38-05
38-06
38-07
38-08
38-10
38-11
38-12
38-13
38-14
38-15
38-16
38-17
38-18
38-19
38-20
38-21
38-22
38-23
38-24
38-25
38-26
38-29
38-30
38-31
38-32
38-33
38-34
38-35
38-36
38-37
38-38
38-39
38-40
38-42
38-43
38-44
38-45
38-46
38-47
38-48
38-49
38-50
38-51
38-52
38-53

| 管理番号 | 城名 | 別名 | 所在地 | 築城年 | 主な城主 | 廃城年 | 指定 | 主な遺構 |
|---|---|---|---|---|---|---|---|---|
| 38-01 | 水口岡山城《みなくちおかやま》 | 岡山城 | 水口町水口小字古城 | 天正13年 | 中村一氏、増田長盛、長束正家 | 慶長５年 | 国指 | 曲輪、土塁、堀、堀切、枡形虎口、食い違い虎口、櫓台、石垣 |
| 38-02 | 新城氏《しんじょうし》城 | 新城 | 水口町新城 | 室町 | 新城越後守 | | | 土塁 |
| 38-03 | 水口《みなくち》御殿 | 古御殿 | 水口町水口字御茶後 | 元和６年 | 徳川家 | | | 曲輪、堀、外枡形 |
| 38-04 | 水口《みなくち》城 | 碧水城 | 水口町本丸 | 寛永11年 | 加藤明友 | 明治４年 | 県指 | 曲輪、水堀、外枡形、櫓台、石垣、雁木 |
| 38-05 | 三《み》ツ木《き》城 | 三木城、三木氏邸 | 水口町新城 | 室町 | 三木又右衛門 | | | |
| 38-06 | 下山《しもやま》城 | | 水口町下山小字市場 | 延慶年間 | 伴氏、下山氏 | | | 曲輪、土塁、堀 |
| 38-07 | 下山北《しもやまきた》城 | | 水口町下山小字下ノ前 | 室町 | 下山氏 | | | 堀、土塁 |
| 38-08 | 下山西《しもやまにし》城 | 城屋敷 | 水口町下山小字市場 | | 下山氏 | | | 堀、土塁 |
| 38-09 | 下山東《しもやまひがし》城 | | 水口町下山（位置不明） | | 下山氏 | | | |
| 38-10 | 津《つ》山《やま》城 | | 水口町下山小字細佐・大谷 | 室町 | 津山左京 | | | 曲輪、土塁、横堀 |
| 38-11 | 伴中山《ばんやまなか》城 | | 水口町伴中山小子字神田 | 戦国 | 中山氏 | | | 土塁、堀 |
| 38-12 | 堂垣内《どうのかいと》城 | | 水口町伴中山小字城下 | | | | | |
| 38-13 | 西《にし》出《で》城 | 水口西出城 | 水口町伴中山小字神山 | | | | | |
| 38-14 | 坊村《ぼうむら》城 | | 水口町伴中山小字彼岸田 | | | | | |
| 38-15 | 伴《ばん》屋敷 | 伴屋敷城 | 水口町下山小字市場 | 延慶年間 | 伴氏 | | | 堀、土塁 |
| 38-16 | 東迎山《ひがしむかいやま》城 | | 水口町下山小字迎山 | 室町 | 伴氏 | | | 堀、土塁 |
| 38-17 | 西迎山《にしむかいやま》城 | | 水口町下山小字迎山 | 室町 | 伴氏 | | | 堀、土塁 |
| 38-18 | 山村《やまむら》城 | | 水口町山小字上ノ山 | 室町 | 山村氏 | | | 堀切、土塁 |
| 38-19 | 山村《やまむら》田《た》引《びき》城 | 山村支城 | 水口町山小字北谷 | 室町 | | | | 曲輪、土塁、堀切 |
| 38-20 | 植《うえ》城 | 植館群 | 水口町植小字城ノ内・同町宇田小字奥斎 | 室町後期 | 山中氏 | | | 土塁、堀 |

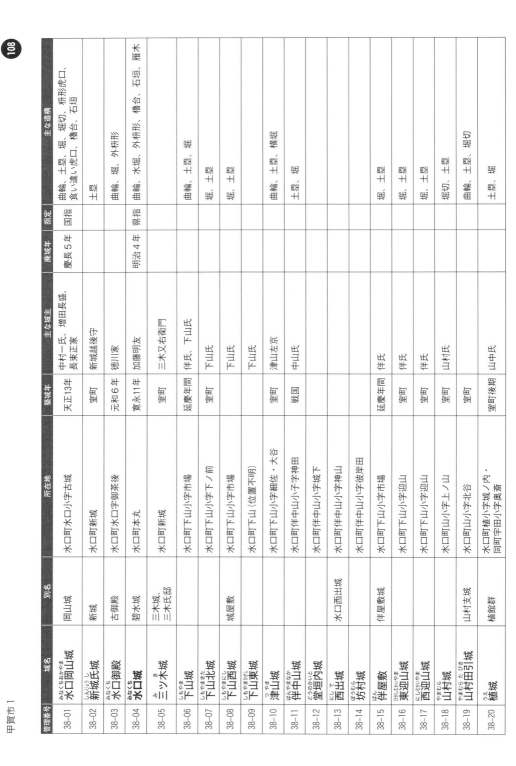

| 管理番号 | 城名 | 別名 | 所在地 | 築城年 | 主な城主 | 廃城年 | 指定 | 主な遺構 |
|---|---|---|---|---|---|---|---|---|
| 38-21 | 柏木神社遺跡《かしわぎ》 | | 水口町北脇小字藤木 | 室町 | | | | 曲輪、土塁、堀 |
| 38-22 | 北脇城《きたわき》 | | 水口町北脇字北山 | 鎌倉 | 山中氏 | | | 堀、土塁 |
| 38-23 | 西出館《にしで》 | | 水口町宇田小字西出 | 中世 | | | | 土塁 |
| 38-24 | 山中館《やまなか》 | 山中氏屋敷、<br>山中氏館 | 水口町宇田小字清水 | 嘉禄２年 | 山中中務丞俊信 | | | 土塁、堀、曲輪 |
| 38-25 | 北内貴城《きたないき》 | | 水口町北内貴小字大谷・<br>同町水口小字下真海 | 永禄年間 | 美濃部氏 | | | 土塁、曲輪、堀 |
| 38-26 | 小山城《こやま》 | | 水口町三大寺小字西ノ飼戸 | 中世 | | | | 曲輪、土塁、堀 |
| 38-27 | 小山出城《こやまで》 | | 水口町三大寺（位置不明） | | | | | |
| 38-28 | 小山の出城《こやま》 | | 水口町三大寺（位置不明） | | | | | |

水口岡山城竪堀〈38-01〉

水口岡山城石垣

水口岡山城景色

水口岡山城バルーン天守

水口城〈38-04〉

下山城〈38-06〉

| 管理番号 | 城名 | 別名 | 所在地 | 築城年 | 主な城主 | 廃城年 | 指定 | 主な遺構 |
|---|---|---|---|---|---|---|---|---|
| 38-29 | 竹中城《たけなか》 | 三大寺竹中城 | 水口町三大寺小字初明 | 中世 | | | | |
| 38-30 | 堂前城《どうのまえ》 | 虫生野堂の前城 | 水口町虫生野小字堂ノ前 | 室町 | | | | 曲輪、土塁、堀、虎口 |
| 38-31 | 内貴城《ないき》 | 内貴川田山城 | 水口町北内貴小字川田山 | 室町 | 内貴伊賀守孝則 | | | 土塁、堀 |
| 38-32 | 飯道山城《はんどうさん》 | 飯道寺城 | 水口町山上 | 南北朝 | | | | |
| 38-33 | 平子城《ひらこ》 | 平子山城 | 水口町岩坂小字平子 | 室町 | 衛藤氏 | | | 土塁、曲輪、堀 |
| 38-34 | 虫生野城《むしょうの》 | | 水口町虫生野小字加久戸・山添 | 室町 | | | | 曲輪、土塁、堀 |
| 38-35 | 牛飼城《うしかい》 | | 水口町牛飼小字城山 | 室町 | | | | 土塁 |
| 38-36 | 御姫屋敷《おひめ》 | | 水口町高山小字沢山 | 室町 | | | | 曲輪、土塁、堀 |
| 38-37 | 源太城《げんた》 | 源太屋敷城、<br>岩坂城 | 水口町岩坂小字菖蒲谷 | 室町 | 篠原源太 | | | 曲輪、土塁 |
| 38-38 | 庚申城《こうしん》 | 広徳寺 | 水口町山上 | 南北朝 | | | | |
| 38-39 | 杣中城《そまなか》 | 芥川城 | 水口町杣中小字北出・西出 | 室町 | | | | 土塁、堀 |
| 38-40 | 高山城《たかやま》 | 高山氏城 | 水口町高山小字平石山 | 室町 | 高山氏 | | | 曲輪、横堀、土塁 |
| 38-41 | 高山出城《たかやまで》 | | 水口町高山（位置不明） | 室町 | 高山氏 | | | |
| 38-42 | 高山屋敷《たかやま》 | | 水口町高山小字沢山 | 中世 | 高山氏 | | | 曲輪、土塁、堀 |
| 38-43 | 山上館《やまがみ》 | | 水口町山上小字岩ノ谷・下り苗代 | 室町 | 山上氏 | | | |
| 38-44 | 山上城《やまがみ》 I | 山上 I 城 | 水口町山上小字十王谷・洗滝 | 室町 | 山上氏 | | | 土塁、曲輪、堀切 |
| 38-45 | 山上城《やまがみ》 II | 山上 II 城、<br>棚屋敷 | 水口町山上小字十王谷・坊ノ谷・<br>中ノ切 | 室町 | 山上氏 | | | 土塁 |
| 38-46 | 伊佐野城《いさの》 | | 水口町和野小字石原・神ノ木・<br>西沢 | 室町 | 伊佐野氏 | | | 曲輪、土塁、堀 |
| 38-47 | 嶬峨城《ぎが》 | 山屋敷、儀俄城 | 水口町嶬峨小字山屋敷・大谷 | 元久年間 | 佐治氏 | 天正13年 | | 方形土塁、曲輪、堀、井戸 |

| 管理番号 | 城名 | 別名 | 所在地 | 築城年 | 主な城主 | 廃城年 | 指定 | 主な遺構 |
|---|---|---|---|---|---|---|---|---|
| 38-48 | 嵯峨山城《ぎがやま》 | 嶬峨西城、儀俄山城 | 水口町嶬峨小字糀谷 | 室町 | 佐治氏、儀俄越前守 | | | 土塁、曲輪、横堀 |
| 38-49 | 平野城《ひらの》 | | 水口町和野字東岨 | 室町 | | | | 土塁、堀 |
| 38-50 | 備後城《びんご》 | | 水口町嶬峨 | 室町 | 嶬俄備後守 | | | 土塁、堀 |
| 38-51 | 堀田《ほった》陣屋 | 水口堀田陣屋 | 水口町嶬峨 | 江戸 | 旗本堀田氏 | | | 井戸 |
| 38-52 | 今郷城《いまごう》 | | 水口町今郷小字崩谷 | 室町 | | | | 土塁、曲輪、堀 |
| 38-53 | 貴生川《きぶかわ》遺跡 | | 水口町貴生川 | 16世紀後半 | | 17世紀前半 | | 土塁、井戸、堀 |
| C21 | 岩坂《いわさか》屋敷 | | 水口町岩坂字屋敷 | 中世 | 山中岩坂氏 | | | 曲輪、土塁 |
| C22 | 里北脇《さときたわき》遺跡 | | 水口町北脇字藤木 | 中世 | | | | 土塁、堀 |
| C23 | 富川《とみかわ》屋敷 | | 水口町水口字美濃部 | 中世 | 富川氏 | | | 土塁 |
| C25 | 美濃部古《みのべふる》屋敷 | 美濃部城 | 水口町水口字美濃部・八幡町 | 室町 | 美濃部氏 | | | |
| D20 | 畑村《はたむら》城 | | 水口町春日字伴城 | 中世 | 内貴氏 | | | 土塁、土壇 |
| D27 | 内貴尾山《ないきおやま》城 | | 水口町貴生川字尾山 | 中世 | | | | 曲輪、土塁、堀 |
| D29 | 奥谷《おくたに》城 | | 水口町三大寺字川合谷・平林 | 中世 | | | | 曲輪、土塁、堀切 |
| D31 | 内貴殿《ないきとの》屋敷 | | 水口町貴生川字東村 | 中世 | 内貴伊賀守 | | | 土塁、堀 |

山上館跡地のグラウンド〈38-43〉

山上城Ⅰ〈38-44〉

山上城Ⅱ〈38-45〉

# 水口城と水口岡山城

〈38-04〉〈38-01〉

慶長６年（1601）、家康は水口を直轄地とし、東海道の宿駅とした。そして寛永11年（1634）に３代将軍徳川家光が京都上洛の際の宿館として築城されたのが、水口城です。延べ10万人の大工を投入、作事奉行には小堀遠州政一があたりました。

天和２年（1682）に、石見国より加藤明友が入城、水口藩が成立、明治維新後の廃藩置県で廃城になりました。

近くの古城山（大岡山）には水口岡山城があります。天正13年（1585）豊臣秀吉の命により中村一氏が築き、その後増田長盛、長束正家が城主になりました。国指定史跡で、毎年４月にはバルーンの天守が現れます。

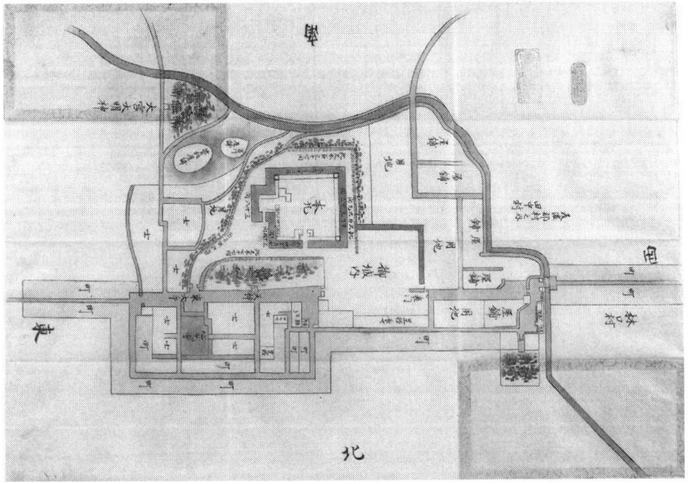

浅野文庫「諸国当城之図より「近江 水口」（広島市立中央図書館蔵）

水口城資料館として活用されている復元乾櫓

水口城は滋賀県指定史跡

水口岡山城全景。バルーン天守が見える

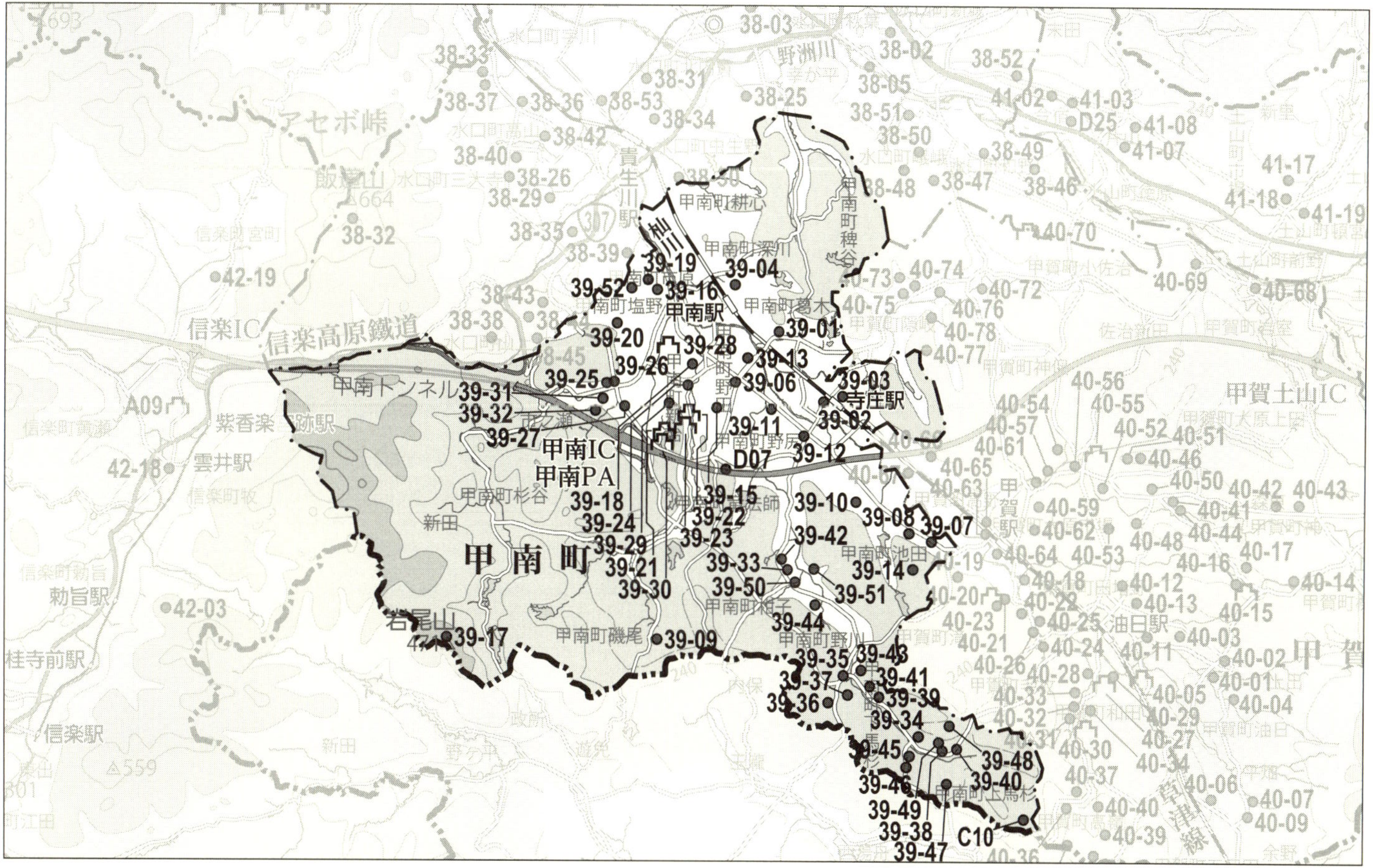
甲南町
甲南駅
寺庄駅
甲南IC
甲南PA
甲南トンネル
杣川
信楽高原鐵道
信楽IC
甲賀土山IC
野洲川
草津線
甲賀駅
油日駅
貴生川駅
紫香楽宮跡駅
雲井駅
勅旨駅
信楽駅
玉桂寺前駅
アセボ峠
飯道山
岩尾山
甲南町耕心
甲南町稗谷
甲南町深川
甲南町葛木
甲南町塩野
甲南町野尻
甲南町杉谷
甲南町池田
甲南町柑子
甲南町磯尾
甲南町野川
甲南町上馬杉
39-01
39-02
39-03
39-04
39-06
39-07
39-08
39-09
39-10
39-11
39-12
39-13
39-14
39-15
39-16
39-17
39-18
39-19
39-20
39-21
39-22
39-23
39-24
39-25
39-26
39-27
39-28
39-29
39-30
39-31
39-32
39-33
39-34
39-35
39-36
39-37
39-38
39-39
39-40
39-41
39-42
39-43
39-44
39-45
39-46
39-47
39-48
39-49
39-50
39-51
39-52
D07
C10

| 管理番号 | 城名 | 別名 | 所在地 | 築城年 | 主な城主 | 廃城年 | 指定 | 主な遺構 |
|---|---|---|---|---|---|---|---|---|
| 39-01 | 葛木城《かつらぎ》 | 葛木居館 | 甲南町葛木小字御手洗 | 室町 | 葛木丹波守 | | | 堀、曲輪、土塁 |
| 39-02 | 観音寺遺跡《かんのんじ》 | | 甲南町寺庄 | | | | | |
| 39-03 | 寺庄城《てらしょう》 | | 甲南町寺庄小字門田 | 明応年間 | 一色（寺圧）兼秀 | | | 土塁、曲輪、堀 |
| 39-04 | 深川城《ふかがわ》 | 岩ケ谷邸 | 甲南町深川小字猪ノ谷 | 中世 | 鵜飼源左衛門 | | | 土塁 |
| 39-05 | 森尻屋敷《もりしり》 | | 甲南町森尻（位置不明） | | | | | 石垣 |
| 39-06 | 饗庭城《あいば》 | 合羽城 | 甲南町竜法師小字合羽 | 室町 | 饗庭氏 | | | 土塁、堀 |
| 39-07 | 池田東城《いけだひがし》 | 池田城 | 甲南町池田小字坊谷・山添 | 室町 | 池田大和守 | | | 土塁、曲輪、堀切 |
| 39-08 | 池田西城《いけだにし》 | 池田支城 | 甲南町池田小字山添 | 室町 | 池田大和守 | | | 土塁、曲輪、堀切 |
| 39-09 | 磯尾城《いそお》 | | 甲南町磯尾小字東側 | 室町 | | | | 土塁 |
| 39-10 | 中野城《なかの》 | 甲南中野城 | 甲南町池田小字古ノ古 | 中世 | | | | 土塁、曲輪、堀切 |
| 39-11 | 野尻城《のじり》 | | 甲南町野尻小字大西 | 永正７年 | 関岡氏則 | | | 土塁、堀、曲輪 |
| 39-12 | 野尻支城《のじりし》 | | 甲南町野尻小字上出 | 戦国 | | | | 土塁、堀、曲輪 |
| 39-13 | 野田城《のだ》 | | 甲南町野田字東藪ノ内 | 室町 | 野田五郎 | | | |
| 39-14 | 坊谷城《ぼうたに》 | | 甲南町池田小字坊谷 | 中世 | 池田氏 | | | 曲輪、土塁、堀切 |
| 39-15 | 望月本実屋敷《もちづきほんじつ》 | | 甲南町竜法師 | 江戸 | 望月本実 | | | 現在は忍術屋敷 |
| 39-16 | 市原城《いちはら》 | | 甲南町市原小字城 | 延文５年 | 小倉氏、佐々木高頼 | | | 曲輪、堀、土塁 |
| 39-17 | 岩尾山遺跡《いわおやま》 | | 甲南町杉谷字岩尾 | | | | | |
| 39-18 | 倉治城《くらじ》 | | 甲南町新治小字西庵 | 16世紀 | 倉治氏 | | | 土塁、堀、曲輪 |
| 39-19 | 古屋敷館《ふるやしき》 | | 甲南町市原小字三角 | 中世 | | | | 土塁、堀、曲輪 |
| 39-20 | 塩野城《しおの》 | | 甲南町塩野字下塩野 | 室町 | 望月村島 | | | 土塁 |

| 管理番号 | 城名 | 別名 | 所在地 | 築城年 | 主な城主 | 廃城年 | 指定 | 主な遺構 |
|---|---|---|---|---|---|---|---|---|
| 39-21 | 寺前城《じぜん》 | 持前城 | 甲南町新治寺小字池ノ谷・寺前城 | 16世紀後半 | | | 国指 | 曲輪、土塁、堀切、横堀、虎口、土橋 |
| 39-22 | 新宮城《しんぐう》 | | 甲南町新治小字大門 | 16世紀後半 | 服部氏 | | 国指 | 曲輪、土塁、堀切、虎口 |
| 39-23 | 新宮支城《しんぐうし》 | | 甲南町新治小字山口谷・大門 | 16世紀後半 | 服部氏 | | 国指 | 曲輪、土塁、堀切、虎口 |
| 39-24 | 新治城《しんじ》 | | 甲南町新治字円ノ垣外 | 中世 | | | | |
| 39-25 | 杉谷屋敷《すぎたに》 | 杉谷城 | 甲南町杉谷 | 天正２年 | 杉谷氏、六角承禎 | | | 土塁、曲輪、堀 |
| 39-26 | 杉谷城《すぎたに》 | | 甲南町杉谷小字重森 | 室町 | 杉谷氏 | | | 土塁 |
| 39-27 | 杉谷砦《すぎたに》 | | 甲南町杉谷小字東出 | | 杉谷氏 | | | 土塁、曲輪、堀 |
| 39-28 | 竹中城《たけなか》 | 竹水城、甲南竹中城 | 甲南町新治小字熊尾 | 16世紀 | | | 国指 | 土塁、空堀、虎口、曲輪 |
| 39-29 | 服部城《はっとり》 | | 甲南町新治小字中出 | 中世 | 服部氏 | | | 土塁、堀、虎口、曲輪 |

望月本実屋敷〈39-15〉

寺前城〈39-21〉

新宮城〈39-22〉

新宮支城〈39-23〉

新治城〈39-24〉

| 管理番号 | 城名 | 別名 | 所在地 | 築城年 | 主な城主 | 廃城年 | 指定 | 主な遺構 |
|---|---|---|---|---|---|---|---|---|
| 39-30 | 村雨城《むらさめ》 |  | 甲南町新治寺小字池ノ谷・寺前城・水谷 | 16世紀後半 |  |  | 国指 | 曲輪、土塁、堀切、虎口、土橋 |
| 39-31 | 望月《もちづき》城 | 村島城 | 甲南町杉谷小字広谷・黒政 | 文明12年 | 望月重元 |  |  | 土塁、曲輪、横堀、堀切 |
| 39-32 | 望月支《もちづきし》城 |  | 甲南町杉谷小字広谷 | 室町 | 望月氏 |  |  | 土塁、曲輪、堀切、虎口囲い |
| 39-33 | 望月青木《もちづきあおき》城 | 青木城、柑子村城 | 甲南町柑子小字大平・六反田 | 戦国 | 望月重武 |  |  | 土塁、曲輪、堀 |
| 39-34 | 井口氏《いぐちし》城 |  | 甲南町上馬杉小字西出 | 中世 | 井口氏 |  |  | 土塁、曲輪、堀切、虎口囲い |
| 39-35 | 上野川城山《かみのがわしろやま》1号城 | 上野川山城1号城 | 甲南町上野川小字小ヶ糸 | 中世 |  |  |  |  |
| 39-36 | 上野川城山《かみのがわしろやま》2号城 | 上野川山城2号城 | 甲南町上野川小字萩原 | 中世 |  |  |  |  |
| 39-37 | 上野川城山《かみのがわしろやま》3号城 | 上野川山城3号城 | 甲南町上野川小字前載 | 中世 |  |  |  |  |
| 39-38 | 岡之下《おかのした》城 |  | 甲南町上馬杉小字岡ノ下 | 中世 | 馬杉氏 |  |  | 曲輪、土塁、堀切 |
| 39-39 | 小池《こいけ》城 |  | 甲南町下馬杉小字小池 | 中世 |  |  |  | 曲輪、土塁、堀切 |
| 39-40 | 染田《そめた》砦 |  | 甲南町上馬杉小字岡ノ下・北谷 |  |  |  |  | 曲輪、堀切、土塁 |
| 39-41 | 谷出《たにで》城 |  | 甲南町下馬杉小字谷出 | 中世 |  |  |  | 曲輪、土塁、堀切 |
| 39-42 | 中屋敷《なかやしき》 | 御屋敷山 | 甲南町柑子小字六反田 |  | 望月村島 |  |  | 曲輪、土塁、堀切 |
| 39-43 | 西出《にしで》城 | 甲南西出城 | 甲南町下馬杉小字山ノ内 | 中世 |  |  |  | 曲輪、土塁、堀切 |
| 39-44 | 野川《のがわ》城 |  | 甲南町野川小字樫ヶ本・谷 | 中世 |  |  |  | 土塁、曲輪 |
| 39-45 | 馬杉《ますぎ》城 |  | 甲南町上馬杉小字針間・南谷 | 室町 | 馬杉氏 |  |  | 方形土塁、曲輪、堀切 |
| 39-46 | 馬杉支《ますぎし》城 |  | 甲南町上馬杉小字針間・南谷 | 室町 | 馬杉氏 |  |  | 堀 |

| 管理番号 | 城名 | 別名 | 所在地 | 築城年 | 主な城主 | 廃城年 | 指定 | 主な遺構 |
|---|---|---|---|---|---|---|---|---|
| 39-47 | 馬杉本城《ますぎほん》 | | 甲南町上馬杉小字城出・大谷 | 室町 | 馬杉丹後守 | | | 複郭、土塁、堀切 |
| 39-48 | 馬杉北城《ますぎきた》 | | 甲南町上馬杉小字岡ノ下・北谷・同町下馬杉小字出雲 | 室町 | 馬杉氏 | | | 四方尾根を切断、曲輪、土塁、堀切 |
| 39-49 | 馬杉中城《ますぎなか》 | | 甲南町上馬杉小字岡ノ下 | 室町 | 馬杉氏 | | | 尾根の先端にL字型の土塁、曲輪、堀切 |
| 39-50 | 望月村嶋城《もちづきむらしま》 | 望月村島城 | 甲南町柑子小字谷出 | 室町 | 望月村島 | | | 土塁、曲輪 |
| 39-51 | 村嶋支城《むらしまし》 | 望月支城 | 甲南町柑子小字向川 | 室町 | 望月村島 | | | 土塁、曲輪、堀切 |
| 39-52 | 市原《いちはら》II城 | | 甲南町市原小字中垣外 | 中世 | | | | 曲輪、堀、土塁 |
| C10 | 栢《かや》ノ木《き》城 | | 甲南町上馬杉字栢ノ木 | 室町 | 藤林長門守 | | | 土塁・堀切・虎口・堀（池） |
| D07 | 竜法師《りゅうぼうし》城 | | 甲南町竜法師字上出 | 16世紀後半 | | | | 土塁、堀、曲輪 |
| D39 | 小谷《こたに》城 | | 甲南町池田字奥ノ谷 | 中世 | | | | 土塁 |
| D40 | カリヤ城 | | 甲南町新治字カリヤ | | | | | 曲輪、土塁、堀 |
| D41 | 小出《こいで》城 | | 甲南町池田字鍛冶屋川 | 中世 | | | | 曲輪、土塁 |

杉谷城〈39-26〉

服部城〈39-29〉

村雨城〈39-30〉

右が望月城〈39-31〉、左奥が望月支城〈39-32〉

# 甲賀市 3 旧甲賀町〈40〉

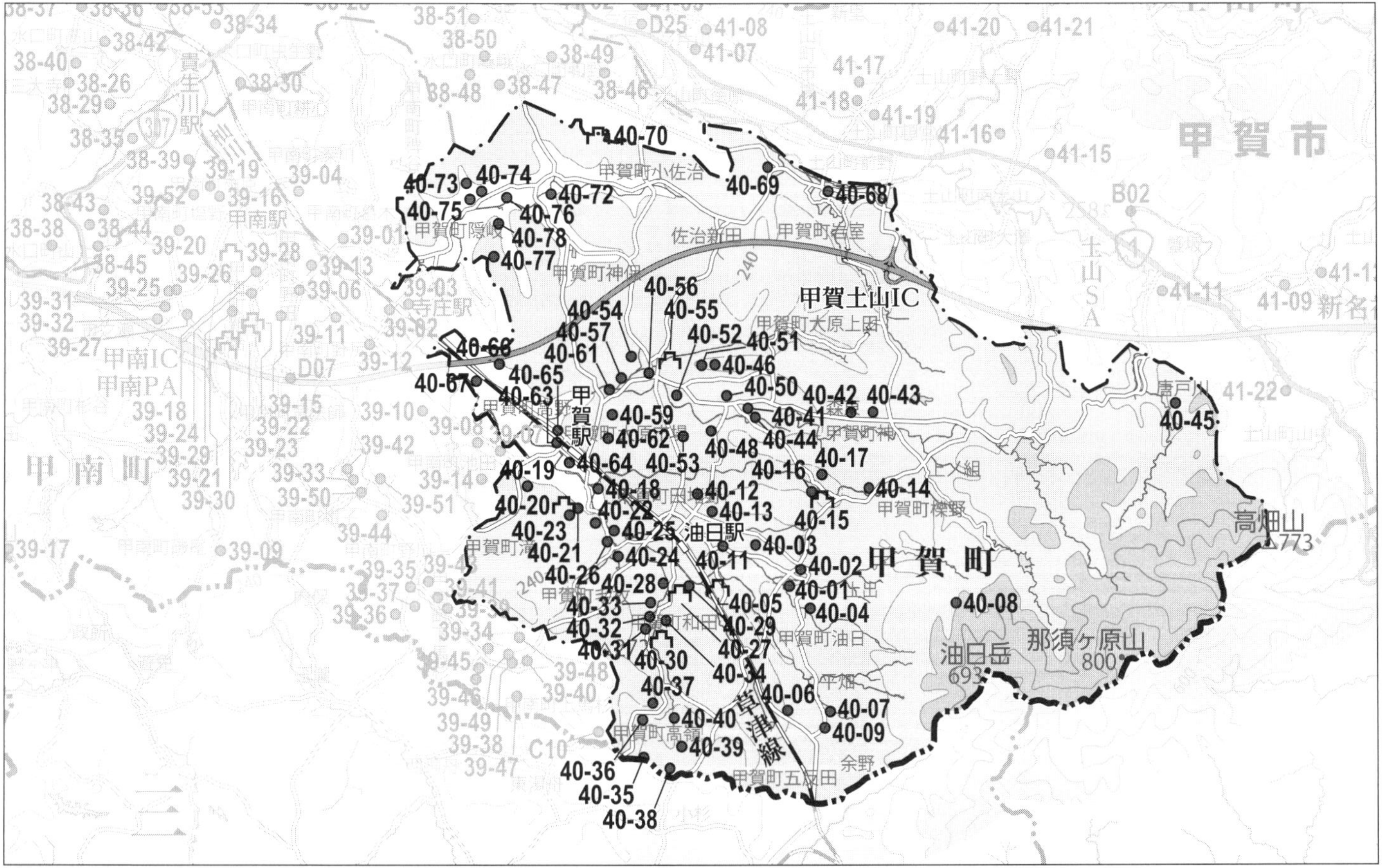
甲賀市
甲賀町
甲南町
甲賀土山IC
油日駅
甲賀駅
寺庄駅
甲南駅
貴生川駅
甲南IC
甲南PA
草津線
油日岳 693
那須ヶ原山 800
高畑山 773
甲賀町小佐治
佐治新田
甲賀町岩室
甲賀町隠岐
甲賀町神保
甲賀町大原上田
甲賀町神
甲賀町櫟野
上ノ組
甲賀町油日
平畑
余野
甲賀町五反田
甲賀町高嶺
40-01
40-02
40-03
40-04
40-05
40-06
40-07
40-08
40-09
40-11
40-12
40-13
40-14
40-15
40-16
40-17
40-18
40-19
40-20
40-21
40-22
40-23
40-24
40-25
40-26
40-27
40-28
40-29
40-30
40-31
40-32
40-33
40-34
40-35
40-36
40-37
40-38
40-39
40-40
40-41
40-42
40-43
40-44
40-45
40-46
40-48
40-50
40-51
40-52
40-53
40-54
40-55
40-56
40-57
40-59
40-61
40-62
40-63
40-64
40-65
40-66
40-67
40-68
40-69
40-70
40-72
40-73
40-74
40-75
40-76
40-77
40-78

| 管理番号 | 城名 | 別名 | 所在地 | 築城年 | 主な城主 | 廃城年 | 指定 | 主な遺構 |
|---|---|---|---|---|---|---|---|---|
| 40-01 | 油日《あぶらひ》城 | | 甲賀町油日小字風呂ヶ谷・心経田 | 観応元年 | 小佐治国氏・法師丸、上野氏 | | | 土塁、曲輪、堀 |
| 40-02 | 油日《あぶらひ》館 | | 甲賀町油日小字金剛寺 | | 上野氏 | | | 土塁、曲輪、堀 |
| 40-03 | 油日支《あぶらひし》城 | 前山城、山ノ鼻城 | 甲賀町油日小字岡崎 | 室町 | 上野氏 | | | 曲輪、堀切 |
| 40-04 | 油日《あぶらひ》遺跡 | | 甲賀町油日山崎 | | 上野氏 | | | 土塁 |
| 40-05 | 上野《うえの》城 | | 甲賀町油日小字行田・山崎 | 戦国 | 上野主膳正 | | 市指 | 曲輪、土塁、横堀、掘立柱建物跡 |
| 40-06 | 五反田口《ごたんだぐち》城 | | 甲賀町油日小字藤ケ谷 | 室町 | | | | 土塁、曲輪 |
| 40-07 | 富田《とみだ》城 | | 甲賀町油日小字長野・藤ケ谷 | 室町 | 富田氏 | | | 土塁、曲輪 |
| 40-08 | 龍山寺《りゅうざんじ》城 | | 甲賀町油日 | 建武3年 | 小佐治基氏 | | | |
| 40-09 | 古間野《こまの》城 | 古野間 | 甲賀町五反田小字清水 | 室町 | | | | 土塁 |
| 40-10 | 高木《たかぎ》陣屋 | | 甲賀町五反田（位置不明） | | | | | |
| 40-11 | 木内《きない》城 | | 甲賀町上野小字才作 | 中世 | 上野氏、旗本水野氏 | | | 堀、土塁、屋敷地跡 |
| 40-12 | 北上野《きたうえの》城Ⅰ | 北上野城A | 甲賀町上野小字西山前・犬コソ | 室町 | | | | 堀、土塁、曲輪、竪堀 |
| 40-13 | 北上野《きたうえの》城Ⅱ | 北上野城B | 甲賀町上野小字西山前 | 室町 | | | | 土塁、堀、曲輪 |
| 40-14 | 櫟野大原《いちのおおはら》城 | | 甲賀町櫟野小字上ノ平 | 室町 | 大原伴三郎 | 近世 | | 土塁、曲輪、堀切 |
| 40-15 | 滝川《たきがわ》城 | 五反田城 | 甲賀町櫟野小字五反田 | 室町 | 滝川一益 | 桃山 | 市指 | 土塁、方形曲輪、堀切、帯曲輪、櫓台 |
| 40-16 | 滝川西《たきがわにし》城 | 滝川城西城 | 甲賀町櫟野小字五反田 | 中世 | 滝川氏 | | | 土塁、曲輪 |
| 40-17 | 滝川支《たきがわし》城 | 滝川城支城 | 甲賀町櫟野小字下ノ組 | 中世 | 滝川氏 | | | 虎口、土塁、曲輪、堀 |
| 40-18 | 大原《おおはら》城 | 大原氏邸 | 甲賀町田猪野子字下垣外 | 戦国 | 大原数馬 | 江戸 | | 土塁、堀、曲輪 |
| 40-19 | 青木《あおき》城 | 甲賀青木城 | 甲賀町滝小字青木 | 室町 | 多喜氏 | | | 土塁、曲輪、堀 |

| 管理番号 | 城名 | 別名 | 所在地 | 築城年 | 主な城主 | 廃城年 | 指定 | 主な遺構 |
|---|---|---|---|---|---|---|---|---|
| 40-20 | 梅垣《めいがき》城 | | 甲賀町滝小字南平・滝迫 | 室町 | 多喜勘八 | | 市指 | 土塁で囲まれた方形曲輪、堀切 |
| 40-21 | 多喜《たき》城 | 旧多喜北城 | 甲賀町滝小字南平・滝迫 | 中世 | 多喜氏 | | | 二段曲輪、L字土塁、堀切 |
| 40-22 | 多喜南《たきみなみ》城 | | 甲賀町滝小字南平・笹ヶ谷 | 室町 | 多喜氏 | | | 曲輪、土塁、虎口、石塁 |
| 40-23 | 多喜北《たききた》城 | 旧多喜支城 | 甲賀町滝小字滝迫 | 弘安７年 | 多喜氏 | | | 曲輪、土塁、堀切 |
| 40-24 | 獅子《しし》ケ谷《たに》城 | 毛枚城 | 甲賀町毛枚小字師々々谷 | 室町 | 山岡氏、毛枚太郎 | | | 土塁、曲輪 |
| 40-25 | 毛枚北《もびらきた》城 | | 甲賀町毛枚小字深谷・下出 | 室町 | 山岡氏 | 江戸 | | 土塁、曲輪、井戸、馬蹄型堀切 |
| 40-26 | 山岡《やまおか》城 | | 甲賀町毛枚小字谷出 | 16世紀 | 山岡氏 | 江戸 | | 土塁、曲輪 |
| 40-27 | 公方《くぼう》屋敷 | | 甲賀町和田小字門田 | 永禄８年 | 足利義昭、和田和泉守 | | 市指 | 土塁、曲輪、庭樹、井戸 |
| 40-28 | 公方屋敷支《くぼうやしきし》城 | | 甲賀町和田小字西谷 | 室町 | 和田和泉守 | | | 土塁、曲輪、堀 |
| 40-29 | 殿山《とのやま》城 | | 甲賀町和田小字門田・武蔵 | 12世紀 | 平家方和田満政 | | | 曲輪、土塁、堀切 |
| 40-30 | 和田《わだ》城 | | 甲賀町和田小字柞ケ谷 | 保元元年 | 和田惟政 | | 市指 | 曲輪、土塁、堀切、虎口 |
| 40-31 | 和田支《わだし》城Ⅰ | | 甲賀町和田小字寺小谷 | 室町 | 和田氏 | | | 土塁、曲輪、堀切 |
| 40-32 | 和田支《わだし》城Ⅱ | | 甲賀町和田小字駒谷・枥綿 | 室町 | 和田氏 | | | 土塁、曲輪、横堀、堀切 |
| 40-33 | 和田支《わだし》城Ⅲ | | 甲賀町和田小字駒谷 | 室町 | 和田氏 | | | 土塁、曲輪 |
| 40-34 | 棚田《たなだ》山城 | 棚田城 | 甲賀町和田小字柞ヶ谷 | 中世 | 和田惟政 | | | |
| 40-35 | 伊賀見《いがみ》城 | | 甲賀町高嶺小字天岡、西街道 | 室町 | 高嶺氏 | | | 土塁、曲輪、堀切 |
| 40-36 | 高嶺中《たかみねなか》城 | 高峰城 | 甲賀町高嶺字中大平 | 室町 | 高嶺氏 | | | 曲輪、土塁、堀切 |
| 40-37 | 高嶺北《たかみねきた》城 | | 甲賀町高嶺字山ノ上 | 室町 | 高嶺氏 | | | 土塁、堀切、曲輪 |
| 40-38 | 高嶺南《たかみねみなみ》城 | | 甲賀町高嶺字杉ノ後 | 室町 | 高嶺氏 | | | 堀切、虎口、土塁、曲輪 |
| 40-39 | 高嶺山《たかみねやま》城 | | 甲賀町高嶺字杉ノ後、奥ノ谷 | 室町 | 高嶺氏 | | | 曲輪、土塁、堀切 |

| 管理番号 | 城名 | 別名 | 所在地 | 築城年 | 主な城主 | 廃城年 | 指定 | 主な遺構 |
|---|---|---|---|---|---|---|---|---|
| 40-40 | 高嶺東谷城《たかみねひがしたに》 | | 甲賀町高嶺字小林・美濃谷 | 室町 | 高嶺氏 | | | 土塁、曲輪、堀切 |
| 40-41 | 奥殿《おくどの》屋敷 | | 甲賀町神小字堀口 | 室町 | 大原奥与右衛門 | | | 土塁 |
| 40-42 | 神《かみ》館 | | 甲賀町神小字中野 | 中世 | 神氏 | | | 土塁 |
| 40-43 | 忠道《ちゅうどう》屋敷 | | 甲賀町神小字今朝丸・野中 | 中世 | | | | 土塁 |
| 40-44 | 西《にし》ノ口《くち》城 | | 甲賀町神小字西ノ口 | 中世 | | | | |
| 40-45 | 唐戸《からと》屋敷 | | 甲賀町神小字唐戸川 | | | | | |
| 40-46 | 上田《うえだ》城 | 大原上田城 | 甲賀町大原上田字小山田・北垣内 | 室町 | 大原三之助 | | | 土塁、曲輪、堀切 |
| 40-47 | 上田支《うえだし》城 | | 甲賀町大原上田（位置不明） | | | | | |
| 40-48 | 大窪《おおくぼ》城 | | 甲賀町大久保小字上河原 | 鎌倉 | 大窪大膳 | | | |
| 40-49 | 高木《たかぎ》陣屋 | | 甲賀町大久保（位置不明） | | | | | |
| 40-50 | 南《みなみ》城 | | 甲賀町大久保小字正中垣外 | 室町 | 大原監物 | | | |
| 40-51 | 大宝寺《だいほうじ》城 | 大宝寺遺跡 | 甲賀町大原中小字寺田・北山 | 明応年間 | 垂井甲斐守 | | | 土塁、堀、曲輪 |
| 40-52 | 垂井《たるい》城 | 甲斐屋敷、垂井屋敷 | 甲賀町大原中小字甲斐屋敷 | 明応年間 | 垂井甲斐守 | | | 土塁、堀、曲輪 |

公方屋敷跡にある伝和田惟政五輪塔〈40-27〉

公方屋敷支城〈40-28〉

和田城全景〈40-30〉

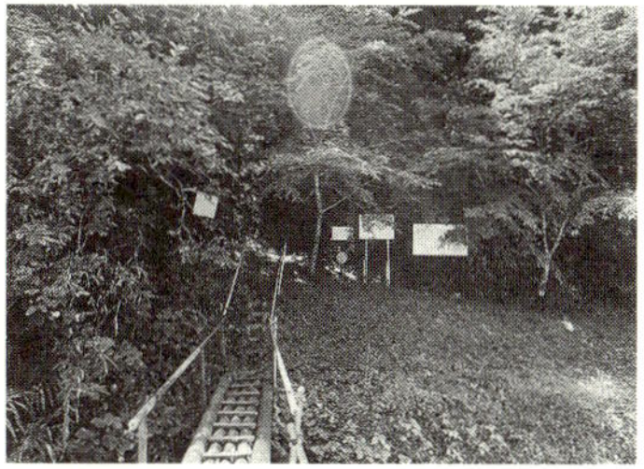
和田城虎口

| 管理番号 | 城名 | 別名 | 所在地 | 築城年 | 主な城主 | 廃城年 | 指定 | 主な遺構 |
|---|---|---|---|---|---|---|---|---|
| 40-53 | 大原中遺跡《おおはらなか》 | 大原中城 | 甲賀町大原中小字杉ノ尾 | 中世 | | | | 土塁 |
| 40-54 | 大鳥神社遺跡《おおとりじんじゃ》 | | 甲賀町鳥居野小字河合寺・松迫 | 中世 | 大原氏 | | | 土塁、堀、方形区画 |
| 40-55 | 篠山城《ささやま》 | 篠山氏城 | 甲賀町鳥居野字小杉・鳥岡 | 慶長年間 | 篠山氏 | | 市指 | 方形居館、土塁、曲輪、堀 |
| 40-56 | 笹山陣屋《ささやま》 | | 甲賀町鳥居野 | 江戸 | 笹山甚吉郎 | | | 堀、井戸跡 |
| 40-57 | 鳥居城《とりい》 | | 甲賀町鳥居野小字樋越 | 文明年間 | 鳥居甲斐 | | | 土塁、堀、曲輪 |
| 40-58 | 鳥居野遺跡《とりいの》 | | 甲賀町鳥居野（位置不明） | | | | | |
| 40-59 | 相模篠山城《さがみささやま》 | 相模笹山城 | 甲賀町相模小字八王子前 | 室町 | | | | |
| 40-60 | 高木館《たかぎ》 | | 甲賀町相模（位置不明） | | | | | |
| 40-61 | 竹林城《たけばやし》 | | 甲賀町相模字竹ノ花 | 室町 | 竹林新七郎 | | | 土塁 |
| 40-62 | 烈血野遺跡《れっけつの》 | | 甲賀町相模 | | 源氏方 | | | |
| 40-63 | 陣山城《じんやま》 | 市場陣山城 | 甲賀町大原市場小字東浦・向井 | 中世 | 大原氏 | | | 土塁、堀 |
| 40-64 | 別府城《べふ》 | | 甲賀町大原市場小字踏頭 | 室町 | | | | |
| 40-65 | 補陀楽寺城《ほだらくじ》 | | 甲賀町大原市場小字中野 | 戦国 | 大原氏 | | | 土塁、堀、曲輪 |
| 40-66 | 高野城《たかの》 | | 甲賀町高野小字茨谷 | 室町 | 九里氏、高野備後守 | | | 土塁、曲輪 |
| 40-67 | 堀田陣屋《ほった》 | 甲賀堀田陣屋 | 甲賀町高野 | 江戸 | 堀田若狭守 | | | 石垣 |
| 40-68 | 岩室城《いわむろ》 | | 甲賀町岩室小字中野 | 室町 | 岩室大学 | | | 土塁、曲輪 |
| 40-69 | 岩室西城《いわむろにし》 | | 甲賀町岩室小字大水戸・善福寺 | 室町 | 岩室大学 | | | 土塁 |
| 40-70 | 佐治城《さじ》 | 佐治氏城 | 甲賀町小佐治小字城殿・滝谷・峠・杉谷・山手 | 康平５年 | 平業国、佐治氏 | 天正13年 | 市指 | 曲輪、土塁、堀切 |
| 40-71 | 佐治屋敷《さじ》 | | 甲賀町小佐治（位置不明） | 江戸 | 佐治業国 | | | |
| 40-72 | 神保城《じんぼ》 | | 甲賀町神保小字門ノ前 | 室町 | 神保平内 | | | 土塁 |

| 管理番号 | 城名 | 別名 | 所在地 | 築城年 | 主な城主 | 廃城年 | 指定 | 主な遺構 |
|---|---|---|---|---|---|---|---|---|
| 40-73 | 大佐治城《おおさじ》 | | 甲賀町隠岐小字蛇ノ谷 | 中世 | | | | 土塁、堀 |
| 40-74 | 大佐治北城《おおさじきた》 | | 甲賀町隠岐小字門ノ内 | 中世 | | | | 土塁 |
| 40-75 | 隠岐城《おき》 | | 甲賀町隠岐小字門ノ内 | 鎌倉初期 | 佐々木義清、隠岐氏 | | | 曲輪、土塁、虎口 |
| 40-76 | 打越城《うちこし》 | | 甲賀町隠岐小字打越 | 室町 | 隠岐左近太夫 | | | 削平地、土塁、堀 |
| 40-77 | 砂坂城《すなさか》 | | 甲賀町隠岐小字砂坂 | 戦国 | 隠岐氏 | | | 曲輪、土塁、虎口 |
| 40-78 | 隠岐支城群《おきし》 | 頓宮邸址 | 甲賀町隠岐小字打越・砂坂・越部・流レ | 戦国 | 隠岐氏 | | | 曲輪、土塁、堀切 |
| C26 | 冨田山城《とみだやま》 | | 甲賀町上野字東谷・西山前 | 室町 | 上野氏 | | | 曲輪、土塁 |
| C27 | 中山城《なかやま》 | | 甲賀町油日字火の谷・古池 | 室町 | | | | 曲輪、土塁、堀切 |
| D04 | 龍泉寺城《りゅうせんじ》 | | 甲賀町上野字護摩田 | 天正年間 | 上野景光 | | | 曲輪、土塁 |
| D14 | 南殿屋敷《みなみどの》 | | 甲賀町大久保字正中垣外 | 室町 | | | | |
| D33 | 観音堂城《かんのんどう》 | 勘四郎山城 | 甲賀町上野字東谷 | 戦国 | 上野氏 | | | 郭、土塁、虎口 |
| D34 | 岡崎城《おかざき》 | | 甲賀町油日字高畑・岡崎 | 中世 | 上野氏 | | | 土塁、堀、曲輪 |
| D36 | 油日冨田城《あぶらひとみだ》 | | 甲賀町油日字杉本 | | 冨田氏 | | | 土塁 |

和田支城Ⅰ〈40-31〉

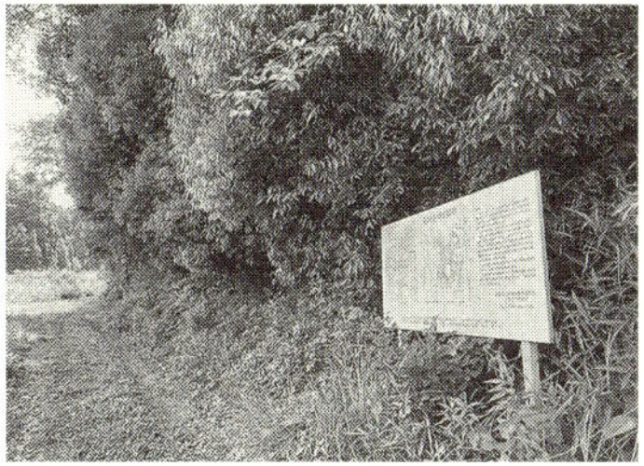
和田支城Ⅱ〈40-32〉

和田支城Ⅲ〈40-33〉

佐治城〈40-70〉

# 甲賀市 4 旧土山町〈41〉

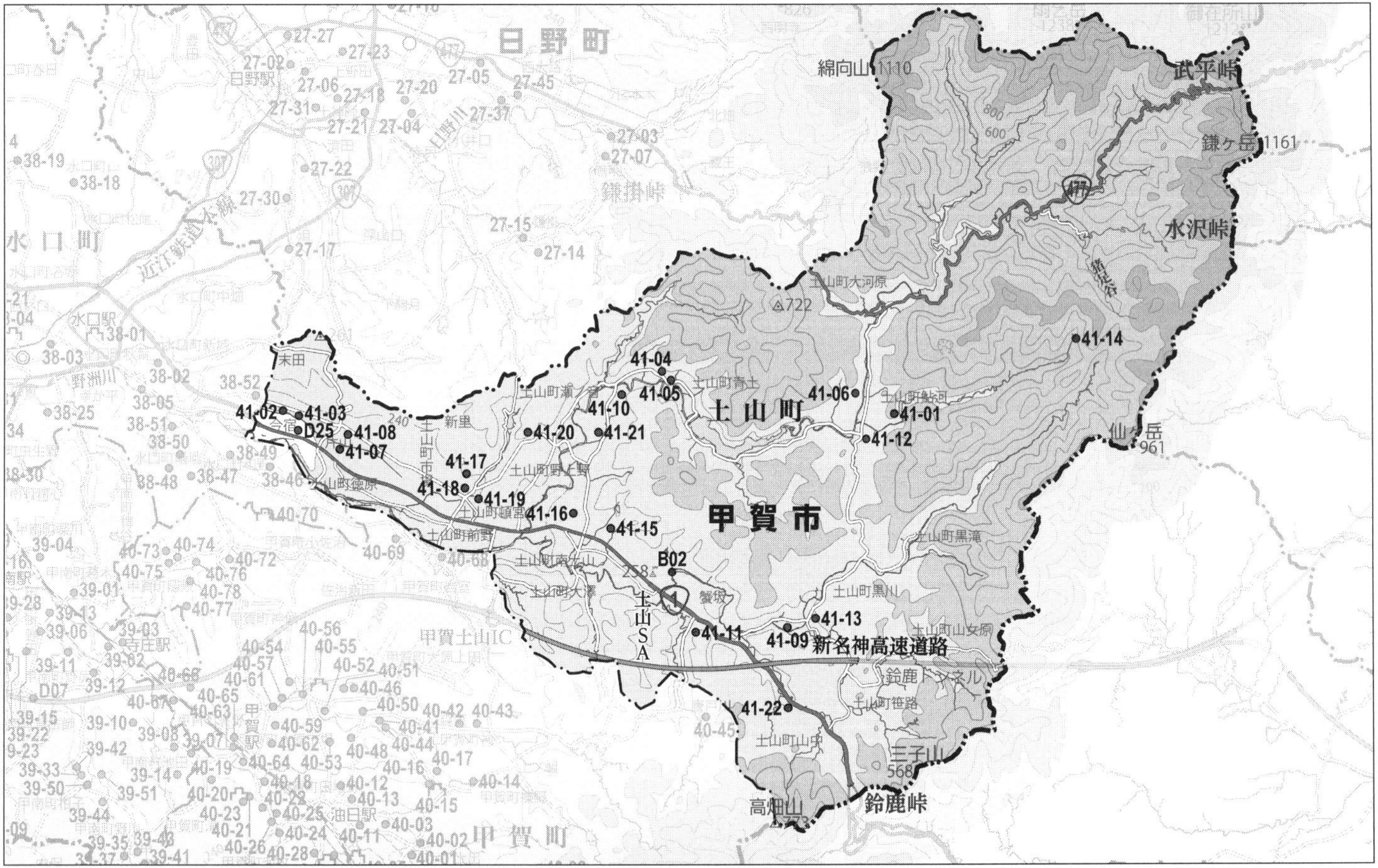
日野町
水口町
甲賀町
土山町
甲賀市
綿向山 1110
武平峠
鎌ヶ岳 1161
水沢峠
仙ヶ岳 961
三子山 568
鈴鹿峠
高畑山
鈴鹿トンネル
新名神高速道路
土山SA
甲賀土山IC
鎌掛峠
41-01
41-02
41-03
41-04
41-05
41-06
41-07
41-08
41-09
41-10
41-11
41-12
41-13
41-14
41-15
41-16
41-17
41-18
41-19
41-20
41-21
41-22
B02
D25

| 管理番号 | 城名 | 別名 | 所在地 | 築城年 | 主な城主 | 廃城年 | 指定 | 主な遺構 |
|---|---|---|---|---|---|---|---|---|
| 41-01 | 鮎河城《あゆかわ》 | | 土山町鮎河小字大谷 | 建武年間 | 頓宮弥九郎 | | | 土塁、曲輪、堀、城門の礎石 |
| 41-02 | 今宿西城《いまじゅくにし》 | | 土山町大野小字御城山 | 中世 | | | | |
| 41-03 | 今宿東城《いまじゅくひがし》 | | 土山町大野小字御城山 | 戦国 | | | | 土塁、堀 |
| 41-04 | 青土城《おおづち》 | | 土山町青土小字東野 | 室町 | 頓宮孝政 | | | |
| 41-05 | 青土南遺跡《おおづちみなみ》 | | 土山町青土 | | | | | |
| 41-06 | 大河原氏《おおかわらし》城 | | 土山町鮎河小字北山 | 長享年間（1487-89） | 大河原源太 | | | 曲輪、土塁、堀切、虎口、石垣 |
| 41-07 | 大野大屋敷《おおのおおやしき》城 | 大野城、大野氏邸 | 土山町大野小字里、大屋敷 | 中世 | 大野大蔵大夫 | | | 土塁、堀 |
| 41-08 | 大野山本《おおのやまもと》城 | 大野城 | 土山町大野小字山本 | 室町 | 大野大蔵大夫 | | | 堀、曲輪、土塁 |
| 41-09 | 大宮神社《おおみやじんじゃ》遺跡 | | 土山町黒川小字川西 | 中世 | 黒川玄蕃佐 | | | 土塁 |
| 41-10 | 音羽《おとわ》城 | 音羽野城、頓宮屋敷、頓宮邸址 | 土山町瀬ノ音小字上平 | 長享年間 | 頓宮利盛 | | | 長方形の郭、土塁、堀 |
| 41-11 | 蟹《かに》ケ坂《さか》城 | | 土山町北土山蟹ケ坂 | | 山中秀国 | | | |
| 41-12 | 黒川氏《くろかわし》城 | | 土山町鮎河小字坂尻 | 永禄年間 | 黒川玄蕃佐 | | | 曲輪、土塁、堀切、横堀、虎口、石垣、雁木 |
| 41-13 | 黒川《くろかわ》城 | 黒川砦 | 土山町黒川小字千谷・君ヶ谷・市場 | 応仁年間 | 黒川氏 | 天正13年 | | 方形の郭、土塁、堀 |
| 41-14 | 親王森《しんのうもり》遺跡 | | 土山町鮎河 | 中世 | | | | 石垣 |
| 41-15 | 土山《つちやま》城 | 土山氏砦 | 土山町北土山小字髭屋敷・松ノ木谷 | 文明年間 | 土山鹿之介 | 天正年間 | | 曲輪、土塁、堀、堀切、馬出、枡形虎口 |
| 41-16 | 城《じょう》ノ越《こし》城 | | 土山町北土山小字上平 | 中世 | | | | |
| 41-17 | 頓宮池《とんぐういけ》之《の》谷《たに》城 | 頓宮池ノ谷城 | 土山町頓宮小字池ノ谷 | 中世 | 頓宮氏 | | | 土塁 |
| 41-18 | 頓宮《とんぐう》館 | | 土山町頓宮小字城ノ前 | 室町 | 頓宮四方介 | | | 土塁 |

# 東海道御宿場印（滋賀県編）

鈴鹿峠を越えれば東海道五十三次49番目の宿場「土山宿」です。

滋賀県には土山・水口・石部・草津・大津と東海道の宿場が５つあります。

御宿場印の下に販売場所と、近隣のお城を記しました。

御城印と共に御宿場印も揃えてみては如何ですか？

※営業時間等は各販売所にお尋ねください。

## 土山宿

土山城〈41-15〉　田村神社〈B02〉

**東海道伝馬館**
甲賀市土山町北土山1570
☎0748-66-2770

**うかい屋**
甲賀市土山町南土山甲328
☎0748-66-0168

## 水口宿

水口城〈38-04〉　水口岡山城〈38-01〉

**甲賀市ひと・まち街道交流館**
甲賀市水口町八坂7-4
☎0748-70-3166

## 石部宿

石部城〈36-02〉　三雲城〈37-16〉

**湖南市観光協会**
湖南市岩根678-28
☎0748-71-2157

**石部宿 田楽茶屋**
湖南市石部西１丁目8-19
☎0748-77-5300

※三雲城近くの長谷商店自動販売機でも販売

## 草津宿

青地城〈34-01〉　大路井城〈34-06〉

**草津宿街道交流館**
草津市草津３丁目10-4
☎077-567-0030

## 大津宿

大津城〈43-10〉　膳所城〈43-24〉

**石山駅観光案内所**
大津市粟津町2-28
☎077-534-0706

**大津祭曳山展示館**
大津市中央１丁目2-27
☎077-525-0505

| 管理番号 | 城名 | 別名 | 所在地 | 築城年 | 主な城主 | 廃城年 | 指定 | 主な遺構 |
|---|---|---|---|---|---|---|---|---|
| 41-19 | 頓宮城山城《とんぐうしろやま》 | 頓宮城 | 土山町頓宮小字城山 | 室町 | 頓宮氏 | | | 曲輪、土塁、横堀、堀切 |
| 41-20 | 野上野《のがみの》城 | | 土山町野上野字頓宮山 | | | | | |
| 41-21 | 平子《ひらこ》館 | | 土山町平子小字森添 | 室町 | | | | 土塁 |
| 41-22 | 山中《やまなか》城 | | 土山町山中小字ハゲノシリ | 建久５年 | 山中新五郎俊直 | | | 土塁、堀 |
| B02 | 田村《たむら》神社 | | 土山町北土山 | 812年 | 坂上田村麻呂 | | | |
| C01 | 高尾《たかお》城 | 鷹尾城 | 土山町鮎河字大谷 | 南北朝 | 頓宮（鮎河）弥九郎 | | | 畝状竪堀、堀切、曲輪、横堀 |
| D25 | 今宿《いまじゅく》城 | | 土山町大野字千代 | 中世 | | | | 曲輪、土塁、堀 |

土山城〈41-15〉

土山城登城口にある石碑

頓宮城山城全景〈41-19〉

道の駅あいの土山

土山城御城印〈41-15〉

田村神社〈B02〉

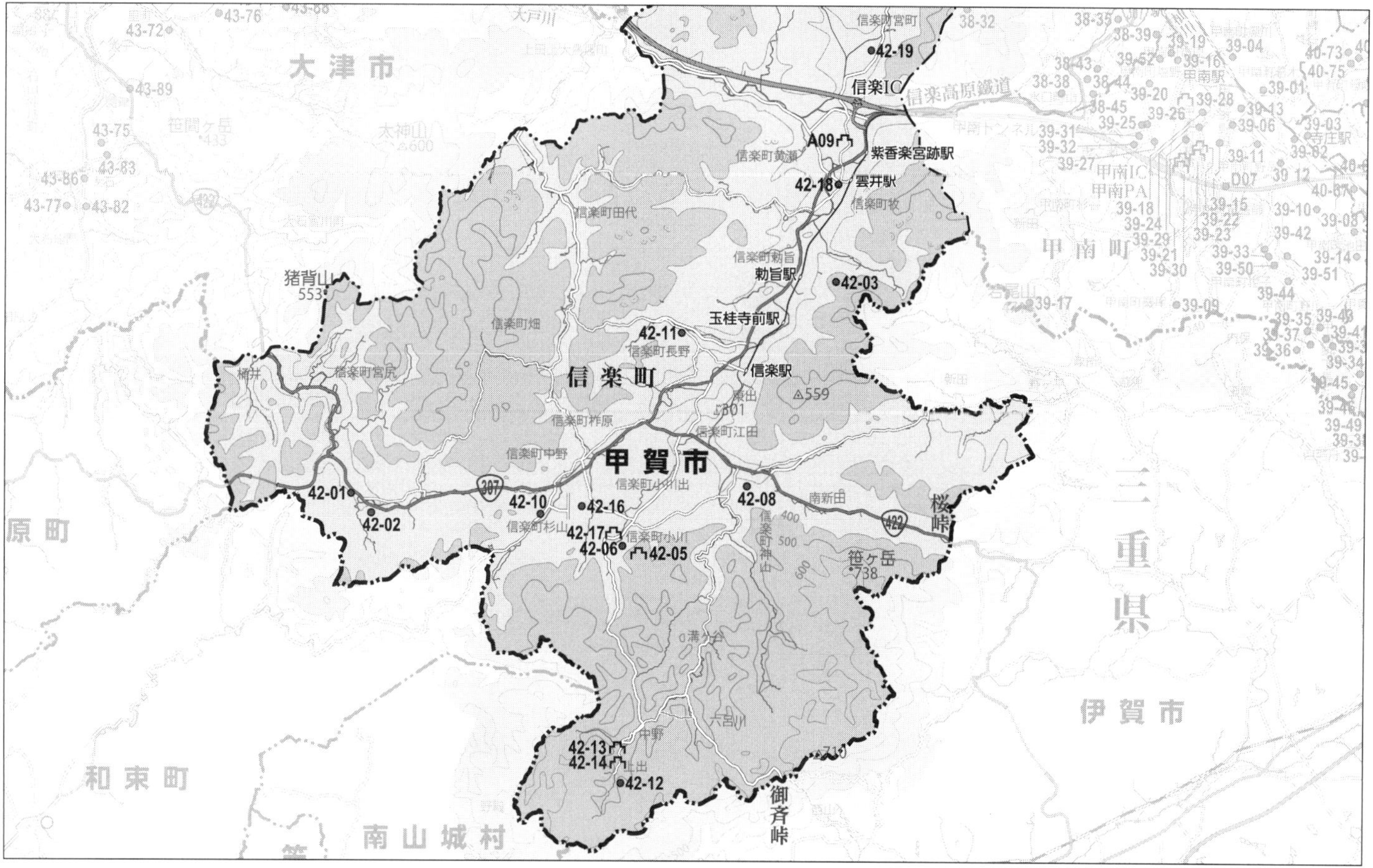
大津市
甲賀市
信楽町
三重県
伊賀市
甲南町
和束町
南山城村
原町
42-01
42-02
42-03
42-05
42-06
42-08
42-10
42-11
42-12
42-13
42-14
42-16
42-17
42-18
42-19
A09
信楽IC
信楽高原鐵道
紫香楽宮跡駅
雲井駅
勅旨駅
玉桂寺前駅
信楽駅
猪背山 553
笹ヶ岳 738
桜峠
御斉峠

| 管理番号 | 城名 | 別名 | 所在地 | 築城年 | 主な城主 | 廃城年 | 指定 | 主な遺構 |
|---|---|---|---|---|---|---|---|---|
| 42-01 | 朝宮城山城《あさみやしろやま》 | 朝宮城、赤松城 | 信楽町下朝宮小字間ケ谷・田中ノ垣内・四郎太郎・高皿 | 暦応３年 | 鶴見蔵人、赤松氏 | | | 曲輪、土塁、堀切、畝状竪堀、虎口 |
| 42-02 | 赤松《あかまつ》城 | 朝宮支城 | 信楽町下朝宮 | 戦国 | 赤松満祐 | | | 土塁 |
| 42-03 | 岩倉《いわくら》城 | | 信楽町勅旨小字左近道 | 建武４年 | 長野刑部 | | | |
| 42-04 | 宇田《うだ》館 | | 信楽町勅旨（位置不明） | | | | | |
| 42-05 | 小川《おがわ》城 | 城山城 | 信楽町小川小字和田 | 正安２年 | 鶴見長実が築城。多羅尾氏 | 文禄４年 | 県指 | 曲輪、石垣礎石、土塁、堀切、堀、虎口、井戸、通路、切岸 |
| 42-06 | 中之《なかの》城 | 小川中ノ城、小川支城Ⅰ | 信楽町小川小字舟ヶ谷 | 戦国 | 多羅尾氏 | | | 曲輪、土塁、堀切 |
| 42-07 | 黄瀬《きのせ》城 | | 信楽町黄瀬（詳細不明） | | | | | |
| 42-08 | 神山《こうやま》城 | 甲山城 | 信楽町神山小字城山 | 中世 | 神山氏 | | | 土塁、曲輪 |
| 42-09 | 神山《こうやま》陣屋 | | 信楽町神山（位置不明） | | | | | |
| 42-10 | 杉山《すぎやま》城 | | 信楽町杉山小字北垣外 | 中世 | | | | |
| 42-11 | 谷氏《たにし》館 | 友定城 | 信楽町長野小字浦白 | | 谷氏 | | | |
| 42-12 | 多羅尾《たらお》砦 | 多羅尾城 | 信楽町多羅尾小字千茗ヶ谷・和泉垣外 | 中世 | 多羅尾光俊 | | | 曲輪、土塁 |
| 42-13 | 多羅尾《たらお》陣屋 | 多羅尾代官陣屋、多羅尾城山城 | 信楽町多羅尾 | 慶長５年 | 多羅尾光俊 | | 市指 | 曲輪、土塁、堀切、内枡形 |
| 42-14 | 多羅尾代官《たらおだいかん》屋敷 | 多羅尾砦代官陣屋、多羅尾氏館、信楽陣屋、信楽役所 | 信楽町多羅尾小字古殿・前谷 | 慶長５年 | 多羅尾光俊 | 慶応４年 | 市指 | 石垣、庭園、堀切、曲輪、土塁 |
| 42-15 | 長野《ながの》城 | 二本丸 | 信楽町長野（詳細不明） | 室町 | 長野刑部丞元信 | | | |
| 42-16 | 中野《なかの》城 | 信楽中野城 | 信楽町中野小字畔ヶ芝 | 中世 | | | | |
| 42-17 | 西之《にしの》城 | 小川西ノ城、小川支城Ⅱ | 信楽町小川小字伊吹谷・西出 | 戦国 | 多羅尾氏 | | 市指 | 曲輪、土塁、堀切、土橋 |

| 管理番号 | 城名 | 別名 | 所在地 | 築城年 | 主な城主 | 廃城年 | 指定 | 主な遺構 |
|---|---|---|---|---|---|---|---|---|
| 42-18 | 牧村城《まきむら》 | 蒲生城 | 信楽町牧小字沢カイト | 元弘年間 | 蒲生秀朝 | | | |
| 42-19 | 宮町城《みやまち》 | 鵜飼城 | 信楽町宮町小字岡出 | 室町 | 鵜飼源八郎 | | | 土塁 |
| 42-20 | 山口陣屋《やまぐち》 | 山口館 | 信楽町下朝宮小字西堂坊 | 中世 | 山口氏 | | | 曲輪、土塁、堀 |
| A09 | 紫香楽宮《しがらきのみや》 | | 信楽町黄瀬 | 742年 | 聖武天皇 | 745年 | 国指 | |
| C29 | 多羅尾古城《たらおこ》 | | 信楽町多羅尾字古城 | 中世 | 多羅尾氏 | | | 曲輪、堀切 |

岩倉城〈42-03〉

小川城登城口〈42-05〉

小川城全景

神山城登城口〈42-08〉

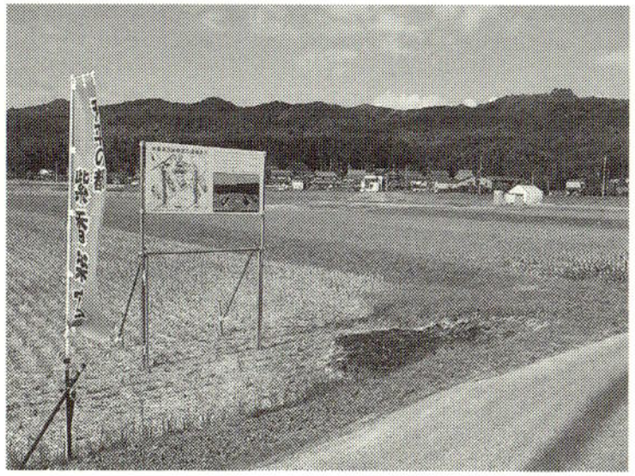
紫香楽宮〈A09〉

信楽といえばたぬき

# 大津市　旧大津市〈43〉　旧志賀町〈44〉

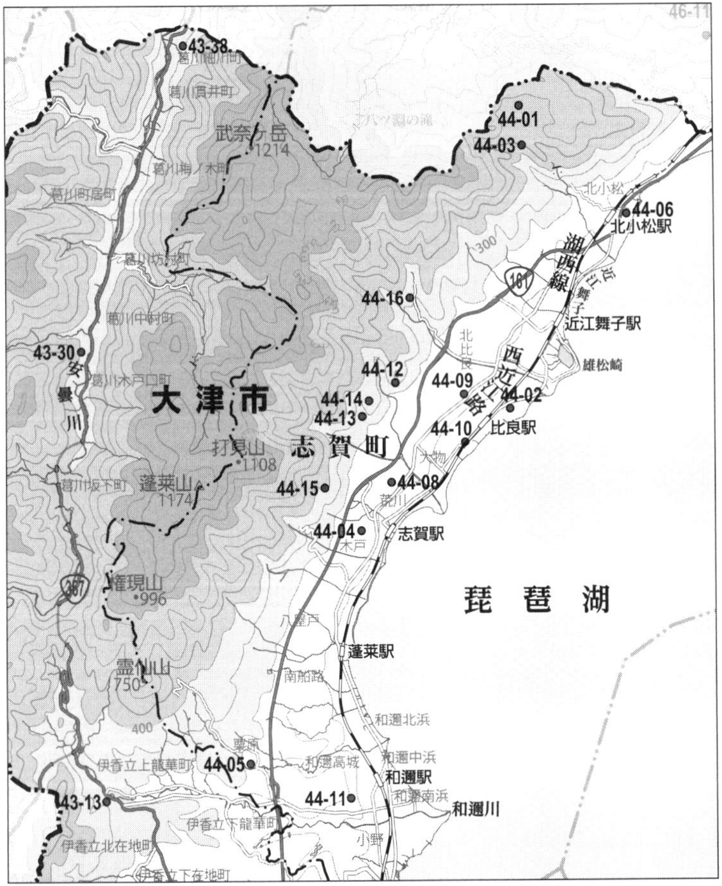

琵琶湖
大津京駅
柳ヶ崎
びわ湖浜大津駅
大津駅
膳所駅
大津SA
大津IC
京阪石山坂本線
瀬田駅
石山駅
東海道本線
東海道
東海道新幹線
草津PA
草津田上IC
瀬田東JCT
瀬田東IC
瀬田西IC
石山寺駅
石山IC
瀬田川
京滋バイパス
南郷IC
笹間ヶ岳
433
太神山
△600
大戸川
大津市
草津市
栗東市
栗東町
石部町
京都府
新名神高速道路
43-07
43-14
43-41
43-10
43-42
43-63
43-61
43-39
43-34
43-24
43-64
43-62
43-37
43-84
43-80
43-04
43-25
43-35
43-85
43-72
43-73
43-74
43-76
43-88
43-89
43-75
43-83
43-86
43-77
43-82
43-70
A05

| 管理番号 | 城名 | 別名 | 所在地 | 築城年 | 主な城主 | 廃城年 | 指定 | 主な遺構 |
|---|---|---|---|---|---|---|---|---|
| 43-01 | 青山城《あおやま》 | 音山城 | 坂本本町 | | 志賀の陣の際、浅井・朝倉軍が布陣、左京太夫実定 | | | |
| 43-02 | 穴太城《あのう》 | | 穴太町 | | | | | |
| 43-03 | 粟津陣所《あわづ》 | | (位置不明) | | | | | |
| 43-04 | 石山城《いしやま》 | | 石山寺１丁目 | 15世紀 | 山岡景友 | 天正年間 | | |
| 43-05 | 石山陣所《いしやま》 | | (位置不明) | | 細川氏 | | | |
| 43-06 | 今堅田城《いまかたた》 | | 今堅田町 | 14世紀 | 渡辺昌、磯谷久次 | 天正元年 | | |
| 43-07 | 宇佐山城《うさやま》 | 志賀山城 | 錦織町 | 元亀元年 | 森可成 | 元亀２年 | | 曲輪、土塁、竪堀、横堀、虎口、石垣 |
| 43-08 | 延暦寺《えんりゃくじ》の遺構 | | 坂本本町 | 元亀元年 | 浅井軍、朝倉軍 | 元亀２年 | 国指 | 堀切、土塁、空堀 |
| 43-09 | 仰木城《おうぎ》 | | 仰木町 | 永享年間 | 高山氏 | 天正年間 | | |
| 43-10 | 大津城《おおつ》 | | 浜大津1-5 | 天正14年 | 浅野長政、京極高次 | 慶長６年 | | 石垣、礎石 |
| 43-11 | 大津陣所《おおつ》 | | (位置不明) | | 足利将軍、細川氏 | | | |
| 43-12 | 雄琴城《おごと》 | 和田氏館 | 雄琴 | 天文７年 | 和田氏、浅井氏 | 天正11年 | | |
| 43-13 | 小父母山城《こいもやま》 | 小父母城 | 伊香立途中町 | | 下司中原包高 | | | |
| 43-14 | 園城寺光浄院《おんじょうじこうじょういん》陣所 | | 園城寺町 | | 第２次六角氏征伐の際、足利義材の本陣。織田信長も布陣 | | | |
| 43-15 | 堅田城《かたた》 | | 本堅田 | 永禄年間 | 沢田兵庫介、殿原衆、青地駿河守 | 元亀元年 | | |
| 43-16 | 香取館《かとり》 | | 坂本本町 | | 香取 | | | |
| 43-17 | 辛崎城《からさき》 | 辛崎砦、唐崎城 | 際川 | | 織田信長の陣所 | | | |
| 43-18 | 衣川城《きぬがわ》 | | 衣川 | | 山内氏 | | | |

| 管理番号 | 城名 | 別名 | 所在地 | 築城年 | 主な城主 | 廃城年 | 指定 | 主な遺構 |
|---|---|---|---|---|---|---|---|---|
| 43-19 | 小塚山城《こつかやま》 | | 苗鹿 | | | | | |
| 43-20 | 小番城《こばんぎ》 | | 本堅田 | | | | | |
| 43-21 | 五別所城《ごべつしょ》 | | 園城寺町（位置不明） | | | | | |
| 43-22 | 坂本城《さかもと》 | | 下阪本 | 元亀２年 | 明智光秀 | 天正16年 | | 石垣、礎石、井戸 |
| 43-23 | 坂本陣所《さかもと》 | | （位置不明） | | 六角氏征伐や志賀の陣で、足利将軍や織田信長が布陣 | | | |
| 43-24 | 膳所城《ぜぜ》 | 石鹿城 | 膳所丸の内町・本丸町 | 慶長６年 | 戸田氏、本多氏 | 明治３年 | | 門、曲輪 |

宇佐山城〈43-07〉

根本中堂〈43-08〉

坂本城石碑〈43-22〉

坂本城跡

膳所城公園入口〈43-24〉

大津城石垣〈43-10〉

明智光秀の菩提寺 西教寺

坂本城跡

# 膳所城

〈43-24〉

膳所城は慶長６年（1601）大津城に変わり徳川家康によって天下普請で築城されました。

別名を石鹿城《せきろく》といい、本丸が琵琶湖に突き出た水城の構造を持ち、東海道を城下に組み入れた縄張です。

膳所藩主戸田家、本多家６万石の居城としてその雄姿を誇りましたが、明治３年（1870）に廃城となりました。

城門などの遺構は市内の神社他十数カ所に移築され、本丸跡は公園となっています。

膳所城復元櫓

膳所神社に移築された表門

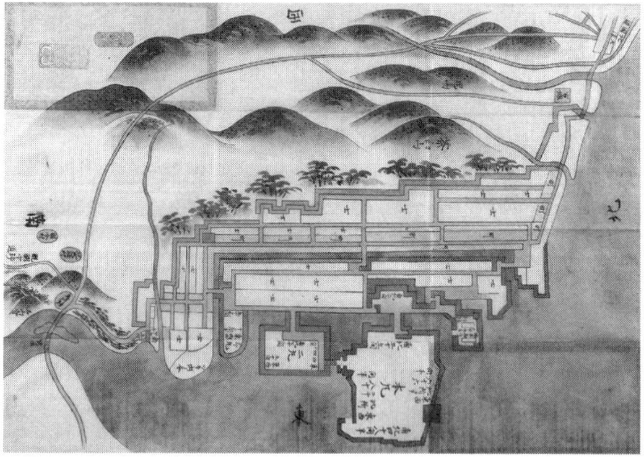

浅野文庫「諸国当城之図より「近江 膳所」（広島市立中央図書館蔵）

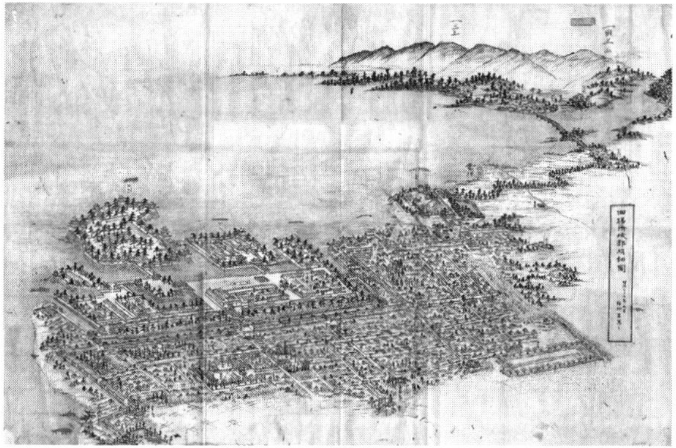

『旧膳所城郭明細図』（滋賀県立図書館所蔵）

| 管理番号 | 城名 | 別名 | 所在地 | 築城年 | 主な城主 | 廃城年 | 指定 | 主な遺構 |
|---|---|---|---|---|---|---|---|---|
| 43-25 | 千町城《せんちょう》 | | 石山千町 | | | | | |
| 43-26 | 高月城《たかつき》 | | 衣川町 | | | | | |
| 43-27 | 田《た》中《なか》砦 | | 下阪本 | | 柴田勝家らの陣所 | | | |
| 43-28 | 壺笠山《つぼかさやま》城 | | 坂本本町 | 永禄・元亀年間 | 浅井長政 | 元亀年間 | | 曲輪、虎口、石橋 |
| 43-29 | 戸《と》津《づ》陣所 | | （位置不明） | | 第２次六角氏征伐の際、足利義材の陣所 | | | |
| 43-30 | 中村《なかむら》城 | | 葛川中村町 | | | | | |
| 43-31 | 堅田《かただ》陣屋 | | 本堅田 | 元禄11年 | 堀田氏 | 文化３年 | | 舟入 |
| 43-32 | 苗《のう》鹿《か》館 | | 苗鹿 | | | | | |
| 43-33 | 天神社《てんじんしゃ》の遺構 | 天神社の遺構 | 衣川 | | | | | |
| 43-34 | 馬《ばん》場《ば》城 | | 馬場３丁目 | | | | | |
| 43-35 | 平《ひら》津《つ》城 | | 平津町 | | | | | |
| 43-36 | 穴太《あのう》三丁目山中遺構 | 穴太三丁目西方山中の遺構 | 穴太３丁目 | | | | | 堀切、郭 |
| 43-37 | 別保《べっぽ》城 | | 別保 | | | | | |
| 43-38 | 細川《ほそかわ》城 | | 葛川細川町 | | | | | |
| 43-39 | 松本《まつもと》城 | 民部古城 | 松本・石場・本宮 | | 松本民部少輔 | | | |
| 43-40 | 真《ま》野《の》城 | | 真野 | | 真野氏 | 永正15年 | | |
| 43-41 | 園城寺《おんじょうじ》の遺構 | 三井寺城 | 園城寺町 | | | | | 土塁、石垣、虎口 |
| 43-42 | 三《み》井《い》寺《でら》陣所 | | 園城寺町 | | | | | |
| 43-43 | 山中《やまなか》城 | | 山中町 | 戦国 | 磯谷氏 | | | 土塁、曲輪、竪堀 |

| 管理番号 | 城名 | 別名 | 所在地 | 築城年 | 主な城主 | 廃城年 | 指定 | 主な遺構 |
|---|---|---|---|---|---|---|---|---|
| 43-45 | 源《みなもと》 満仲《みつなか》館 | 御所之山の遺構 | 仰木 | | 多田満仲 | | | |
| 43-46 | 石山寺《いしやまてら》山上遺構 | 石山寺の山上の遺構 | 石山寺 | | | | | 竪堀、堀切、郭 |
| 43-47 | 志賀《しが》城 | | (位置不明) | | 森可成 | | | |
| 43-48 | 滋賀《しが》陣所 | | (位置不明) | | | | | |
| 43-49 | 壷笠山《つぼかさやま》支城 | 壷笠山城の西尾根上の遺構 | 坂本本町 | 戦国 | 朝倉氏・浅井氏 | | | 竪堀 |
| 43-50 | 衣掛岩《ころもかけいわ》南尾根遺構 | 大宮谷川衣掛け岩南の尾根遺構 | 坂本本町 | | | | | 竪堀、郭 |
| 43-51 | 花摘堂《はなつみどう》東尾根遺構 | 花摘み堂の東の尾根上の遺構 | 坂本本町 | | | | | |
| 43-52 | 一本杉西《いっぽんすぎにし》城 | 一本杉西の城 | 坂本本町 | | | | | |
| 43-53 | 一本杉南《いっぽんすぎみなみ》尾《お》根《ね》遺構 | 一本杉の南の尾根遺構(一本杉駐車場の南尾根遺構) | 坂本本町 | | | | | |
| 43-54 | 一本杉南《いっぽんすぎみなみ》尾《お》根《ね》先《さき》遺構 | 一本杉の南の尾根遺構(一本杉駐車場の南尾根先の遺構) | 坂本本町 | | | | | 堀切、竪堀 |
| 43-55 | 夢見《ゆめみ》ヶ丘北東《おかほくとう》尾根遺構 | 夢見ヶ丘北東尾根上の遺構 | 坂本本町 | | | | | 郭 |
| 43-56 | 比叡山西《ひえいざんにし》遺構 | 比叡山ホテルの東遺構 | 坂本本町 | | | | | 土塁 |
| 43-57 | 御輿山《みこしやま》・白鳥山遺構 | 御輿山・白鳥山西方尾根上の遺構、白鳥山城 | 坂本本町 | 戦国 | 浅井・朝倉氏 | | | 郭、石垣、竪堀、堀切 |
| 43-58 | 日吉神宮《ひよしじんぐう》寺跡《じあと》遺構 | 日吉神宮寺跡周辺の遺構 | 坂本本町 | | | | | |
| 43-59 | 日吉神宮山《ひよしじんぐうやま》遺構 | | 坂本本町 | | 志賀の陣の際の浅井・朝倉軍の陣所 | | | |

| 管理番号 | 城名 | 別名 | 所在地 | 築城年 | 主な城主 | 廃城年 | 指定 | 主な遺構 |
|---|---|---|---|---|---|---|---|---|
| 43-60 | 蜂《はち》が峰《みね》砦 | 日吉八王子山遺構 | 坂本本町 | | 浅井・朝倉軍 | | | |
| 43-61 | 長《なが》等《ら》山《やま》陣所 | 逢坂２丁目周辺の遺構（一本杉駐車場） | 逢坂２丁目 | 慶長５年 | 関ケ原合戦西軍（立花宗茂と毛利軍） | | | |
| 43-62 | 逢坂関《おうさかのせき》 | 逢坂山周辺の遺構 | 大谷町 | 弘仁元年 | | | | 石碑 |
| 43-63 | 如《にょ》意《い》ヶ《が》嶽《たけ》城 | 如意越えの遺構 | 園城寺町・山上町 | 文明元年 | 多賀高忠 | | | 堀切、竪堀 |
| 43-64 | 松本山《まつもとやま》の遺構 | | 膳所池ノ内町 | | | | | |
| 43-65 | 生津《なまづ》城 | | 伊香立下在地町 | 16世紀 | 林宋林坊 | | | 石垣、堀切、土塁、櫓台、礎石 |
| 43-66 | 夢見丘《ゆめみがおか》城 | 夢見丘城砦 | 坂本本町 | | 浅井・朝倉軍 | | | 竪堀 |
| 43-67 | 比叡山《ひえいざん》西南遺構 | 比叡山ホテルの北東遺構 | 坂本本町 | | | | | |
| 43-68 | 穴太《あのう》野添《のぞえ》の遺構 | | 穴太３丁目 | | 浅井・朝倉軍 | | | |
| 43-69 | 瀬田《せた》陣所 | 松本陣所 | （位置不明） | | 本能寺の変後、明智光秀が布陣 | | | |
| 43-70 | 曽束《そつか》城 | | 大石曽束 | | | | | |
| 43-71 | 太支《たし》城 | | 太子町（位置不明） | | | | | |
| 43-72 | 田上《たなかみ》城 | 里城 | 里 | 天正年間 | 田上氏・多羅尾氏 | | | 腰郭、空堀 |
| 43-73 | 中野《なかの》城 | | 中野 | | 田上氏、中野氏 | | | 削平地、砕石材、神社土塁 |
| 43-74 | 羽栗《はぐり》城 | | 羽栗 | | 中野氏、佐久間久右衛門 | | | |
| 43-75 | 妙見山《みょうけんやま》城 | 大石東館 | 大石東 | 室町 | 大石久右衛門義信 | | | 曲輪、土塁、空堀、堀切、箱堀、竪堀、虎口 |
| 43-76 | 森《もり》城 | | 森 | | | | | |
| 43-77 | 淀《よど》城 | | 大石淀 | | 宇治田原城主山口氏の配下、有馬玄蕃頭 | | | |

# 壬申の乱 —滋賀編—

大津宮で天智天皇崩御後の西暦672年（壬申《みずのえさる》）、天皇の長男・大友皇子を中心とする近江朝廷と、出家して大和吉野にいた天皇の弟・大海人皇子との間に起こった古代最大の内乱である。

大海人皇子は吉野を抜け出て伊賀・伊勢を通り美濃に到着。大海人皇子は野上行宮に本拠地を置き、長子高市皇子に和蹔（後の不破関）を守らせた。

近江朝廷軍も進軍したが大海人皇子軍の村国男依主力軍は息長横河の戦い、鳥籠山の追討、安河浜の戦い、栗太の戦いと勝利。大和国で大海人皇子と呼応した大友吹負軍が飛鳥京占拠や琵琶湖西側羽田公矢国別働隊が三尾城を降ろす。

村国男依主力軍は瀬田の唐橋の激戦を征して粟津岡（大津市膳所茶臼山の秋葉神社に壬申の乱史跡跡顕彰碑あり）に軍営を置き、大津宮へ進撃して大友皇子を自害させ勝利する。

大海人皇子は大和へ戻り天武天皇に即位する。

壬申の乱図（『壬申の乱の時代』岐阜県博物館2017より）

息長横河の戦い

瀬田の唐橋

安河浜の戦い

蒲生野公園

近江大津京

弘文天皇陵

| 管理番号 | 城名 | 別名 | 所在地 | 築城年 | 主な城主 | 廃城年 | 指定 | 主な遺構 |
|---|---|---|---|---|---|---|---|---|
| 43-78 | 芝原《しばはら》陣所 | | （位置不明） | | | | | |
| 43-79 | 杉生坊《すぎおぼう》城 | | （位置不明） | | | | | |
| 43-80 | 瀬田《せた》城 | 勢多城、<br>勢多山岡城 | 瀬田２丁目 | 永享年間 | 山岡景隆 | 天正11年 | | 土塁 |
| 43-82 | 大石《おおいし》館 | 大石城 | 大石中７丁目 | 戦国 | 大石氏 | | | 土塁、堀 |
| 43-83 | 大石東《おおいしひがし》館 | | 大石東 | | 大石良信 | | | |
| 43-84 | 大江《おおえ》城 | 窪江城 | 瀬田大江町 | 建武年間 | 高野甲斐守、山岡対馬守景祐 | 天正10年 | | 石垣、土塁、曲輪 |
| 43-85 | 黒津《くろつ》城 | 大日山城 | 黒津 | | | | | 櫓台、犬走 |
| 43-86 | 小山《こやま》館 | | 大石中 | | 小山判官 | | | 堀切 |
| 43-87 | 芝原《しばはら》城 | | 上田上芝原町 | | 中野氏 | | | |
| 43-88 | 城《しろ》ケ岳《たけ》城 | | 上田上新免町 | | | | | |
| 43-89 | 関津《せきのつ》城 | | 関津 | 承久３年 | 宇野源太郎守治 | | | 竪堀、三郭と郭内で 井戸・門・礎石建物・蔵、外桝形虎口、石段 |
| A05 | 大津宮《おおつのみや》 | | 錦織 | 天智天皇<br>２年 | 天智天皇、大友皇子 | 天智天皇<br>11年 | 国指 | |
| A06 | 瀬田《せた》の唐橋《からはし》 | 唐橋遺跡 | 唐橋町・瀬田 | ７世紀<br>後半 | | | | 橋脚遺構 |
| E16 | 中野《なかの》代官所 | | 上田上中野町 | | 膳所藩 | | | |
| 44-01 | 寒風峠《かんぷうとうげ》の遺構 | | 北小松 | | | | | |
| 44-02 | 北比良《きたひら》城 | 福田寺 | 北比良 | | | | | |
| 44-03 | 涼峠山《すずみとうげやま》城 | 涼峠の遺構 | 北小松 | | | | | |
| 44-04 | 木戸《きど》城 | | 木戸 | | 越中氏、木戸十乗坊、<br>田子氏久 | | | |

| 管理番号 | 城名 | 別名 | 所在地 | 築城年 | 主な城主 | 廃城年 | 指定 | 主な遺構 |
|---|---|---|---|---|---|---|---|---|
| 44-05 | 栗原城《くりはら》 | | 栗原 | | | | | |
| 44-06 | 小松城《こまつ》 | 伊藤城、伊藤氏館、北小松城 | 北小松 | 室町 | 小松内膳、伊藤氏 | | | 屋敷跡 |
| 44-07 | 招平山城《しょうへいやま》 | | 北小松（位置不明） | | | | | |
| 44-08 | 荒川城《あらかわ》 | | 荒川 | | 木戸十乗坊 | | | |
| 44-09 | 比良城《ひら》 | 田中城 | 北比良・南比良（樹下神社近辺） | | 田中定光 | 天正10年 | | |
| 44-10 | 南比良城《みなみひら》 | | 南比良 | | | | | |
| 44-11 | 和邇城《わに》 | | 和邇高城 | 中世末期 | 和邇金城坊、浅井・朝倉軍に対する織田信長方の陣所 | | | |
| 44-12 | 野々口城《ののぐち》 | | 南比良 | | 野々口氏 | | | 土塁、竪堀 |
| 44-13 | 歓喜寺城《かんきじ》 | 歓喜寺の遺構 | 大物 | 室町 | 木戸氏 | 元亀３年 | | 石垣、堀切 |
| 44-14 | 歓喜寺山城《かんきじやま》 | 歓喜寺山の遺構 | 大物 | 室町 | 木戸氏（佐野氏） | 元亀３年 | | 堀切、石積 |
| 44-15 | 木戸山城《きどやま》 | 城尾山城 | 木戸 | 戦国 | 佐野氏 | | | 堀切、土塁 |
| 44-16 | ダンダ坊《ぼう》遺跡 | 團田坊、ダンダ坊城 | 北比良 | 平安 | 比叡山延暦寺 | 元亀３年 | | 食違い虎口、石垣、庭園 |

三井寺（園城寺）〈43-41〉

瀬田城趾〈43-80〉

関津城〈43-89〉

義仲寺

# 高島市 1 旧朽木村〈45〉 旧高島町〈46〉

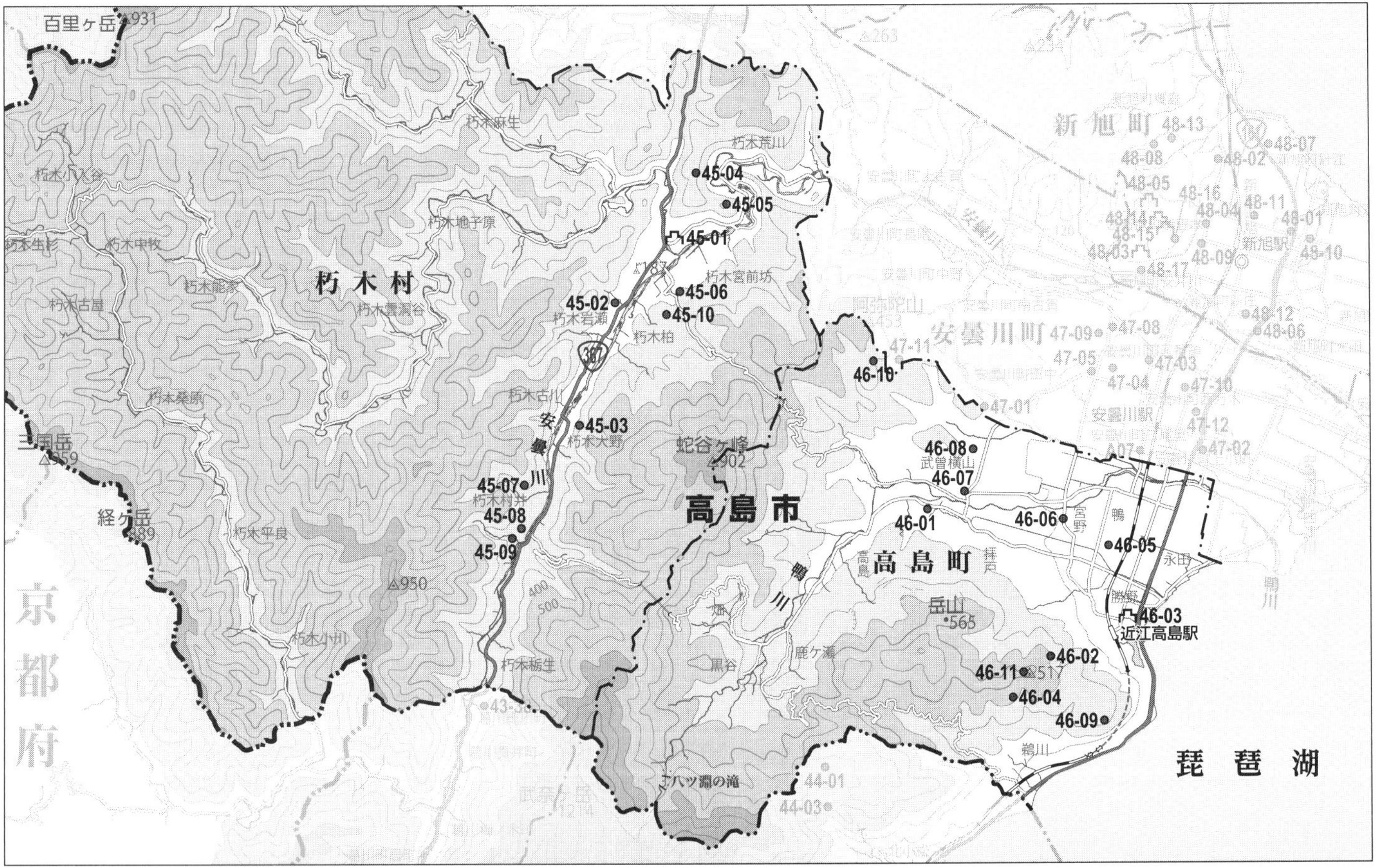

| 管理番号 | 城名 | 別名 | 所在地 | 築城年 | 主な城主 | 廃城年 | 指定 | 主な遺構 |
|---|---|---|---|---|---|---|---|---|
| 45-01 | 朽木《くつき》陣屋 | 朽木城、朽木氏館 | 朽木野尻 | 15世紀 | 朽木元綱 | 慶応４年 | 県指 | 堀、土塁、石垣、井戸 |
| 45-02 | 岩神《いわがみ》館 | 岩神殿、秀隣寺庭園、朽木氏岩神館 | 朽木岩瀬 | 享禄元年 | 朽木氏 | 17世紀 | | 土塁、堀、庭園 |
| 45-03 | 大野《おおの》城 | 大野館 | 朽木大野 | | | | | |
| 45-04 | 西山《にしやま》城 | | 朽木市場・荒川・西山 | 14世紀 | 朽木氏 | | | 曲輪、土塁、二重堀切、虎口、烽火台 |
| 45-05 | 野尻坂《のじりざか》の遺構 | 野尻坂砦 | 朽木野尻 | 享禄元年 | 朽木氏 | | | 空堀、土塁、曲輪、井戸 |
| 45-06 | 坊殿《ぼうどの》館 | 坊殿少将館遺跡 | 朽木宮前坊 | 平安 | 山門領荘坊殿少将 | | | |
| 45-07 | 村井《むらい》城 | | 朽木村井字棚林 | | | | | |
| 45-08 | 湧出《わきで》館 | | 朽木村井字湧出 | | | | | 土塁 |
| 45-09 | 池《いけ》ノ沢《さわ》の遺構 | 池の沢庭園 | 朽木村井 | 平安末期 | | | | 平安末～鎌倉時代前期の庭園 |
| 45-10 | 入部谷《にゅうだに》城 | | 朽木柏 | | | | | 石積 |
| 46-01 | 伊黒《いくろ》城 | | 高島 伊黒 | | 浅賀・林・法泉坊 | 天正元年 | | 土塁、曲輪 |
| 46-02 | 打下《うちおろし》城 | 大溝古城 | 勝野字長法寺 | 永正２年 | 林員清、高島氏 | 天正６年 | | 曲輪、土塁、堀切、竪堀、横堀、石垣、畝堀、虎口、土橋 |
| 46-03 | 大溝《おおみぞ》城 | 高島城・鴻溝城 | 勝野字郭内 | 天正６年 | 織田信澄 | 元和５年 | 市指 | 石垣、曲輪、堀 |
| 46-04 | 長法寺《ちょうほうじ》遺跡 | | 鵜川 | | | | | |
| 46-05 | 永田《ながた》城 | | 永田字城出 | | 永田氏 | | | 土塁、堀 |
| 46-06 | 宮野《みやの》城 | | 宮野 | | 是祥坊 | | | |
| 46-07 | 武曽《むそ》城 | | 武曽横山 | | 横山氏 | 元亀３年 | | 土塁 |
| 46-08 | 横山《よこやま》城 | | 武曽横山 | | 横山氏 | 元亀３年 | | |

| 管理番号 | 城名 | 別名 | 所在地 | 築城年 | 主な城主 | 廃城年 | 指定 | 主な遺構 |
|---|---|---|---|---|---|---|---|---|
| 46-09 | 白鬚神社《しらひげじんじゃ》背後の山中遺構 | 白鬚神社背後の山中の遺構A～D | 鵜川 | | | | | 郭、土塁、堀切 |
| 46-10 | 太山寺《たいさんじ》城 | | 武曽横山 | | | | | 土塁、石積 |
| 46-11 | 長法寺《ちょうほうじ》の北遺構 | | 鵜川 | | | | | 土塁 |
| A07 | 三尾《みおのき》城推定列石 | | 勝野字三尾ヶ崎 | | | 672年<br>壬申の乱 | | |
| E03 | 大溝《おおみぞ》陣屋 | | 勝野字郭内 | 元和５年 | 分部家 | 明治４年 | | 長屋門 |

朽木陣屋井戸〈45-01〉

岩神館のあった秀隣寺庭園〈45-02〉

大溝城石垣〈46-03〉

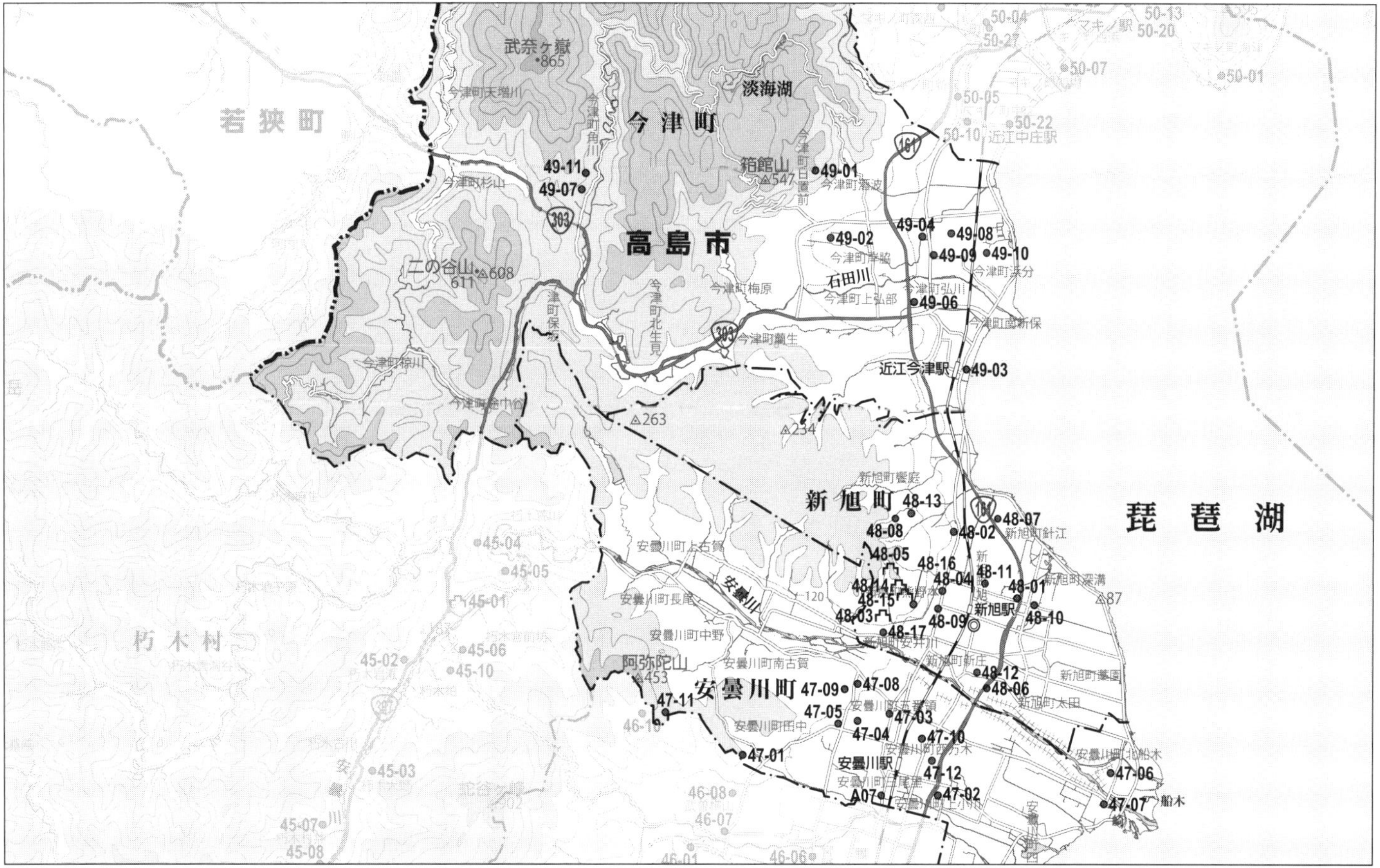
琵琶湖
高島市
今津町
新旭町
安曇川町
若狭町
朽木村
武奈ヶ嶽 865
淡海湖
箱館山 △547
二の谷山 611 △608
阿弥陀山 453
石田川
安曇川
近江今津駅
新旭駅
安曇川駅
49-01
49-02
49-03
49-04
49-06
49-07
49-08
49-09
49-10
49-11
48-01
48-02
48-03
48-04
48-05
48-06
48-07
48-08
48-09
48-10
48-11
48-12
48-13
48-14
48-15
48-16
48-17
47-01
47-02
47-03
47-04
47-05
47-06
47-07
47-08
47-09
47-10
47-11
47-12
A07

| 管理番号 | 城名 | 別名 | 所在地 | 築城年 | 主な城主 | 廃城年 | 指定 | 主な遺構 |
|---|---|---|---|---|---|---|---|---|
| 47-01 | 田中城《たなか》 | 上寺城、上の城 | 安曇川町田中字大畑 | 14世紀 | 田中氏 | 16世紀 | | 大土塁、堀、伝天守、曲輪、井戸 |
| 47-02 | 小川城《おがわ》 | | 安曇川町上小川 | 戦国 | 小川氏 | | | 土塁、堀 |
| 47-03 | 五番領城《ごばんりょう》 | | 安曇川町五番領字西良 | 応安２年 | 山崎氏 | 元亀年間 | | 土塁、堀 |
| 47-04 | 田中氏館《たなかし》 | 下ノ城、南市城 | 安曇川町田中 | | 田中氏 | | | 堀 |
| 47-05 | 田中砦《たなか》 | | 安曇川町田中 | | | | | |
| 47-06 | 舟木城《ふなき》 | 船木城 | 安曇川町北船木 | | 佐々木能登守 | 元亀３年 | | 石垣、堀 |
| 47-07 | 普門寺城《ふもんじ》 | 西条城 | 安曇川町南船木 | | 松下氏 | | | 土塁 |
| 47-08 | 三重生城《みおう》 | | 安曇川町常磐木 | | | | | 土塁、堀 |
| 47-09 | 三重生砦《みおう》 | | 安曇川町庄常盤木庄堺 | | | | | |
| 47-10 | 万木城《ゆるぎ》 | 西万木遺跡 | 安曇川町西万木 | 15世紀後半 | 万木氏 | 16世紀前半 | | 堀、土塁 |
| 47-11 | 太山寺《たいさんじ》の遺構 | 阿弥陀山城 | 安曇川町田中阿弥陀山の中腹にある | | | | | 郭、土塁 |
| 47-12 | 西万木遺跡《にしゆるぎ》 | | 安曇川町西万木 | | 万木氏 | | | 堀と土塁で囲まれた 半町四方の居館 |
| D22 | 万木陣屋《ゆるぎ》 | 東万木城 | 安曇川町青柳 | 織豊 | 万木能登守高成 | | | |

白鬚神社の裏に遺構がある〈46-09〉

白鬚神社の鳥居

田中城〈47-01〉

| 管理番号 | 城名 | 別名 | 所在地 | 築城年 | 主な城主 | 廃城年 | 指定 | 主な遺構 |
|---|---|---|---|---|---|---|---|---|
| 48-01 | 饗庭《あいば》館 | | 新旭町旭 | | | | | |
| 48-02 | 五十川《いかがわ》城 | | 新旭町饗庭 | | 吉武氏（法泉坊） | | | 土塁 |
| 48-03 | 井《い》ノ口《くち》館 | 本堂谷遺跡 | 新旭町安井川井ノ口蓮池 | | | | 国指 | 空堀、土塁、曲輪 |
| 48-04 | 今市《いまいち》城 | | 新旭町熊野本 今市 | | | | | |
| 48-05 | 清水山《しみずやま》城 | 日高山城、<br>木戸城 | 新旭町熊野本・安井川 | 応仁年間 | 佐々木越中氏、高島氏 | 元亀３年 | 国指 | 曲輪、土塁、畝状竪堀、堀切、礎石、<br>虎口 |
| 48-06 | 新庄《しんじょう》城 | | 新旭町新庄 | 室町 | 新庄実秀、多古上野、<br>磯野員昌 | 天正６年 | | 土塁、曲輪、堀、井戸 |
| 48-07 | 吉武《よしたけ》城 | 針江城 | 新旭町旭 田井 | | 吉武氏 | | | 堀、建物跡 |
| 48-08 | 日爪《ひづめ》城 | 日爪城山 | 新旭町饗庭 | 16世紀代 | 日爪氏 | | | 曲輪、土塁、堀切、竪堀、横堀、虎口、<br>土橋 |
| 48-09 | 平井《ひらい》城 | 熊野本平井 | 新旭町熊野本 平井 | | 平井氏 | | | |
| 48-10 | 深溝《ふかみぞ》城 | | 新旭町深溝 | | | | | |
| 48-11 | 森《もり》館 | | 新旭町旭 森 | | | | | 明治６年地籍図にＬ字状土塁 |
| 48-12 | 大善寺《だいぜんじ》の遺構 | | 新旭町新庄 | | | | | 土塁 |
| 48-13 | 日爪《ひづめ》の遺構 | | 新旭町饗庭 日爪 | | | | | 郭、池 |
| 48-14 | 清水寺《せいすいじ》の遺構 | 清水山遺跡 | 新旭町熊野本 | | | | 国指 | 土塁による方形区画 |
| 48-15 | 地蔵谷《じぞうだに》の遺構 | 清水山遺跡 | 新旭町熊野本 | | | | 国指 | 土塁による方形区画 |
| 48-16 | 御屋敷《おやしき》遺跡 | | 新旭町安井川 | | | | | |
| 48-17 | 麻畑《あさばたけ》の遺構 | | 新旭町安井川 | | | | | |

| 管理番号 | 城名 | 別名 | 所在地 | 築城年 | 主な城主 | 廃城年 | 指定 | 主な遺構 |
|---|---|---|---|---|---|---|---|---|
| 49-01 | 伊《い》井《い》城 | 日置前城・<br>酒波城 | 今津町日置前字伊井 | 15世紀代 | 山中丹後守 | | | 曲輪、土塁、堀切、竪堀、土橋、井戸 |
| 49-02 | 三谷《みたに》城 | | 今津町日置前字三谷 | | 土豪居館 | | | |
| 49-03 | 今津《いまづ》城 | 名小路 | 今津町今津 | | 河原林弾正 | 天正年間 | | |
| 49-04 | 構《かまえ》城 | | 今津町福岡 | | 植田氏 | | | 曲輪、堀 |
| 49-05 | 河上《かわかみ》城 | | 今津町（位置不明） | | | | | |
| 49-06 | 高田《たかだ》城 | 高田館 | 今津町弘川 | 嘉吉年間 | 橘義忠 | | | 石碑 |
| 49-07 | 角川《つのがわ》館 | | 今津町角川 | | | | | |
| 49-08 | 角《つの》館 | | 今津町北仰 | | 角氏 | | | |
| 49-09 | 中《なか》ノ町《まち》城 | 中之町城 | 今津町福岡字中之町 | | | | | |
| 49-10 | 北仰《きとげ》城 | | 今津町北仰 | | | | | |
| 49-11 | 角川《つのがわ》砦 | 丸山砦 | 今津町角川 | | | | | 竪堀 |

清水山全景〈48-05〉

清水山説明板

清水山御城印

伊井城全景〈49-01〉

伊井城近江坂古道

# 高島市 3 旧マキノ町〈50〉

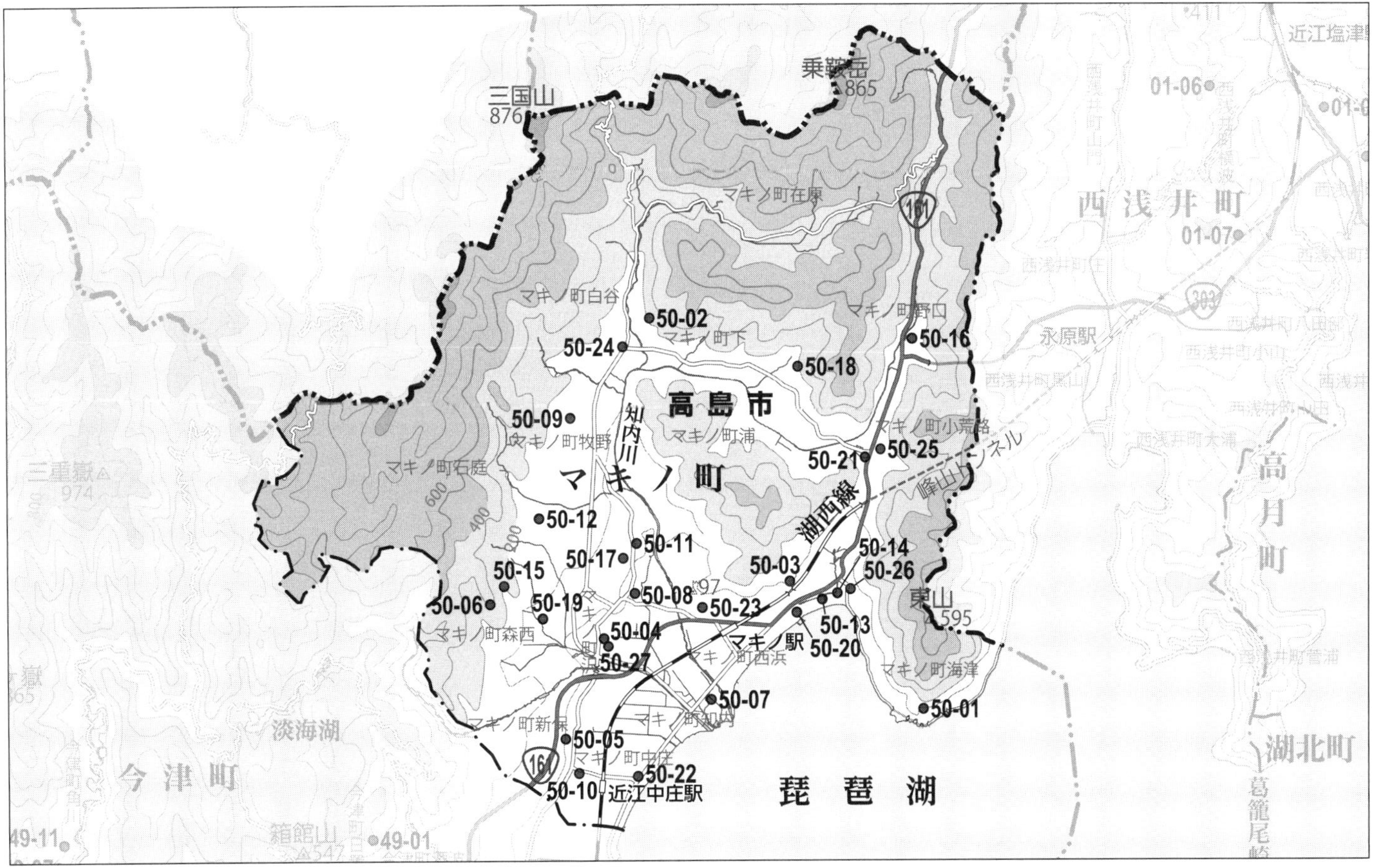

| 管理番号 | 城名 | 別名 | 所在地 | 築城年 | 主な城主 | 廃城年 | 指定 | 主な遺構 |
|---|---|---|---|---|---|---|---|---|
| 50-01 | 安土城《あづち》 | マキノ安土城 | マキノ町海津・西浜 | | | | | |
| 50-02 | 奥田城《おくだ》 | | マキノ町白谷 | | | | | |
| 50-03 | 海津山城《かいづやま》 | 海津城、山崎山城 | マキノ町海津 | | 海津氏 | | | |
| 50-04 | 沢村城《さわむら》 | 小丸館、田屋氏館 | マキノ町沢 | | 田屋氏 | | | 土塁 |
| 50-05 | 新保館《しんぼ》 | | マキノ町新保 | | | | | |
| 50-06 | 田屋城《たや》 | | マキノ町森西 | 正平７・観応３年 | 饗庭氏直、田屋氏 | | | 曲輪、枡形虎口、土塁、堀切、竪堀、土橋 |
| 50-07 | 知内浜城《ちないはま》 | 知内城 | マキノ町知内 | | 丹羽長秀、村上義明 | | | |
| 50-08 | 蛭口館《ひるぐち》 | | マキノ町蛭口 | | | | | |
| 50-09 | 牧野城《まきの》 | 栗頼城、斉頼城 | マキノ町牧野 | | 青谷氏 | | | |
| 50-10 | 中庄城《なかしょう》 | 佐久間館 | マキノ町中庄 | | 佐久間氏 | | | |
| 50-11 | 薬師堂遺跡《やくしどう》 | | マキノ町寺久保 | | | | | |
| 50-12 | 石庭城《いしば》 | | マキノ町石庭 | | 土豪居館 | | | 土塁 |
| 50-13 | 海津西内城《かいづにしうち》 | | マキノ町海津 | | 海津氏 | | | |
| 50-14 | 海津東内城《かいづひがしうち》 | | マキノ町海津 | | | | | 明治時代の地籍図にコ字状畑地 |
| 50-15 | 中《なか》ノ谷《たに》の遺構 | 馬かけ場の遺構 | マキノ町辻 | | 田屋氏 | | | |
| 50-16 | 野口館《のぐち》 | | マキノ町野口 | | | | | |
| 50-17 | 寺久保館《てらくぼ》 | | マキノ町寺久保 | | | | | |
| 50-18 | 山中館《やまなか》 | | マキノ町山中 | | | | | |
| 50-19 | 森西城《もりにし》 | | マキノ町森西 | | 田屋氏 | | | |

| 管理番号 | 城名 | 別名 | 所在地 | 築城年 | 主な城主 | 廃城年 | 指定 | 主な遺構 |
|---|---|---|---|---|---|---|---|---|
| 50-20 | 西浜城《にしはま》 | | マキノ町西浜 | | | | | |
| 50-21 | 小荒路《こあらじ》の遺構 | | マキノ町小荒路・海津 | | 賤ケ岳合戦期の丹羽長秀の陣城 | | | |
| 50-22 | 中庄浜城《なかしょうはま》 | | マキノ町中庄浜 | | | | | |
| 50-23 | 西浜砦《にしはま》 | | マキノ町西浜・下開田 | | | | | |
| 50-24 | 白谷館《しらたに》 | | マキノ町白谷 | | 木村氏 | | | |
| 50-25 | 小荒路館《こあらじ》 | | マキノ町小荒路 | | 土豪居館 | | | |
| 50-26 | 海津願慶寺城《かいづがんきょうじ》 | | マキノ町海津 | | | | | |
| 50-27 | 長法寺館《ちょうほうじ》 | 長法寺城 | マキノ町沢 | 天文４年 | 田屋淡路守重頼 | | | 土塁 |

田屋城〈50-06〉

田屋城からの景色

## 城・館解説

### 城（しろ、じょう）
中世においては南北朝対立、応仁の乱を機に土木工事で山を要塞化した山城や水を引き入れた濠、土を掻き上げた堀で囲った平城が多く現れる。
近世は織田信長によって一般的にイメージされる天守が建ち高石垣で囲まれた巨大な城郭が現れる。
そして江戸幕府によって城は大名の風格位として認可になる。

### 館（やかた）、屋敷（やしき）、宅（たく）
中世土豪が四方を堀で囲い住んでいた場所で城郭風な防禦設備を施したものもある。

### 環濠集落（かんごうしゅうらく）
古代に濠で集落を囲い逆茂木で守っていた所。

### 砦（とりで）
本城の付近あるいは味方の領内の要所に簡単な小さな城を築いたもの。

### 陣屋（じんや）
江戸時代に大名で城主格（２万石以上）でないものの居所を陣屋と称した。また幕府の郡代など地方管轄の役人の駐在する役所も陣屋と称した。

### 陣（じん）、陣城（じんじろ）、陣所（じんしょ）
戦国武将が戦時に行軍し、一時的に駐留する場合にその宿所を臨時に城の構造に造るものをいう。

### 烽火台（のろしだい）
味方に伝える為に烽火、狼煙を上げた高い場所。

### 物見（ものみ）
遠方を展望、見張る高い場所。

### 台場（だいば）、砲台（ほうだい）
幕末に大砲が攻防兵器に使われるようになり、これを備えるため築かれた防御的構造のある場所。海岸や河岸の台地に設けられたものが多い。

### 代官所（だいかんしょ）
江戸幕府や各藩によって地方管轄の場所として設置された役所。

### 船番所（ふなばんしょ）
主要港湾、河岸に設置されて船等の見張りや検疫をした役所。

### 山（やま）、峠（とうげ）
見晴らしの良い高い山や峠に砦、物見台、烽火台を設置して領地外と内を見張り守らせた場所。

### 類似遺構（るいじいこう）
城、館の確証が取れないが、構造から城、館と思われる場所。

### 操練所（そうれんじょ）、試射場（ししゃば）
幕末に兵鍛錬、船の操舵訓練、大砲や銃試射訓練をした場所。

**出典**　鳥羽正雄著『日本城郭辞典』東京堂出版　1995
萩原さちこ著『日本の城語辞典』誠文堂新光社　2021

# 索　引

一覧表に掲載した城名を50音順に作成した。別名を索引に入れた場合は「→」を表記した。
城名の後に管理番号、所在市町を記した。同市町に同名城がある場合は、町名も記した。


## あ

相谷城山城〈22-01〉（東近江市）…… 63
相谷万灯山城〈22-02〉（東近江市）…… 63
饗庭城〈39-06〉（甲賀市）…… 114
饗庭館〈48-01〉（高島市）…… 149
青木城〈36-01〉（湖南市）…… 103
青木城〈40-19〉（甲賀市）…… 119
青木館〈12-30〉（米原市）…… 43
青木館〈37-01〉（湖南市）…… 103
青地城〈34-01〉（草津市）…… 97
青山城〈21-01〉（東近江市）…… 62
青山城〈43-01〉（大津市）…… 134
赤尾氏館〈03-01〉（長浜市）…… 14
赤尾城〈03-02〉（長浜市）…… 14
赤松城〈42-02〉（甲賀市）…… 130
秋葉越遺構群〈02-01〉（長浜市）…… 7
秋葉神社の砦〈02-30〉（長浜市）…… 11
朝国館〈37-02〉（湖南市）…… 103
浅小井城〈30-01〉（近江八幡市）…… 85
朝妻城〈13-01〉（米原市）…… 44
麻畑の遺構〈48-17〉（高島市）…… 149
浅見氏居館〈05-01〉（長浜市）…… 18
浅見氏館〈05-35〉（長浜市）…… 19
朝宮城山城〈42-01〉（甲賀市）…… 130
芦浦城〈34-02〉（草津市）…… 97
足利館〈30-02〉（近江八幡市）…… 85
梓ノ関〈11-47〉（米原市）…… 38
安土城〈26-01〉（近江八幡市）…… 83
安土城〈50-01〉（高島市）…… 152
穴太三丁目山中遺構〈43-36〉（大津市）…… 137
穴太城〈43-02〉（大津市）…… 134
穴太野添の遺構〈43-68〉（大津市）…… 139
安孫子北城〈19-01〉（愛荘町）…… 59
安孫子南城〈19-02〉（愛荘町）…… 59
油日遺跡〈40-04〉（甲賀市）…… 119
油日支城〈40-03〉（甲賀市）…… 119
油日城〈40-01〉（甲賀市）…… 119
油日冨田城〈D36〉（甲賀市）…… 123
油日館〈40-02〉（甲賀市）…… 119
尼子館〈16-01〉（甲良町）…… 58
阿弥陀堂城〈23-02〉（東近江市）…… 68
阿村城〈33-01〉（守山市）…… 93
雨森城〈04-01〉（長浜市）…… 15
鮎河城〈41-01〉（甲賀市）…… 125
荒川城〈44-08〉（大津市）…… 143
粟津陣所〈43-03〉（大津市）…… 134
安養寺城〈06-01〉（長浜市）…… 19
安養寺城〈35-01〉（栗東市）…… 100
安養寺館〈14-13〉（彦根市）…… 48

## い

伊井城〈49-01〉（高島市）…… 150
岩脇館〈12-01〉（米原市）…… 41
五十川城〈48-02〉（高島市）…… 149
伊賀見城〈40-35〉（甲賀市）…… 120
伊岐代城〈34-03〉（草津市）…… 97
井口氏城〈39-34〉（甲賀市）…… 116
井口城〈04-02〉（長浜市）…… 15
井口城〈32-01〉（野洲市）…… 90
伊黒城〈46-01〉（高島市）…… 145
池下城〈11-01〉（米原市）…… 36

池田城〈25-01〉(東近江市) …… 73
池田西城〈39-08〉(甲賀市) …… 114
池田東城〈39-07〉(甲賀市) …… 114
池田館〈30-03〉(近江八幡市) …… 85
池殿屋敷〈27-01〉(日野町) …… 76
池ノ沢の遺構〈45-09〉(高島市) …… 145
池庄館〈20-01〉(東近江市) …… 62
池尻城〈21-03〉(東近江市) …… 62
池原山砦〈02-09〉(長浜市) …… 7
伊佐野城〈38-46〉(甲賀市) …… 110
石田氏館〈09-51〉(長浜市) …… 31
石田館〈11-02〉(米原市) …… 36
石谷城〈22-05〉(東近江市) …… 63
石寺城〈14-48〉(彦根市) …… 50
石寺館〈14-49〉(彦根市) …… 50
石塔後谷城〈28-01〉(東近江市) …… 74
石庭城〈50-12〉(高島市) …… 152
石部城〈36-02〉(湖南市) …… 103
石山城〈43-04〉(大津市) …… 134
石山陣所〈43-05〉(大津市) …… 134
石山寺山上遺構〈43-46〉(大津市) …… 138
泉古屋敷遺跡〈C02〉(彦根市) …… 53
出雲砦(B)〈08-44〉(長浜市) …… 26
伊勢遺跡〈A04〉(守山市) …… 95
伊勢落城〈35-02〉(栗東市) …… 100
磯尾城〈39-09〉(甲賀市) …… 114
磯崎城〈14-15〉(彦根市) …… 48
磯城〈13-02〉(米原市) …… 44
磯野館〈04-20〉(長浜市) …… 16
磯野山城〈04-03〉(長浜市) …… 15
磯部館〈18-02〉(愛荘町) …… 59
磯山城〈13-03〉(米原市) …… 44
飯高山上寺陣所〈22-03〉(東近江市) …… 63
一円館〈15-01〉(多賀町) …… 55
市子殿城〈28-02〉(東近江市) …… 74
イ地点の遺構〈02-32〉(長浜市) …… 11
櫟野大原城〈40-14〉(甲賀市) …… 119
一の瀬城〈15-02〉(多賀町) …… 55
市場城〈11-43〉(米原市) …… 38
市原城〈39-16〉(甲賀市) …… 114
市原Ⅱ城〈39-52〉(甲賀市) …… 117
市原野城〈22-06〉(東近江市) …… 63
市三宅城〈31-01〉(野洲市) …… 89
市村城〈18-01〉(愛荘町) …… 59
一色城〈22-04〉(東近江市) …… 63
一色館〈20-02〉(東近江市) …… 62
一本杉西城〈43-52〉(大津市) …… 138
一本杉南尾根遺構〈43-53〉(大津市) …… 138
一本杉南尾根先遺構〈43-54〉(大津市) …… 138
井戸村館〈12-02〉(米原市) …… 41
稲部遺跡〈A03〉(彦根市) …… 53
乾城〈09-02〉(長浜市) …… 28
井上城〈35-03〉(栗東市) …… 100
井上館〈08-34〉(長浜市) …… 25
井上館〈34-04〉(草津市) …… 97
井の口城〈11-03〉(米原市) …… 36
井ノ口館〈48-03〉(高島市) …… 149
猪子館〈23-03〉(東近江市) …… 68
伊庭古城〈23-06〉(東近江市) …… 68
伊庭御殿〈23-04〉(東近江市) …… 68
伊庭城〈23-05〉(東近江市) …… 68
飯開神社境内の遺構〈05-32〉(長浜市) …… 19
伊吹城〈10-02〉(米原市) …… 35
伊部館〈05-02〉(長浜市) …… 18
伊部屋敷〈12-18〉(米原市) …… 41
今市上砦〈02-02〉(長浜市) …… 7
今市城〈48-04〉(高島市) …… 149
今堅田城〈43-06〉(大津市) …… 134
今川城〈09-38〉(長浜市) …… 30
今川館〈09-39〉(長浜市) …… 30
今郷城〈38-52〉(甲賀市) …… 111
今宿城〈D25〉(甲賀市) …… 128
今宿西城〈41-02〉(甲賀市) …… 125
今宿東城〈41-03〉(甲賀市) …… 125
今荘館〈08-27〉(長浜市) …… 25

今須道遺跡〈10-13〉(米原市) …… 35
今津城〈49-03〉(高島市) …… 150
今西城〈05-03〉(長浜市) …… 18
今浜館〈33-02〉(守山市) …… 93
今村城〈09-03〉(長浜市) …… 28
今村城〈14-16〉(彦根市) …… 48
今村城〈23-07〉(東近江市) …… 68
飯村城〈12-03〉(米原市) …… 41
井元城〈21-02〉(東近江市) …… 62
岩尾山遺跡〈39-17〉(甲賀市) …… 114
岩神館〈45-02〉(高島市) …… 145
岩倉城〈42-03〉(甲賀市) …… 130
岩倉館〈19-03〉(愛荘町) …… 59
岩坂屋敷〈C21〉(甲賀市) …… 111
岩崎山砦〈02-03〉(長浜市) …… 7
岩根城〈37-03〉(湖南市) …… 103
岩根館〈37-04〉(湖南市) …… 103
岩室城〈40-68〉(甲賀市) …… 122
岩室西城〈40-69〉(甲賀市) …… 122

**う**

植城〈38-20〉(甲賀市) …… 108
上田支城〈40-47〉(甲賀市) …… 121
上田城〈40-46〉(甲賀市) …… 121
植谷山城〈02-41〉(長浜市) …… 11
上寺城→田中城〈47-01〉(高島市) …… 148
上野城〈40-05〉(甲賀市) …… 119
上野館〈13-04〉(米原市) …… 44
上村館〈25-02〉(東近江市) …… 73
宇賀野館〈12-04〉(米原市) …… 41
鵜川館〈29-01〉(竜王町) …… 80
宇佐山城〈43-07〉(大津市) …… 134
牛飼城〈38-35〉(甲賀市) …… 110
宇田館〈42-04〉(甲賀市) …… 130
内池城〈27-02〉(日野町) …… 76
打下城〈46-02〉(高島市) …… 145
打越城〈40-76〉(甲賀市) …… 123
内保城〈08-30〉(長浜市) …… 25
宇津呂館〈30-05〉(近江八幡市) …… 85
宇根館〈04-04〉(長浜市) …… 15
浦山遺跡〈29-02〉(竜王町) …… 80
瓜生津城〈25-03〉(東近江市) …… 73
瓜生館〈08-01〉(長浜市) …… 23
雲迎寺遺跡〈27-03〉(日野町) …… 76

**え**

永久寺城〈09-31〉(長浜市) …… 30
A-A´の砦〈02-37〉(長浜市) …… 11
愛知川館〈18-03〉(愛荘町) …… 59
榎木城〈09-40〉(長浜市) …… 30
海老江館〈05-04〉(長浜市) …… 18
江部城〈31-02〉(野洲市) …… 89
円常寺館〈14-17〉(彦根市) …… 48
遠藤屋敷〈12-16〉(米原市) …… 41
焔魔堂城〈33-03〉(守山市) …… 93
延暦寺の遺構〈43-08〉(大津市) …… 134

**お**

小井口城〈27-04〉(日野町) …… 76
追分城〈34-05〉(草津市) …… 97
仰木城〈43-09〉(大津市) …… 134
逢坂関〈43-62〉(大津市) …… 139
応昌寺城〈01-01〉(長浜市) …… 7
大井城〈07-01〉(長浜市) …… 20
大石東館〈43-83〉(大津市) …… 142
大石館〈43-82〉(大津市) …… 142
大岩山砦〈02-04〉(長浜市) …… 7
大宇城〈14-18〉(彦根市) …… 48
大江城〈43-84〉(大津市) …… 142
大賀館〈15-10〉(多賀町) …… 55
大河原氏城〈41-06〉(甲賀市) …… 125
大窪城〈40-48〉(甲賀市) …… 121
大佐治北城〈40-74〉(甲賀市) …… 123
大佐治城〈40-73〉(甲賀市) …… 123
大鹿館〈11-04〉(米原市) …… 36
大清水遺跡〈10-12〉(米原市) …… 35
大清水城〈31-05〉(野洲市) …… 89
大清水南遺跡〈10-15〉(米原市) …… 35

大清水城〈20-03〉(東近江市) …… 62
太田氏館〈27-05〉(日野町) …… 76
太田館〈08-02〉(長浜市) …… 23
大谷山砦〈02-05〉(長浜市) …… 7
大津城〈43-10〉(大津市) …… 134
大津陣所〈43-11〉(大津市) …… 134
大塚城〈28-03〉(東近江市) …… 74
大槻氏城〈33-04〉(守山市) …… 93
大嶽城〈05-07〉(長浜市) …… 18
青土城〈41-04〉(甲賀市) …… 125
青土南遺跡〈41-05〉(甲賀市) …… 125
大津宮〈A05〉(大津市) …… 142
大音館〈03-03〉(長浜市) …… 14
大鳥神社遺跡〈40-54〉(甲賀市) …… 122
大西城〈35-05〉(栗東市) …… 100
大野大屋敷城〈41-07〉(甲賀市) …… 125
大野木氏館〈05-05〉(長浜市) …… 18
大野木土佐守屋敷〈09-53〉(長浜市) …… 31
大野木館〈11-05〉(米原市) …… 36
大野路山城〈02-42〉(長浜市) …… 11
大野城〈45-03〉(高島市) …… 145
大野山本城〈41-08〉(甲賀市) …… 125
大萩城〈21-04〉(東近江市) …… 62
大林城〈33-05〉(守山市) …… 93
大原氏館〈11-06〉(米原市) …… 36
大原城〈40-18〉(甲賀市) …… 119
大原中遺跡〈40-53〉(甲賀市) …… 122
大東城〈09-50〉(長浜市) …… 31
大平氏館〈27-06〉(日野町) …… 76
大堀城〈14-20〉(彦根市) …… 49
大溝城〈46-03〉(高島市) …… 145
大溝陣屋〈E03〉(高島市) …… 146
大峯砦〈11-07〉(米原市) …… 36
大宮神社遺跡〈41-09〉(甲賀市) …… 125
大森城〈25-04〉(東近江市) …… 73
大森陣屋〈25-05〉(東近江市) …… 73
大森館〈28-04〉(東近江市) …… 74
大藪城〈14-21〉(彦根市) …… 49
大依山城〈08-03〉(長浜市) …… 23
男鬼入谷城〈14-01〉(彦根市) …… 48
岡崎城〈D34〉(甲賀市) …… 123
岡崎鼻城〈28-05〉(東近江市) …… 74
岡田館〈25-06〉(東近江市) …… 73
岡之下城〈39-38〉(甲賀市) …… 116
岡村城〈35-04〉(栗東市) …… 100
岡村館〈14-22〉(彦根市) …… 49
岡本城〈28-06〉(東近江市) …… 74
岡本城〈34-07〉(草津市) …… 97
岡屋城〈29-03〉(竜王町) …… 80
岡館〈33-06〉(守山市) …… 93
小川城〈23-08〉(東近江市) …… 68
小川城〈42-05〉(甲賀市) …… 130
小川城〈47-02〉(高島市) …… 148
隠岐城〈40-75〉(甲賀市) …… 123
隠岐支城群〈40-78〉(甲賀市) …… 123
沖島尾山城〈30-07〉(近江八幡市) …… 85
沖島頭山城〈30-08〉(近江八幡市) …… 85
沖島坊谷城〈30-09〉(近江八幡市) …… 85
奥島館〈30-10〉(近江八幡市) …… 85
奥田城〈50-02〉(高島市) …… 152
奥田館〈25-07〉(東近江市) …… 73
奥谷城〈D29〉(甲賀市) …… 111
奥殿屋敷〈40-41〉(甲賀市) …… 121
奥村城〈34-08〉(草津市) …… 97
奥村館〈24-01〉(東近江市) …… 69
奥屋敷遺跡〈12-31〉(米原市) …… 43
小倉城〈21-05〉(東近江市) …… 62
小倉館〈05-06〉(長浜市) …… 18
長田城〈30-11〉(近江八幡市) …… 85
尾末山砦〈14-19〉(彦根市) …… 48
小田城〈30-12〉(近江八幡市) …… 85
小谷城〈05-07〉(長浜市) …… 18
落合城〈06-02〉(長浜市) …… 19
落窪城〈32-02〉(野洲市) …… 90
大路井城〈34-06〉(草津市) …… 97

大路館〈08-31〉(長浜市) …… 25
音羽城〈27-07〉(日野町) …… 76
音羽城〈41-10〉(甲賀市) …… 125
音羽城日渓溜南側付城〈27-10〉(日野町) …… 76
音羽城東側(六角方)付城〈27-11〉(日野町) 76
音羽城瓢箪溜側付城〈27-09〉(日野町) …… 76
音羽城南付城〈27-08〉(日野町) …… 76
小野城〈14-02〉(彦根市) …… 48
尾上城〈05-08〉(長浜市) …… 18
小幡館〈24-02〉(東近江市) …… 69
御姫屋敷〈38-36〉(甲賀市) …… 110
御屋敷遺跡〈48-16〉(高島市) …… 149
尾山城〈04-05〉(長浜市) …… 15
下物城〈34-09〉(草津市) …… 97
小脇城〈25-08〉(東近江市) …… 73
小脇館〈25-09〉(東近江市) …… 73
小脇山城〈25-10〉(東近江市) …… 73
園城〈27-12〉(日野町) …… 76
遠城〈27-13〉(日野町) …… 76
園城寺の遺構〈43-41〉(大津市) …… 137
園城寺光浄院陣所〈43-14〉(大津市) …… 134


## か

鎌掛城〈27-14〉(日野町) …… 76
鎌掛山屋敷〈27-15〉(日野町) …… 76
海津願慶寺城〈50-26〉(高島市) …… 153
海津西内城〈50-13〉(高島市) …… 152
海津東内城〈50-14〉(高島市) …… 152
海津山城〈50-03〉(高島市) …… 152
鏡城〈29-05〉(竜王町) …… 80
鏡陣所〈29-06〉(竜王町) …… 80
垣見氏館〈09-41〉(長浜市) …… 30
垣見城〈23-09〉(東近江市) …… 68
笠上城〈02-06〉(長浜市) …… 7
笠川城〈35-06〉(栗東市) …… 100
笠川屋敷〈35-07〉(栗東市) …… 100
笠原陣所〈33-16〉(守山市) …… 93
柏谷山砦〈02-07〉(長浜市) …… 7
柏原城〈04-06〉(長浜市) …… 15
柏木城〈25-11〉(東近江市) …… 73
柏木神社遺跡〈38-21〉(甲賀市) …… 109
柏原御殿〈11-09〉(米原市) …… 36
柏原城〈11-08〉(米原市) …… 36
粕淵屋敷〈12-19〉(米原市) …… 41
葛巻城〈28-07〉(東近江市) …… 74
片岡環濠〈34-10〉(草津市) …… 97
片岡城〈34-11〉(草津市) …… 97
片岡城〈35-08〉(栗東市) …… 100
片岡館〈34-12〉(草津市) …… 97
加田七殿屋敷〈09-69〉(長浜市) …… 33
堅田城〈43-15〉(大津市) …… 134
堅田陣屋〈43-31〉(大津市) …… 137
片山館〈04-07〉(長浜市) …… 15
勝鳥城〈21-06〉(東近江市) …… 63
勝長氏館〈27-16〉(日野町) …… 76
勝部城〈33-07〉(守山市) …… 93
勝部陣所〈33-17〉(守山市) …… 93
勝山本陣〈D02〉(長浜市) …… 33
葛木城〈39-01〉(甲賀市) …… 114
加藤氏館〈09-63〉(長浜市) …… 33
賀籐館〈19-04〉(愛荘町) …… 59
門根城〈13-05〉(米原市) …… 44
香取館〈43-16〉(大津市) …… 134
金ヶ森城〈33-08〉(守山市) …… 93
蟹ケ坂城〈41-11〉(甲賀市) …… 125
狩野城〈19-05〉(愛荘町) …… 59
加納城〈09-42〉(長浜市) …… 30
構城〈49-04〉(高島市) …… 150
河曲館〈24-03〉(東近江市) …… 69
鎌刃城〈13-06〉(米原市) …… 44
神館〈40-42〉(甲賀市) …… 121
上笠館〈34-13〉(草津市) …… 97
上岸本城〈21-07〉(東近江市) …… 63
神照奥屋敷城〈09-18〉(長浜市) …… 29
神照城ノ北城〈09-17〉(長浜市) …… 29
上南城〈28-08〉(東近江市) …… 74

上永原城〈31-03〉(野洲市) …… 89
上西川館〈14-50〉(彦根市) …… 50
上野川城山1号城〈39-35〉(甲賀市) …… 116
上野川城山2号城〈39-36〉(甲賀市) …… 116
上野川城山3号城〈39-37〉(甲賀市) …… 116
上迫城〈27-17〉(日野町) …… 76
上羽田館〈25-12〉(東近江市) …… 73
瓶割山城〈30-22〉(近江八幡市) …… 87
蒲生館〈27-44〉(日野町) …… 78
蚊屋堂屋敷〈27-18〉(日野町) …… 77
栢ノ木城〈C10〉(甲賀市) …… 117
唐川城〈04-08〉(長浜市) …… 15
唐国城〈07-02〉(長浜市) …… 20
辛崎城〈43-17〉(大津市) …… 134
烏脇館〈11-10〉(米原市) …… 36
唐戸屋敷〈40-45〉(甲賀市) …… 121
苅間城〈18-04〉(愛荘町) …… 59
カリヤ城〈D40〉(甲賀市) …… 117
川合城〈03-04〉(長浜市) …… 14
川合城〈28-09〉(東近江市) …… 74
河置山城〈02-43〉(長浜市) …… 11
河上城〈49-05〉(高島市) …… 150
河毛城〈05-09〉(長浜市) …… 18
河瀬城〈14-23〉(彦根市) …… 49
川副館〈24-05〉(東近江市) …… 69
河内城〈11-11〉(米原市) …… 36
河内城〈15-03〉(多賀町) …… 55
川辺城〈35-09〉(栗東市) …… 100
川並館〈24-04〉(東近江市) …… 69
川道城〈06-03〉(長浜市) …… 19
川南城〈23-10〉(東近江市) …… 68
川守城〈29-04〉(竜王町) …… 80
歓喜寺城〈44-13〉(大津市) …… 143
歓喜寺山城〈44-14〉(大津市) …… 143
菅山寺の遺構〈02-29〉(長浜市) …… 11
観音寺遺跡〈39-02〉(甲賀市) …… 114
観音寺城〈26-02〉(近江八幡市) …… 83
観音堂城〈D33〉(甲賀市) …… 123
寒風峠の遺構〈44-01〉(大津市) …… 142
神戸氏館〈27-19〉(日野町) …… 77
甘呂城〈14-24〉(彦根市) …… 49


## き


木尾城〈08-05〉(長浜市) …… 23
木尾館〈08-40〉(長浜市) …… 25
祇園古屋城〈09-05〉(長浜市) …… 28
祇園屋代城〈09-04〉(長浜市) …… 28
巘峨城〈38-47〉(甲賀市) …… 110
巘峨山城〈38-48〉(甲賀市) …… 111
北池館〈08-25〉(長浜市) …… 25
北上野城Ⅰ〈40-12〉(甲賀市) …… 119
北上野城Ⅱ〈40-13〉(甲賀市) …… 119
北坂本城〈21-08〉(東近江市) …… 63
北津田城〈30-13〉(近江八幡市) …… 85
北内貴城〈38-25〉(甲賀市) …… 109
北野砦〈08-36〉(長浜市) …… 25
北野館〈08-35〉(長浜市) …… 25
北之郷城〈08-06〉(長浜市) …… 23
北之庄城〈30-14〉(近江八幡市) …… 85
北ノ山城〈14-51〉(彦根市) …… 53
北比良城〈44-02〉(大津市) …… 142
北菩提寺城〈20-04〉(東近江市) …… 62
北町城〈14-25〉(彦根市) …… 49
北村城〈31-04〉(野洲市) …… 89
北村氏館〈31-06〉(野洲市) …… 89
北脇城〈38-22〉(甲賀市) …… 109
木津岡山城〈27-20〉(日野町) …… 77
狐塚砦〈13-17〉(米原市) …… 44
木津森西城〈27-21〉(日野町) …… 77
木戸城〈44-04〉(大津市) …… 142
北仰城〈49-10〉(高島市) …… 150
木戸山城〈44-15〉(大津市) …… 143
キドラ谷砦〈14-03〉(彦根市) …… 48
木内城〈40-11〉(甲賀市) …… 119
衣川城〈43-18〉(大津市) …… 134
黄瀬城〈42-07〉(甲賀市) …… 130

木原陣所〈32-13〉(野洲市) …… 91
貴生川遺跡〈38-53〉(甲賀市) …… 111
木部城〈32-03〉(野洲市) …… 90
木村城〈28-10〉(東近江市) …… 74
木村長門守屋敷〈30-15〉(近江八幡市) …… 85
久徳城〈15-04〉(多賀町) …… 55
行市山城〈02-08〉(長浜市) …… 7
清田城〈27-22〉(日野町) …… 77
黄和田城〈22-07〉(東近江市) …… 63

## く

久居瀬城〈22-08〉(東近江市) …… 63
久郷屋敷〈30-16〉(近江八幡市) …… 85
草津城〈34-14〉(草津市) …… 97
草野城(AA')〈08-43〉(長浜市) …… 26
草野館〈08-07〉(長浜市) …… 23
沓掛北砦〈01-02〉(長浜市) …… 7
沓掛西砦〈01-03〉(長浜市) …… 7
沓掛南砦〈01-08〉(長浜市) …… 7
朽木陣屋〈E09〉(近江八幡市) …… 87
朽木陣屋〈45-01〉(高島市) …… 145
国友城〈09-06〉(長浜市) …… 28
久保城〈35-10〉(栗東市) …… 100
公方屋敷〈40-27〉(甲賀市) …… 120
公方屋敷支城〈40-28〉(甲賀市) …… 120
熊野城〈04-26〉(長浜市) …… 16
口分田城ノ根城〈09-08〉(長浜市) …… 28
口分田古殿城〈09-07〉(長浜市) …… 28
倉治城〈39-18〉(甲賀市) …… 114
倉橋部城〈30-17〉(近江八幡市) …… 85
栗太郡衙〈A10〉(栗東市) …… 101
栗田城〈19-06〉(愛荘町) …… 59
栗原城〈44-05〉(大津市) …… 143
栗栖遺跡〈15-05〉(多賀町) …… 55
黒川氏城〈41-12〉(甲賀市) …… 125
黒川城〈20-05〉(東近江市) …… 62
黒川城〈41-13〉(甲賀市) …… 125
黒田城〈03-05〉(長浜市) …… 14
黒谷遺跡〈11-44〉(米原市) …… 38
黒津城〈43-85〉(大津市) …… 142
黒部館〈08-37〉(長浜市) …… 25

## け

源太城〈38-37〉(甲賀市) …… 110
玄蕃尾城〈02-10〉(長浜市) …… 10

## こ

小足城〈09-43〉(長浜市) …… 30
小荒路の遺構〈50-21〉(高島市) …… 153
小荒路館〈50-25〉(高島市) …… 153
小池城〈39-39〉(甲賀市) …… 116
小泉城〈14-26〉(彦根市) …… 49
小出城〈D41〉(甲賀市) …… 117
小父母山城〈43-13〉(大津市) …… 134
甲賀城〈37-05〉(湖南市) …… 103
興敬寺遺跡〈C05〉(日野町) …… 78
上坂城〈09-52〉(長浜市) …… 31
甲崎城〈14-52〉(彦根市) …… 53
庚申城〈38-38〉(甲賀市) …… 110
荒神山城〈14-14〉(彦根市) …… 48
上野田城〈27-23〉(日野町) …… 77
甲津畑城〈22-09〉(東近江市) …… 66
甲津畑陣所〈22-10〉(東近江市) …… 66
顔戸山城〈12-05〉(米原市) …… 41
光明寺遺跡〈32-04〉(野洲市) …… 90
神山城〈42-08〉(甲賀市) …… 130
神山陣屋〈42-09〉(甲賀市) …… 130
小川の関〈11-48〉(米原市) …… 38
国領城〈23-12〉(東近江市) …… 68
小沢城〈09-22〉(長浜市) …… 29
越川城〈14-53〉(彦根市) …… 53
小篠原館〈31-07〉(野洲市) …… 89
小島城〈33-09〉(守山市) …… 93
小清水城〈31-08〉(野洲市) …… 89
古城山城〈31-17〉(野洲市) …… 89
小谷城〈D39〉(甲賀市) …… 117
小谷城〈27-24〉(日野町) …… 77
小谷館〈27-25〉(日野町) …… 77

五反田口城〈40-06〉(甲賀市) …… 119
小塚山城〈43-19〉(大津市) …… 135
小堤城山城〈31-09〉(野洲市) …… 89
後藤館〈25-13〉(東近江市) …… 73
香庄城〈26-03〉(近江八幡市) …… 83
木浜城〈33-10〉(守山市) …… 93
小浜城〈33-11〉(守山市) …… 93
小林遺跡〈15-06〉(多賀町) …… 55
小林氏館〈09-37〉(長浜市) …… 30
小番城〈43-20〉(大津市) …… 135
五番領城〈47-03〉(高島市) …… 148
小比江城〈32-05〉(野洲市) …… 90
五別所城〈43-21〉(大津市) …… 135
小堀氏館〈09-44〉(長浜市) …… 30
駒井沢城〈D18〉(草津市) …… 98
駒井城〈34-15〉(草津市) …… 97
狛氏館〈25-14〉(東近江市) …… 73
小松城〈44-06〉(大津市) …… 143
駒月館〈27-26〉(日野町) …… 77
古閭野城〈40-09〉(甲賀市) …… 119
小御門城〈27-27〉(日野町) …… 77
小南陣所〈31-26〉(野洲市) …… 90
小室陣屋〈08-08〉(長浜市) …… 23
小森城〈30-18〉(近江八幡市) …… 85
小八木館〈20-06〉(東近江市) …… 62
小山城〈38-26〉(甲賀市) …… 109
小山出城〈38-27〉(甲賀市) …… 109
小山の出城〈38-28〉(甲賀市) …… 109
小山館〈03-06〉(長浜市) …… 14
小山館〈43-86〉(大津市) …… 142
衣掛岩南尾根遺構〈43-50〉(大津市) …… 138
権吉屋敷〈32-06〉(野洲市) …… 90
金剛寺城〈30-19〉(近江八幡市金剛寺町) …… 85
金剛寺城〈26-04〉(近江八幡市安土町慈恩寺) 83
金剛輪寺城〈19-07〉(愛荘町) …… 59
金堂城〈24-07〉(東近江市) …… 69
金堂陣屋〈E06〉(東近江市) …… 71

## さ

西円寺砦〈12-32〉(米原市) …… 43
西円寺館〈12-06〉(米原市) …… 41
在士館〈16-02〉(甲良町) …… 58
酒井陣屋〈E04〉(守山市) …… 95
坂口砦〈02-11〉(長浜市) …… 10
相模篠山城〈40-59〉(甲賀市) …… 122
坂本城〈43-22〉(大津市) …… 135
坂本陣所〈43-23〉(大津市) …… 135
佐久良城〈27-29〉(日野町) …… 77
桜内城〈27-28〉(日野町) …… 77
桜田陣所〈31-27〉(野洲市) …… 90
桜生城〈31-10〉(野洲市) …… 89
桜生城出城〈31-11〉(野洲市) …… 89
篠山城〈40-55〉(甲賀市) …… 122
笹山陣屋〈40-56〉(甲賀市) …… 122
佐治城〈40-70〉(甲賀市) …… 122
佐治屋敷〈40-71〉(甲賀市) …… 122
佐生城〈23-13〉(東近江市) …… 68
幸津川館〈33-12〉(守山市) …… 93
薩摩館〈14-54〉(彦根市) …… 53
里北脇遺跡〈C22〉(甲賀市) …… 111
里根山城〈14-27〉(彦根市) …… 49
佐野城〈08-09〉(長浜市) …… 23
佐野館〈23-14〉(東近江市) …… 68
佐目館〈15-07〉(多賀町) …… 55
佐目館〈22-11〉(東近江市) …… 66
醒ケ井城〈13-07〉(米原市) …… 44
醒ケ井列石〈13-18〉(米原市) …… 45
猿萩氏館〈15-08〉(多賀町) …… 55
沢村城〈50-04〉(高島市) …… 152
佐和山城〈14-28〉(彦根市) …… 49

## し

塩津城山城〈01-04〉(長浜市) …… 7
塩津浜城〈01-09〉(長浜市) …… 7
塩野城〈39-20〉(甲賀市) …… 114
枝折城〈13-08〉(米原市) …… 44
慈恩寺陣所〈26-05〉(近江八幡市) …… 83

志賀城〈43-47〉（大津市）……138
滋賀陣所〈43-48〉（大津市）……138
紫香楽宮〈A09〉（甲賀市）……131
茂山砦〈02-12〉（長浜市）……10
獅子ケ谷城〈40-24〉（甲賀市）……120
四十九院城〈17-01〉（豊郷町）……58
賤ヶ岳砦〈03-08〉（長浜市）……14
寺前城〈39-21〉（甲賀市）……115
地蔵城〈14-29〉（彦根市）……49
地蔵谷の遺構〈48-15〉（高島市）……149
七里館〈24-09〉（東近江市）……69
地頭山城〈13-09〉（米原市）……44
志那城〈34-16〉（草津市）……97
信濃館〈29-07〉（竜王町）……80
篠塚館〈10-04〉（米原市）……35
篠原陣所〈31-12〉（野洲市）……89
芝原城〈43-87〉（大津市）……142
芝原陣所〈43-78〉（大津市）……142
芝山城〈05-10〉（長浜市）……18
渋川城〈34-17〉（草津市）……97
島川北城〈19-08〉（愛荘町）……59
島川南城〈19-09〉（愛荘町）……60
清水城〈14-30〉（彦根市）……49
清水城〈24-10〉（東近江市）……69
清水山城〈48-05〉（高島市）……149
新村城〈23-15〉（東近江市）……68
下安食陣所〈17-02〉（豊郷町）……58
下笠城〈34-18〉（草津市）……97
下岸本城〈20-07〉（東近江市）……62
下坂氏館〈09-23〉（長浜市）……29
下坂寺田氏館〈09-34〉（長浜市）……30
下坂寺田城〈09-24〉（長浜市）……29
下坂寺田治郎左衛門館〈09-35〉（長浜市）……30
下坂中村城〈09-25〉（長浜市）……29
下坂樋口氏館〈09-33〉（長浜市）……30
下里城〈20-08〉（東近江市）……62
下田城〈37-06〉（湖南市）……103
下戸山城〈35-11〉（栗東市）……100
下西川城〈14-55〉（彦根市）……53
下之郷遺跡〈A01〉（守山市）……95
下之郷城〈16-03〉（甲良町）……58
下迫城〈27-30〉（日野町）……77
下日吉城〈24-11〉（東近江市）……69
下鈎遺跡〈A02〉（栗東市）……101
下鈎城〈35-12〉（栗東市）……100
下八木城〈06-13〉（長浜市）……20
下八木館〈19-10〉（愛荘町）……60
下山城〈38-06〉（甲賀市）……108
下山館〈21-09〉（東近江市）……63
下山北城〈38-07〉（甲賀市）……108
下山田城〈05-11〉（長浜市）……18
下山西城〈38-08〉（甲賀市）……108
下山東城〈38-09〉（甲賀市）……108
十禅師館〈27-31〉（日野町）……77
集福寺若山城〈01-05〉（長浜市）……7
十里町城〈09-09〉（長浜市）……29
種路城〈05-14〉（長浜市）……18
常喜城〈09-62〉（長浜市）……33
荘厳寺砦〈14-04〉（彦根市）……48
浄信寺〈D05〉（長浜市）……15
城ノ越城〈41-16〉（甲賀市）……125
菖蒲嶽砦〈14-05〉（彦根市）……48
菖蒲谷砦〈02-13〉（長浜市）……10
上平寺城〈10-05〉（米原市）……35
上平寺館〈10-06〉（米原市）……35
招平山城〈44-07〉（大津市）……143
勝楽寺城〈16-04〉（甲良町）……58
常楽寺城〈26-06〉（近江八幡市）……83
勝蓮寺陣所〈36-04〉（湖南市）……103
白谷館〈50-24〉（高島市）……153
白鬚神社背後の山中遺構〈46-09〉（高島市）146
城ケ岳城〈43-88〉（大津市）……142
城山城〈37-07〉（湖南市）……103
新海城〈14-56〉（彦根市）……53
新宮支城〈39-23〉（甲賀市）……115

新宮城〈39-22〉(甲賀市) …… 115
新治城〈39-24〉(甲賀市) …… 115
新城氏城〈38-02〉(甲賀市) …… 108
新庄城〈09-21〉(長浜市) …… 29
新庄城〈48-06〉(高島市) …… 149
神照寺城〈09-13〉(長浜市) …… 29
真浄坊館〈33-35〉(守山市) …… 95
新庄箕浦城〈12-08〉(米原市) …… 41
親王森遺跡〈41-14〉(甲賀市) …… 125
新野砦〈27-32〉(日野町) …… 77
神保城〈40-72〉(甲賀市) …… 122
新保館〈50-05〉(高島市) …… 152
神明山砦〈02-14〉(長浜市) …… 10
陣屋の馬場城〈04-09〉(長浜市) …… 15
陣山城〈40-63〉(甲賀市) …… 122

**す**

水茎岡山城〈30-06〉(近江八幡市) …… 85
春照館〈10-07〉(米原市) …… 35
須賀谷砦〈08-42〉(長浜市) …… 26
須賀谷館〈08-10〉(長浜市) …… 23
須川城〈11-12〉(米原市) …… 36
須川山城〈11-13〉(米原市) …… 36
須川山砦〈11-14〉(米原市) …… 36
杉江城〈33-13〉(守山市) …… 93
杉江陣所〈33-18〉(守山市) …… 93
杉生坊城〈43-79〉(大津市) …… 142
杉沢城〈10-08〉(米原市) …… 35
杉谷城〈39-26〉(甲賀市) …… 115
杉谷砦〈39-27〉(甲賀市) …… 115
杉谷屋敷〈39-25〉(甲賀市) …… 115
杉野城〈03-07〉(長浜市) …… 14
杉山城〈42-10〉(甲賀市) …… 130
洲越館〈14-31〉(彦根市) …… 50
涼峠山城〈44-03〉(大津市) …… 142
鈴村城〈28-11〉(東近江市) …… 74
須田館〈23-16〉(東近江市) …… 68
砂坂城〈40-77〉(甲賀市) …… 123
相撲城〈09-10〉(長浜市) …… 29
相撲宗玄城〈09-11〉(長浜市) …… 29
相撲庭館〈08-11〉(長浜市) …… 23
相撲古屋敷〈09-12〉(長浜市) …… 29

**せ**

清水寺の遺構〈48-14〉(高島市) …… 149
関津城〈43-89〉(大津市) …… 142
膳所城〈43-24〉(大津市) …… 135
瀬田城〈43-80〉(大津市) …… 142
瀬田陣所〈43-69〉(大津市) …… 139
瀬田の唐橋〈A06〉(大津市) …… 142
千畳敷砦〈11-39〉(米原市) …… 38
千畳敷東の遺跡〈11-33〉(米原市) …… 37
千田城〈03-09〉(長浜市) …… 14
千町城〈43-25〉(大津市) …… 137

**そ**

総山城〈09-60〉(長浜市) …… 33
曽我城〈15-09〉(多賀町) …… 55
曽束城〈43-70〉(大津市) …… 139
曽根城〈06-04〉(長浜市) …… 20
曽根城〈21-10〉(東近江市) …… 63
杣中城〈38-39〉(甲賀市) …… 110
染田砦〈39-40〉(甲賀市) …… 116
尊勝寺城〈08-12〉(長浜市) …… 23
尊野城〈08-13〉(長浜市) …… 23

**た**

大吉寺跡〈08-46〉(長浜市) …… 26
大興(光)寺〈05-30〉(長浜市) …… 19
躰光寺館〈23-17〉(東近江市) …… 68
太山寺城〈46-10〉(高島市) …… 146
太山寺の遺構〈47-11〉(高島市) …… 148
大寺城〈07-03〉(長浜市) …… 20
大将宮山の遺構〈02-27〉(長浜市) …… 10
大善寺の遺構〈48-12〉(高島市) …… 149
太平寺城〈10-09〉(米原市) …… 35
大宝寺城〈40-51〉(甲賀市) …… 121
田居前館〈03-10〉(長浜市) …… 14
大門城〈18-05〉(愛荘町) …… 59

大林寺砦〈12-22〉（米原市）……43
多賀城〈15-11〉（多賀町）……55
高尾城〈C01〉（甲賀市）……128
高尾山砦〈02-31〉（長浜市）……11
高木陣屋〈37-09〉（湖南市）……106
高木陣屋〈40-10〉（甲賀市甲賀町五反田）……119
高木陣屋〈40-49〉（甲賀市甲賀町大久保）……121
高木館〈31-13〉（野洲市）……89
高木館〈40-60〉（甲賀市）……122
多賀左近館〈08-14〉（長浜市）……24
高田氏館〈09-26〉（長浜市）……29
高田城〈04-10〉（長浜市）……15
高田城〈49-06〉（高島市）……150
高田館〈05-12〉（長浜市）……18
高月城〈04-11〉（長浜市）……15
高月城〈43-26〉（大津市）……137
高月陣所〈04-27〉（長浜市）……16
高野城〈22-12〉（東近江市）……66
高野城〈40-66〉（甲賀市）……122
高野館〈35-13〉（栗東市）……100
高野瀬城〈17-03〉（豊郷町）……58
高橋城〈09-32〉（長浜市）……30
鷹部屋敷〈C07〉（野洲市）……91
高嶺北城〈40-37〉（甲賀市）……120
高嶺中城〈40-36〉（甲賀市）……120
高嶺東谷城〈40-40〉（甲賀市）……121
高嶺南城〈40-38〉（甲賀市）……120
高嶺山城〈40-39〉（甲賀市）……120
高宮城〈14-32〉（彦根市）……50
田上山砦〈03-11〉（長浜市）……14
高室山城〈15-12〉（多賀町）……55
高屋城〈11-42〉（米原市）……38
高屋端出遺跡〈10-18〉（米原市）……35
高山城〈38-40〉（甲賀市）……110
高山館〈08-15〉（長浜市）……24
高山屋敷〈38-42〉（甲賀市）……110
高山出城〈38-41〉（甲賀市）……110
田川の砦〈08 39〉（長浜市）……25
滝ケ谷城〈11-40〉（米原市）……38
滝川支城〈40-17〉（甲賀市）……119
滝川城〈40-15〉（甲賀市）……119
滝川西城〈40-16〉（甲賀市）……119
多喜北城〈40-23〉（甲賀市）……120
多喜城〈40-21〉（甲賀市）……120
多喜南城〈40-22〉（甲賀市）……120
多喜山城〈35-14〉（栗東市）……100
長比城〈11-21〉（米原市）……37
竹越氏館〈11-49〉（米原市）……38
竹中城〈38-29〉（甲賀市水口町）……110
竹中城〈39-28〉（甲賀市甲南町）……115
竹林城〈40-61〉（甲賀市）……122
太支城〈43-71〉（大津市）……139
立花城〈33-14〉（守山市）……93
竜ケ鼻城〈09-59〉（長浜市）……33
竜ケ鼻陣所〈09-61〉（長浜市）……33
田附城〈14-57〉（彦根市）……53
立入城〈33-20〉（守山市）……94
建部城〈24-12〉（東近江市五個荘木流町）……69
建部城〈25-15〉（東近江市建部上中町）……73
田中江城〈30-20〉（近江八幡市）……85
田中氏館〈47-04〉（高島市）……148
田中城〈47-01〉（高島市）……148
田中砦〈43-27〉（大津市）……137
田中砦〈47-05〉（高島市）……148
田上城〈43-72〉（大津市）……139
田中館〈05-13〉（長浜市）……18
田中館〈33-21〉（守山市）……94
田中屋敷〈12-20〉（米原市）……43
棚田山城〈40-34〉（甲賀市）……120
谷氏館〈30-21〉（近江八幡市）……87
谷氏館〈42-11〉（甲賀市）……130
谷城〈37-08〉（湖南市）……103
谷出城〈39-41〉（甲賀市）……116
谷山城〈02-44〉（長浜市）……11
田根城〈08-16〉（長浜市）……24

種村城〈23-18〉(東近江市) …… 68
田部城〈03-12〉(長浜市) …… 14
田部山城〈03-13〉(長浜市) …… 14
田村城〈07-04〉(長浜市田町) …… 20
田村城〈09-36〉(長浜市田村町) …… 30
田村神社〈B02〉(甲賀市) …… 128
田屋城〈50-06〉(高島市) …… 152
多羅尾古城〈C29〉(甲賀市) …… 131
多羅尾陣屋〈42-13〉(甲賀市) …… 130
多羅尾代官屋敷〈42-14〉(甲賀市) …… 130
多羅尾砦〈42-12〉(甲賀市) …… 130
垂井城〈40-52〉(甲賀市) …… 121
多和田城〈12-09〉(米原市) …… 41
多和田哨砦〈12-27〉(米原市) …… 43
ダンダ坊遺跡〈44-16〉(大津市) …… 143

## ち

竹生島〈B01〉(長浜市) …… 20
千代城〈33-22〉(守山市) …… 94
知内浜城〈50-07〉(高島市) …… 152
茶臼山砦〈02-15〉(長浜市) …… 10
冶山遺跡〈10-16〉(米原市) …… 35
忠道屋敷〈40-43〉(甲賀市) …… 121
長光寺城→瓶割山城〈30-22〉(近江八幡市) 87
長寿寺陣所〈36-03〉(湖南市) …… 103
長泉寺館〈08-28〉(長浜市) …… 25
長福寺城〈C06〉(近江八幡市) …… 87
長法寺遺跡〈46-04〉(高島市) …… 145
長法寺の北遺構〈46-11〉(高島市) …… 146
長法寺館〈50-27〉(高島市) …… 153

## つ

塚の越古墳砦〈12-10〉(米原市) …… 41
塚本館〈24-13〉(東近江市) …… 69
月ヶ瀬城〈07-05〉(長浜市) …… 20
対馬土居〈27-41〉(日野町) …… 78
土河屋敷〈12-26〉(米原市) …… 43
土田館〈15-13〉(多賀町) …… 55
土山城〈41-15〉(甲賀市) …… 125
葛籠城〈14-33〉(彦根市) …… 50
角館〈49-08〉(高島市) …… 150
角鹿山の遺構〈02-26〉(長浜市) …… 10
角川砦〈49-11〉(高島市) …… 150
角川館〈49-07〉(高島市) …… 150
椿坂の遺構〈02-28〉(長浜市) …… 10
壷笠山支城〈43-49〉(大津市) …… 138
壺笠山城〈43-28〉(大津市) …… 137
津山城〈38-10〉(甲賀市) …… 108

## て

出庭城〈35-15〉(栗東市) …… 100
手原城〈35-16〉(栗東市) …… 100
寺久保館〈50-17〉(高島市) …… 152
寺倉氏館〈27-33〉(日野町) …… 77
寺倉館〈12-25〉(米原市) …… 43
寺庄城〈39-03〉(甲賀市) …… 114
寺町館〈25-17〉(東近江市) …… 73
寺村城〈28-12〉(東近江市) …… 74
天神社の遺構〈43-33〉(大津市) …… 137
天神山砦〈02-16〉(長浜市) …… 10
天清城〈10-01〉(米原市) …… 35

## と

東円堂城〈18-06〉(愛荘町) …… 59
堂木山砦〈02-17〉(長浜市) …… 10
堂谷城〈11-15〉(米原市) …… 36
堂谷西の砦〈11-30〉(米原市) …… 37
堂谷東山砦〈11-32〉(米原市) …… 37
堂垣内城〈38-12〉(甲賀市) …… 108
堂前城〈38-30〉(甲賀市) …… 110
当目城〈08-17〉(長浜市) …… 24
徳川家康軍の宿所跡〈10-21〉(米原市) …… 36
徳昌寺遺跡〈25-18〉(東近江市) …… 73
年吉館〈11-16〉(米原市) …… 37
戸田城〈33-23〉(守山市) …… 94
橡谷山砦〈02-18〉(長浜市) …… 10
戸津陣所〈43-29〉(大津市) …… 137
百々館〈14-06〉(彦根市) …… 48
外池氏館〈27-34〉(日野町) …… 77

殿村氏館〈11-17〉(米原市) …… 37
殿屋敷城〈22-13〉(東近江市) …… 66
殿山城〈40-29〉(甲賀市) …… 120
殿山砦館〈12-28〉(米原市) …… 43
鳥羽上城〈09-65〉(長浜市) …… 33
富波城〈31-14〉(野洲市) …… 89
富川屋敷〈C23〉(甲賀市) …… 111
冨田氏館〈09-64〉(長浜市) …… 33
富田城〈40-07〉(甲賀市) …… 119
冨田山城〈C26〉(甲賀市) …… 123
富永城〈04-12〉(長浜市) …… 15
富之尾城〈15-14〉(多賀町) …… 55
虎御前山城〈07-11〉(長浜市) …… 23
鳥居城〈40-57〉(甲賀市) …… 122
鳥居野遺跡〈40-58〉(甲賀市) …… 122
鳥居平城〈27-35〉(日野町) …… 77
鳥居本館〈14-07〉(彦根市) …… 48
頓宮池之谷城〈41-17〉(甲賀市) …… 125
頓宮城山城〈41-19〉(甲賀市) …… 128
頓宮館〈41-18〉(甲賀市) …… 125
富田館〈06-05〉(長浜市) …… 20

## な

内貴尾山城〈D27〉(甲賀市) …… 111
内貴城〈38-31〉(甲賀市) …… 110
内貴殿屋敷〈D31〉(甲賀市) …… 111
中ノ谷の遺構〈50-15〉(高島市) …… 152
長江館〈14-58〉(彦根市) …… 53
長岡城〈11-18〉(米原市) …… 37
中川館〈14-59〉(彦根市) …… 53
長沢城〈12-11〉(米原市) …… 41
長沢関〈12-12〉(米原市) …… 41
中島城〈05-16〉(長浜市) …… 18
中庄城〈50-10〉(高島市) …… 152
中庄浜城〈50-22〉(高島市) …… 153
長寸城〈27-38〉(日野町) …… 78
永田城〈46-05〉(高島市) …… 145
中谷山砦〈02-19〉(長浜市) …… 10
中戸城〈21-11〉(東近江市) …… 63
中之城〈42-06〉(甲賀市) …… 130
中野城〈07-06〉(長浜市) …… 20
中野城〈27-37〉(日野町) …… 78
中野城〈39-10〉(甲賀市甲南町) …… 114
中野城〈42-16〉(甲賀市信楽町) …… 130
中野城〈43-73〉(大津市) …… 139
中野代官所〈E16〉(大津市) …… 142
長野城〈18-07〉(愛荘町) …… 59
長野城〈42-15〉(甲賀市) …… 130
中之郷城〈27-36〉(日野町) …… 78
中ノ町城〈49-09〉(高島市) …… 150
長浜城〈09-01〉(長浜市) …… 28
中原城〈15-15〉(多賀町) …… 55
永原御殿〈31-15〉(野洲市) …… 89
中村城〈35-17〉(栗東市) …… 100
中村城〈43-30〉(大津市) …… 137
中村屋敷〈12-29〉(米原市) …… 43
中屋敷〈39-42〉(甲賀市) …… 116
中山城〈C27〉(甲賀市) …… 123
中山陣所〈33-19〉(守山市) …… 94
中山佐馬亮館〈09-14〉(長浜市) …… 29
中山修理亮館〈09-15〉(長浜市) …… 29
長等山陣所〈43-61〉(大津市) …… 139
名越ごえの山城〈09-68〉(長浜市) …… 33
名越館〈09-66〉(長浜市) …… 33
那須城〈17-04〉(豊郷町) …… 58
長束館〈34-19〉(草津市) …… 98
夏見城〈37-10〉(湖南市) …… 106
七廻峠砦〈08-45〉(長浜市) …… 26
鯰江城〈21-12〉(東近江市) …… 63
生津城〈43-65〉(大津市) …… 139
楢崎城〈15-16〉(多賀町) …… 55

## に

西阿閉城〈04-13〉(長浜市) …… 15
西岡城〈01-06〉(長浜市) …… 7
西主計館〈08-26〉(長浜市) …… 25
西川館〈29-08〉(竜王町) …… 80

錦織城〈06-06〉(長浜市) …… 20
西宿城〈30-23〉(近江八幡市) …… 87
西正福寺〈37-20〉(湖南市) …… 106
西田城〈20-09〉(東近江市) …… 62
西出城〈38-13〉(甲賀市水口町) …… 108
西出城〈39-43〉(甲賀市甲南町) …… 116
西出館〈38-23〉(甲賀市) …… 109
西野城〈04-14〉(長浜市) …… 15
西之城〈42-17〉(甲賀市) …… 130
西ノ口城〈40-44〉(甲賀市) …… 121
西浜城〈50-20〉(高島市) …… 153
西浜砦〈50-23〉(高島市) …… 153
西迎山城〈38-17〉(甲賀市) …… 108
西村館〈08-18〉(長浜市) …… 24
西物部城〈04-15〉(長浜市) …… 15
西柳野館〈04-16〉(長浜市) …… 15
西山城〈03-14〉(長浜市) …… 14
西山城〈11-19〉(米原市) …… 37
西山城〈45-04〉(高島市) …… 145
西万木遺跡〈47-12〉(高島市) …… 148
仁正寺藩陣屋〈27-45〉(日野町) …… 78
日光寺砦〈12-23〉(米原市) …… 43
日光寺山砦〈12-24〉(米原市) …… 43
新居館〈06-07〉(長浜市) …… 20
入部谷城〈45-10〉(高島市) …… 145
如意ヶ嶽城〈43-63〉(大津市) …… 139

## ね

猫今城〈05-17〉(長浜市) …… 18
根来陣屋〈E11〉(近江八幡市) …… 83

## の

野一色城〈11-20〉(米原市) …… 37
苗鹿館〈43-32〉(大津市) …… 137
野上野城〈41-20〉(甲賀市) …… 128
野川城〈39-44〉(甲賀市) …… 116
野口館〈50-16〉(高島市) …… 152
野路城〈34-20〉(草津市) …… 98
野尻城〈35-18〉(栗東市) …… 100
野尻城〈39-11〉(甲賀市) …… 114
野尻坂の遺構〈45-05〉(高島市) …… 145
野尻支城〈39-12〉(甲賀市) …… 114
野瀬館〈08-33〉(長浜市) …… 25
野瀬山城→長比城〈11-21〉(米原市) …… 37
野田城〈32-07〉(野洲市) …… 90
野田城〈39-13〉(甲賀市) …… 114
野田館〈08-38〉(長浜市) …… 25
野田山城〈14-34〉(彦根市) …… 50
野寺城〈29-09〉(竜王町) …… 80
能登瀬城〈12-13〉(米原市) …… 41
沼波館〈14-35〉(彦根市) …… 50
野々口城〈44-12〉(大津市) …… 143
野村城〈08-19〉(長浜市) …… 24
野村城〈30-24〉(近江八幡市) …… 87
野村城〈34-21〉(草津市) …… 98
野矢屋敷〈27-39〉(日野町) …… 78
羽栗城〈43-74〉(大津市) …… 139

## は

間田城〈11-45〉(米原市) …… 38
畑田城〈18-08〉(愛荘町) …… 59
畑村城〈D20〉(甲賀市) …… 111
八大夫屋敷〈05-31〉(長浜市) …… 19
八幡山城〈30-25〉(近江八幡市) …… 87
蜂が峰砦〈43-60〉(大津市) …… 139
蜂屋城〈35-19〉(栗東市) …… 100
八講師城〈11-22〉(米原市) …… 37
八相山城〈07-07〉(長浜市) …… 23
八町城〈17-05〉(豊郷町) …… 58
服部城〈39-29〉(甲賀市) …… 115
服部陣屋〈E05〉(守山市) …… 95
花川館〈24-14〉(東近江市) …… 69
花沢城〈20-10〉(東近江市) …… 62
花摘堂東尾根遺構〈43-51〉(大津市) …… 138
早崎館〈06-08〉(長浜市) …… 20
林城〈29-10〉(竜王町) …… 80
林田館〈25-19〉(東近江市) …… 73
林谷山砦〈02-20〉(長浜市) …… 10

速水館〈05-18〉(長浜市) …… 18
原城〈14-09〉(彦根市) …… 48
針城〈37-11〉(湖南市) …… 106
播磨田城〈33-24〉(守山市) …… 94
春近館〈09-54〉(長浜市) …… 31
飯道山城〈38-32〉(甲賀市) …… 110
飯浦山城〈03-17〉(長浜市) …… 14
馬場城〈09-16〉(長浜市) …… 29
番場城〈13-10〉(米原市) …… 44
馬場城〈43-34〉(大津市) …… 137
飯福寺跡の遺構〈03-19〉(長浜市) …… 14
伴屋敷〈38-15〉(甲賀市) …… 108
伴中山城〈38-11〉(甲賀市) …… 108

ひ

比叡山西南遺構〈43-67〉(大津市) …… 139
比叡山西遺構〈43-56〉(大津市) …… 138
東主計館〈08-04〉(長浜市) …… 23
東正福寺〈37-19〉(湖南市) …… 106
東出城〈19-11〉(愛荘町) …… 60
東出館〈08-29〉(長浜市) …… 25
東野館〈02-24〉(長浜市余呉町) …… 10
東野館〈08-23〉(長浜市東野町) …… 25
東野山城〈02-21〉(長浜市) …… 10
東丸岡城〈37-15〉(湖南市) …… 106
東迎山城〈38-16〉(甲賀市) …… 108
東柳野城〈04-17〉(長浜市) …… 15
樋口西坂砦〈D42〉(米原市) …… 45
樋口館〈13-11〉(米原市) …… 44
彦富城〈14-60〉(彦根市) …… 53
彦根城〈14-36〉(彦根市) …… 50
彦根館〈14-37〉(彦根市) …… 50
彦根山陣所〈14-38〉(彦根市) …… 50
彦部氏館〈07-08〉(長浜市) …… 23
比伎多理神社境内の遺構〈05-29〉(長浜市) 19
肥田城〈14-61〉(彦根市) …… 53
七条城〈09-45〉(長浜市) …… 30
日爪城〈48-08〉(高島市) …… 149
日爪の遺構〈48-13〉(高島市) …… 149
日夏城〈14-39〉(彦根市) …… 50
日野城→音羽城〈27-07〉(日野町音羽) …… 76
日野城→中野城〈27-37〉(日野町西大路) … 78
雲雀山砦〈05-19〉(長浜市) …… 18
百済寺城〈21-13〉(東近江市) …… 63
日吉神宮寺跡遺構〈43-58〉(大津市) …… 138
日吉神宮山遺構〈43-59〉(大津市) …… 138
ヒヨロウ谷砦〈02-38〉(長浜市) …… 11
平居城〈18-09〉(愛荘町) …… 59
平井城〈48-09〉(高島市) …… 149
平井館〈26-07〉(近江八幡市) …… 83
比良城〈44-09〉(大津市) …… 143
平尾城〈21-14〉(東近江市) …… 63
平方城〈09-27〉(長浜市) …… 29
平子城〈38-33〉(甲賀市) …… 110
平子館〈41-21〉(甲賀市) …… 128
平田山城〈14-40〉(彦根市) …… 50
平津城〈43-35〉(大津市) …… 137
平塚城〈20-11〉(東近江市) …… 62
平塚館〈08-41〉(長浜市) …… 25
平野城〈38-49〉(甲賀市) …… 111
平野館〈13-12〉(米原市) …… 44
平松城〈20-12〉(東近江市) …… 62
平松城〈37-13〉(湖南市) …… 106
平柳館〈20-13〉(東近江市) …… 62
蛭口館〈50-08〉(高島市) …… 152
比留田城〈32-08〉(野洲市) …… 90
蛭谷館〈22-14〉(東近江市) …… 66
広瀬氏館〈09-28〉(長浜市) …… 30
備後城〈38-50〉(甲賀市) …… 111
敏満寺城〈15-17〉(多賀町) …… 55

ふ

深川城〈39-04〉(甲賀市) …… 114
深坂越え西側の遺構〈01-10〉(長浜市) …… 7
深溝城〈48-10〉(高島市) …… 149
福島城〈13-13〉(米原市) …… 44
福勝寺城〈09-49〉(長浜市) …… 31

福堂館〈23-20〉（東近江市）……68
浮気城〈33-25〉（守山市）……94
藤川城〈10-10〉（米原市）……35
布施城〈03-15〉（長浜市）……14
布施野城〈33-26〉（守山市）……94
布施館〈25-20〉（東近江市）……73
布施山城〈25-21〉（東近江市）……74
二俣館〈05-20〉（長浜市）……19
仏生寺砦〈14-10〉（彦根市）……48
太尾山城〈13-14〉（米原市）……44
舟木城〈30-26〉（近江八幡市）……87
舟木城〈47-06〉（高島市）……148
舟木陣所〈30-27〉（近江八幡市）……87
夫馬城〈11-23〉（米原市）……37
普門寺城〈47-07〉（高島市）……148
古高城〈33-27〉（守山市）……94
古高陣所〈33-15〉（守山市）……93
古橋裏山の遺構〈03-20〉（長浜市）……15
古橋城〈03-16〉（長浜市）……14
古屋敷館〈39-19〉（甲賀市）……114

## へ

綣村城〈35-20〉（栗東市）……101
別所山砦〈02-22〉（長浜市）……10
別保城〈43-37〉（大津市）……137
別府城〈40-64〉（甲賀市）……122
平流館〈14-62〉（彦根市）……53

## ほ

保延寺館〈04-18〉（長浜市）……15
坊谷城〈39-14〉（甲賀市）……114
坊殿館〈45-06〉（高島市）……145
坊袋城〈35-21〉（栗東市）……101
坊村城〈38-14〉（甲賀市）……108
法楽寺城〈08-24〉（長浜市）……25
星ヶ崎城〈29-11〉（竜王町）……80
欲賀城〈33-28〉（守山市）……94
欲賀城畑城〈33-29〉（守山市）……94
細江城〈06-09〉（長浜市）……20
細川城〈43-38〉（大津市）……137
保多館〈09-55〉（長浜市）……31
菩提寺城〈37-12〉（湖南市）……106
補陀楽寺城〈40-65〉（甲賀市）……122
法華寺跡の遺構〈03-18〉（長浜市）……14
堀田陣屋〈38-51〉（甲賀市水口町）……111
堀田陣屋〈40-67〉（甲賀市甲賀町）……122
堀氏館〈11-46〉（米原市）……38
堀城〈14-41〉（彦根市）……50
堀城〈18-10〉（愛荘町）……59
堀之内城〈24-15〉（東近江市）……69
堀部城〈09-57〉（長浜市）……31
堀部山城〈09-56〉（長浜市）……31
本郷城〈11-24〉（米原市）……37
本郷城〈30-28〉（近江八幡市）……87
本庄城〈09-67〉（長浜市）……33
本庄城〈14-63〉（彦根市）……53
本庄中村城〈11-25〉（米原市）……37

## ま

米原城〈13-15〉（米原市）……44
鈎陣関係陣所群〈35-28〉（栗東市）……101
鈎陣所〈35-22〉（栗東市）……101
牧野城〈50-09〉（高島市）……152
牧村城〈30-30〉（近江八幡市）……87
牧村城〈42-18〉（甲賀市）……131
馬上城〈04-19〉（長浜市）……16
馬上山城〈04-25〉（長浜市）……16
馬杉北城〈39-48〉（甲賀市）……116
馬杉支城〈39-46〉（甲賀市）……116
馬杉城〈39-45〉（甲賀市）……116
馬杉中城〈39-49〉（甲賀市）……117
馬杉本城〈39-47〉（甲賀市）……116
益田城〈06-10〉（長浜市）……20
松尾寺山砦〈D03〉（米原市）……45
松尾山の砦〈04-24〉（長浜市）……16
松原城〈14-42〉（彦根市）……50
松本城〈43-39〉（大津市）……137
松本山の遺構〈43-64〉（大津市）……139

真野城〈43-40〉（大津市） …… 137
馬渕城〈30-29〉（近江八幡市） …… 87
丸岡城〈37-14〉（湖南市） …… 106
丸山城〈02-45〉（長浜市） …… 11
丸山城〈14-08〉（彦根市） …… 48
丸山城〈27-40〉（日野町） …… 78
丸山城〈29-12〉（竜王町） …… 80
円山城〈08-20〉（長浜市） …… 24
円山城〈30-31〉（近江八幡市） …… 87

## み

三井寺陣所〈43-42〉（大津市） …… 137
三重生城〈47-08〉（高島市） …… 148
三重生砦〈47-09〉（高島市） …… 148
三尾城推定列石〈A07〉（高島市） …… 146
三上城〈31-18〉（野洲市） …… 89
三上陣屋〈31-20〉（野洲市） …… 90
三上上屋敷→三上陣屋〈31-20〉（野洲市） …… 90
三上下屋敷〈31-22〉（野洲市） …… 90
三上城出城〈31-19〉（野洲市） …… 89
三上中屋敷〈31-21〉（野洲市） …… 90
三川城〈07-09〉（長浜市） …… 23
三雲城〈37-16〉（湖南市） …… 106
三雲屋敷〈37-17〉（湖南市） …… 106
御輿山・白鳥山遺構〈43-57〉（大津市） …… 138
溝谷砦〈02-39〉（長浜市） …… 11
三谷城〈49-02〉（高島市） …… 150
三田村氏館〈08-21〉（長浜市） …… 24
三田村屋敷〈12-17〉（米原市） …… 41
三ツ木城〈38-05〉（甲賀市） …… 108
箕作館〈24-22〉（東近江市） …… 71
箕作山城〈24-16〉（東近江市） …… 69
三ツ屋城〈14-64〉（彦根市） …… 53
水口岡山城〈38-01〉（甲賀市） …… 108
水口御殿〈38-03〉（甲賀市） …… 108
水口城〈38-04〉（甲賀市） …… 108
南城〈25-22〉（東近江市） …… 74
南城〈40-50〉（甲賀市） …… 121
南池館〈08-32〉（長浜市） …… 25
南桜館〈31-23〉（野洲市） …… 90
南田附城〈09-46〉（長浜市） …… 30
南殿屋敷〈D14〉（甲賀市） …… 123
南ノ山城〈14-65〉（彦根市） …… 53
南浜城〈06-11〉（長浜市） …… 20
南速水城〈05-33〉（長浜市） …… 19
南比良城〈44-10〉（大津市） …… 143
源満仲館〈43-45〉（大津市） …… 138
峯堂遺跡〈10-14〉（米原市） …… 35
峯通りＰ地点の遺構〈02-34〉（長浜市） …… 11
峯通りＱ地点の遺構〈02-35〉（長浜市） …… 11
峯通りRS地点の遺構〈02-36〉（長浜市） …… 11
箕浦氏館〈11-26〉（米原市） …… 37
箕川館〈22-15〉（東近江市） …… 66
美濃ごえの遺跡〈11-31〉（米原市） …… 37
美濃部古屋敷〈C25〉（甲賀市） …… 111
宮川氏館〈09-47〉（長浜市） …… 31
宮川陣屋〈09-48〉（長浜市） …… 31
宮城氏館〈35-23〉（栗東市） …… 101
三宅城〈33-30〉（守山市） …… 94
宮荘清水ケ井城〈24-17〉（東近江市） …… 69
宮荘殿屋敷城〈24-18〉（東近江市） …… 69
宮野城〈46-06〉（高島市） …… 145
宮部城〈07-10〉（長浜市） …… 23
宮町城〈42-19〉（甲賀市） …… 131
妙見山城〈43-75〉（大津市） …… 139
妙法寺館〈25-23〉（東近江市） …… 74

## む

向山谷の遺跡〈10-17〉（米原市） …… 35
向山の砦〈11-34〉（米原市） …… 38
物生山城〈14-11〉（彦根市） …… 48
虫生城〈32-09〉（野洲市） …… 90
虫生野城〈38-34〉（甲賀市） …… 110
武曽城〈46-07〉（高島市） …… 145
村井城〈45-07〉（高島市） …… 145
村居田館〈11-27〉（米原市） …… 37
村木城〈10-11〉（米原市） …… 35

村雨城〈39-30〉(甲賀市) …… 116
村嶋支城〈39-51〉(甲賀市) …… 117
村田氏館〈29-13〉(竜王町) …… 80
村山城〈21-15〉(東近江市) …… 63
室町城居立城〈09-29〉(長浜市) …… 30
室村城〈09-30〉(長浜市) …… 30

め

梅垣城〈40-20〉(甲賀市) …… 120
目加田城〈19-12〉(愛荘町) …… 60
目川城〈35-24〉(栗東市) …… 101

も

馬渡城〈05-21〉(長浜市) …… 19
茂賀山城〈14-43〉(彦根市) …… 50
望月城〈39-31〉(甲賀市) …… 116
望月青木城〈39-33〉(甲賀市) …… 116
望月支城〈39-32〉(甲賀市) …… 116
望月本実屋敷〈39-15〉(甲賀市) …… 114
望月村嶋城〈39-50〉(甲賀市) …… 117
持寺館〈04-23〉(長浜市) …… 16
桃原城〈15-18〉(多賀町) …… 55
毛枚北城〈40-25〉(甲賀市) …… 120
籾居屋敷〈12-21〉(米原市) …… 43
森城〈43-76〉(大津市) …… 139
森館〈09-19〉(長浜市) …… 29
森館〈48-11〉(高島市) …… 149
森尻屋敷〈39-05〉(甲賀市) …… 114
森西城〈50-19〉(高島市) …… 152
森村城〈21-16〉(東近江市) …… 63
森本館〈04-21〉(長浜市) …… 16
守山城〈33-31〉(守山市) …… 95

や

八尾城〈22-16〉(東近江市) …… 66
八木浜城〈06-12〉(長浜市) …… 20
薬師堂遺跡〈50-11〉(高島市) …… 152
矢倉城〈34-22〉(草津市) …… 98
矢島御所〈33-32〉(守山市) …… 95
安河陣地〈A08〉(守山市) …… 95
安村館〈25-24〉(東近江市) …… 74
弥高寺遺跡〈10-03〉(米原市) …… 35
弥高山陣所〈10-19〉(米原市) …… 36
八尾山城〈15-19〉(多賀町) …… 55
小田城〈11-41〉(米原市) …… 38
ヤナガ谷砦〈14-12〉(彦根市) …… 48
柳遺跡〈B06〉(愛荘町) …… 59
簗瀬城〈24-19〉(東近江市) …… 69
岩熊城〈01-07〉(長浜市) …… 7
矢橋城〈34-23〉(草津市) …… 98
薮田館〈05-22〉(長浜市) …… 19
八仏手城〈23-19〉(東近江市) …… 68
山岡城〈40-26〉(甲賀市) …… 120
山賀城〈33-33〉(守山市) …… 95
山上城〈22-17〉(東近江市) …… 66
山上館〈38-43〉(甲賀市) …… 110
山上城Ⅰ〈38-44〉(甲賀市) …… 110
山上城Ⅱ〈38-45〉(甲賀市) …… 110
山上陣屋〈E07〉(東近江市) …… 66
山口城〈21-17〉(東近江市) …… 63
山口陣屋〈42-20〉(甲賀市) …… 131
山崎山城〈14-44〉(彦根市) …… 50
山路城〈23-21〉(東近江市) …… 69
山副氏館〈29-14〉(竜王町) …… 80
山田城〈22-18〉(東近江市) …… 66
山田城〈34-24〉(草津市) …… 98
山寺城〈34-25〉(草津市) …… 98
山寺山砦〈02-23〉(長浜市) …… 10
山中城〈41-22〉(甲賀市) …… 128
山中城〈43-43〉(大津市) …… 137
山中館〈38-24〉(甲賀市) …… 109
山中館〈50-18〉(高島市) …… 152
山之上館〈29-15〉(竜王町) …… 80
山村城〈38-18〉(甲賀市) …… 108
山村田引城〈38-19〉(甲賀市) …… 108
山本氏館〈05-34〉(長浜市) …… 19
山本館〈27-42〉(日野町) …… 78
山本山城〈05-23〉(長浜市) …… 19

山脇古城山城〈14-67〉（彦根市）……53
山脇館〈14-66〉（彦根市）……53
山脇屋敷〈05-24〉（長浜市）……19
矢守城〈19-13〉（愛荘町）……60

**ゆ**

夕日ヶ丘城〈31-24〉（野洲市）……90
雪野山古墳〈A11〉（東近江市）……74
行畑館〈31-25〉（野洲市）……90
弓削城〈29-16〉（竜王町）……80
弓削館〈06-14〉（長浜市）……20
杠葉尾城〈22-19〉（東近江市）……66
夢見丘城〈43-66〉（大津市）……139
夢見ヶ丘北東尾根遺構〈43-55〉（大津市）……138
湯屋城〈20-14〉（東近江市）……62
油里城〈11-28〉（米原市）……37
万木城〈47-10〉（高島市）……148
万木陣屋〈D22〉（高島市）……148

**よ**

丁野城〈05-26〉（長浜市）……19
丁野山城〈05-25〉（長浜市）……19
余呉館〈02-40〉（長浜市）……11
横関館〈16-06〉（甲良町）……58
横田城〈37-18〉（湖南市）……106
横溝館〈20-15〉（東近江市）……62
横山城〈04-22〉（長浜市高月町）……16
横山城〈09-58〉（長浜市石田町・堀部町）……31
横山城〈46-08〉（高島市）……145
横山館〈28-15〉（東近江市）……74
吉川城〈32-10〉（野洲市）……90
吉地大寺遺跡〈32-11〉（野洲市）……90
吉田城〈17-06〉（豊郷町）……58
吉田城〈34-26〉（草津市）……98
吉武城〈48-07〉（高島市）……149
吉村構〈33-34〉（守山市）……95
世継館〈12-14〉（米原市）……41
四ッ谷城〈27-43〉（日野町）……78
淀城〈43-77〉（大津市）……139

**り**

竜安寺城〈08-22〉（長浜市）……24
竜円山城〈15-20〉（多賀町）……56
竜王山遺跡〈29-17〉（竜王町）……80
龍山寺城〈40-08〉（甲賀市）……119
龍泉寺城〈D04〉（甲賀市）……123
竜宝院の関連遺跡〈11-35〉（米原市）……38
竜法師城〈D07〉（甲賀市）……117

**れ**

列見城〈09-20〉（長浜市）……29
烈血野遺跡〈40-62〉（甲賀市）……122
蓮台寺城〈14-45〉（彦根市）……50
蓮台寺城〈35-25〉（栗東市）……101
蓮台寺陣所〈35-27〉（栗東市）……101

**ろ**

籠城山城〈15-21〉（多賀町）……56
六地蔵城〈35-26〉（栗東市）……101
六条城〈32-12〉（野洲市）……91
ロ地点の遺構〈02-33〉（長浜市）……11

**わ**

若宮館〈12-15〉（米原市）……41
脇坂城〈05-27〉（長浜市）……19
湧出館〈45-08〉（高島市）……145
和田城〈40-30〉（甲賀市）……120
和田館〈24-20〉（東近江市）……71
和田支城Ⅰ〈40-31〉（甲賀市）……120
和田支城Ⅱ〈40-32〉（甲賀市）……120
和田支城Ⅲ〈40-33〉（甲賀市）……120
和田山城〈24-21〉（東近江市）……71
和南城〈22-20〉（東近江市）……66
和邇城〈44-11〉（大津市）……143

## 参考文献


『近江日野の歴史　第二巻中世編』日野町　2009年

『近江の城を掘る』滋賀県立安土城考古博物館　2017年

大沼芳幸著『信長が見た近江』サンライズ出版　2015年

小和田泰経著『信長戦国歴史検定 公式問題集』Gakken　2012年

木下昌規・中西裕樹著『足利将軍の合戦と城郭』戎光祥出版　2024年

『甲賀市史第７巻甲賀の城』滋賀県甲賀市　2023年再販

滋賀県教育委員会編『近江城郭探訪』サンライズ出版　2006年

滋賀県歴史散歩編集委員会編『滋賀県の歴史散歩上、下』山川出版社　2008年

『しのぎをけづり、鍔をわり』滋賀県立安土城考古博物館　2013年

「シリーズ琵琶湖文化財地図第２葉—城郭」滋賀県立安土城考古博物館　2014年

『壬申の乱の時代 - 美濃国・飛騨国の誕生に迫る』岐阜県博物館友の会　2017年

『戦国の琵琶湖—近江の城の物語—』財団法人滋賀県文化財保護協会　2010年

髙田徹著『近江の平城』サンライズ出版　2021年

ディアゴスティーニ編集部編『日本の城161巻』DeAGOSTINI　2020年

中井均編著『近江の山城を歩く』サンライズ出版　2019年

中井均編著『近江の陣屋を訪ねて』サンライズ出版　2021年

仁木宏・福島克彦編『近畿の名城を歩く滋賀・京都・奈良編』吉川弘文館　2015年

『日本城郭大系 第11巻 京都・滋賀・福井』新人物往来社　1980年

日本城址研究会編著『日本の城辞典』新星出版社　2021年

『彦根の歴史—ガイドブック』彦根市教育委員会　2001年

## 編著者プロフィール

横山明弘（よこやま　あきひろ）
昭和38年４月28日、岐阜県生まれ。

**【主な資格】**
歴史能力検定日本史１級、日本城郭検定１級、国内旅行業務取扱管理者、名古屋城検定上級、家康公検定合格（2018、2023年優秀合格者）、信長歴史検定１級、新選組検定１級、真田三代戦国歴史検定１級、考古検定中級、東海道検定２級、名古屋四百年時代検定上級、吉田城検定、とよた歴史検定、津島の達人、半田ふるさと検定、中部９県観光検定、大河ドラマ検定２級、岐阜市まちなか博士上級、大垣検定、びわ湖検定、パソコン整備士２級、ITパスポート、ビジネス著作権検定初級、中日ドラゴンズ検定１級

**【主な著書】**
『愛知県のお城・館一覧』文芸社、2024年


# 滋賀県のお城・館一覧

2025年２月21日　初版第１刷発行

編著者　横　山　明　弘

発　行　横　山　明　弘
〒504-0023 岐阜県各務原市那加太平町1-262

発　売　サンライズ出版株式会社
〒522-0004 滋賀県彦根市鳥居本町655-1
電話 0749-22-0627　FAX 0749-23-7720